丛书主编

张小炜

丛书编委会

炜衡业务发展委员会

本书主编

彭逸轩

本书编委会

李肖霖	彭逸轩	于桂华	李　晓	邢红枚
王晓乐	蔡曦蕾	邢嘉然	王丹妮	肖霞娟
姚建伟	付　彤	杨滠晨	郑　涵	黄一洪
程彦绮	曹若愚	何志伟	华荣荣	盛　浩

本书作者

李肖霖	袁诚惠	彭逸轩	焦　瑛
陈瑞华	杨航远	许身健	谷宗智
李奋飞	石宇辰	袁　志	余贤军
殷梓介

炜衡法律实务丛书

刑事辩护12讲

丛书主编 / 张小炜

本书主编 / 彭逸轩

中国法制出版社
CHINA LEGAL PUBLISHING HOUSE

序 一

作为一种法律执业者，律师既要为客户提供优质的法律服务，获得较大的业务发展空间，也要适度地参加社会活动，作出应有的社会贡献。目前，在提供法律服务和从事公益活动之间，真正协调好两者关系的律师还是为数甚少的。毕竟，"受人之托，忠人之事"，绝大部分律师都面临着程度不同的生存压力，每天都"疲于奔命"，既要面对客户的各种要求，也要与相关司法部门进行沟通和交涉，要让律师抽出时间，投入精力，从事大量的社会公益活动，这是非常不容易的。

北京炜衡律师事务所是一家大型的综合性法律服务机构。该所的刑事业务部主任彭逸轩律师，主要从事刑事业务，是一位富有情怀和公益心的资深律师。在他的倡导和推动下，在他的同事们的协助下，该所创办了"炜衡大学生刑辩训练营"，从全国各高校遴选优秀的在校研究生和本科生，组建规模为十人左右的训练营，在为期一年的时间里，邀请法学专家和资深律师为学员提供专题讲座、案例讨论、模拟演示、业务实习等多方面的训练项目。几年下来，有不少学员最终选择从事律师职业，有些已经成长为小有名气的律师。

我曾经在2019年夏季，受邀为训练营讲授关于非法证据排除规则的实务运用的讲座，与十几位学员和资深律师进行面对面的交流。通过对该项目的了解，我深感这是一个十分有助于青年法科学生迅速成长的活动，彭主任及其团队投入大量时间、精力和财力，对培养法律人才作出了无私的奉献，实在是功德无量，让人肃然起敬。

　　根据我的观察，炜衡律师事务所的刑事辩护训练营项目，具有以下几个方面的特点和优势，值得向全国青年法科学生加以推荐。首先，入营学生经过严格遴选，具有较高的专业素质。每年，报名参加训练营的大学生都有近百人，有些年份甚至达到数百人。项目举办者要通过书面资格审查、面试等方式，进行层层考核，最终遴选出十位左右学员。其次，训练营吸取了传统的"师徒制"的精髓，使每一位学员在所在的城市就近跟随一位刑事律师进行学习，而这些作为导师的律师，几乎都是炜衡律师事务所及其各地分所的知名刑事律师。再次，训练营安排的学习方式具有多元化和实用化的特点，除了每年召集全体学员进行若干次集中培训以外，全体学员平常都在本地跟随导师进行实习，以律师助理的身份，参与办理各类刑事案件，在实战中取得职业经验，学习如何与当事人打交道，如何与司法部门进行正常的沟通和交涉。最后，训练营具有一种特殊的文化氛围，强调刑事业务既是一门赖以为生的技艺，也可以成为一种法律职业艺术。彭逸轩主任是一位具有艺术家气质和深厚文学功底的律师，向学员传达了一种超越生存和谋生的精神追求，这或许是训练营的又一引人入胜之处。

　　本书收录了各位专家和律师在集训期间所作讲座的讲稿。我的一篇有关非法证据排除的讲稿有幸被收录其中。此外，本书还收录了中国人民大学李奋飞教授的《刑事庭审的质证问题》、中国政法大学许身健教授的《庭审中如何进行交叉询问》等知名法律学者的讲稿。多位作为活动导师的刑辩大律师们也进行了精彩讲授，他们的授课文稿构成了本书的主体内容，讨论话题从辩护律师的日常知识积累，到阅卷、会见、取证、质证、撰写法律文书、出庭、申诉等，几乎覆盖刑辩工作的全流程与主要重点难点，都是律师们最为真切的实务经验，对于将来有志于从事刑辩业务的在校大学生和初出茅庐的青年律师们，可以成为一本学习刑辩实务的参考书。

衷心期望炜衡律师事务所继续秉持公益之心，克服重重困难，将"炜衡大学生刑辩训练营"继续举办下去，并更上一个台阶，使之成为我国律师界的一面旗帜。本书既可以成为广大法科学生学习刑事辩护业务的参考书，也可以成为青年律师迅速熟悉刑事辩护实务的教科书。期望读者通过阅读本书，可以熟悉刑事辩护的理论和实务，并从中获得一些独特的收益和灵感！

陈瑞华

2022年6月30日

序 二

2019年，北京市炜衡律师事务所开始推出大学生刑辩训练营活动，旨在用十年时间去寻找并培养一百名有志于从事律师行业、致力于刑辩事业的未来新星。

2019年夏天，我受彭逸轩律师邀请，给刑辩训练营第一期十名学员讲授过交叉询问技能。学员、律师和旁听人员全都围坐在会议室，室外天气炎热，室内气氛更加热烈。我用了一个下午的时间，通过点评、反馈的实践教学方法来指导五组学员逐一演练，通过实践教学来让学员掌握交叉询问的技能。在这个主题下，交叉询问当然要和刑事辩护中的庭审发问环节挂钩。我国各类诉讼中都要求证人出庭，这就需要律师当庭运用交叉询问技能，盘问或者询问对方证人，质疑证人证言的可信度。尽管"交叉询问是发现事实真相的最佳机制"，但通过精巧设计的问题交叉询问对方证人这样的场景，目前仍不多见。

卷宗主义、书面审理仍是东亚国家司法的普遍现象，"写给你看"而不是"说给你听"，司法审判也一直被诟病流于形式，刑事审判被人讥为"形式审判"。为应对社会生活的发展变化，进入21世纪以来，国家倡导卓越法律人才的培养，加大招收法律硕士力度，旨在培养实务型法律人才。在这样的大环境下，法学院的教学方法也在发生相应变化。我作为中国政法大学法律硕士学院院长，深知课堂灌输为主式的授课方法提不起学生兴趣，因此致力于改进教学方法，摆脱"单声道灌输教学"，强化案例教学，采用研讨式学习方式。中国政法大学已将模拟实践教学、法律诊所等体验式教学方法纳入日常教学，因为掌握一门法律实务技能的最好方式就是通过演练，体验式学习，learning by doing，也就是"做中学"。

法学院的模拟实践教学经过精心设计，在反复改进中已经渐趋成熟；法律诊所实战教学，则是在风险受到控制的环境下，让法科生代理真实案件、接触当事人、学习职业技能，体会职业价值和职业伦理。不同于学校开设的体验式课程，炜衡大学生刑辩训练营则融合了实用的培训、真实的实践以及结业考核，给广大在校法科生提供了极佳的平台。

首先，学员们经过海选、面试成为律师团队成员，切身参与到律师团队日常工作中来，至少在带教律师的指导下全程跟进办理一起案件，这比任何观察或模拟都要来得真实和有效。

其次，律所不同于校园，除了空间位置的转换，核心内容也截然不同。法学院的学习和考试，总是围绕一个给定的事实，并基于这个事实去适用现行法律、调动知识储备，最终作出结论或给出解答，这是最基本的三段论思维。然而事实究竟是什么，如何去发现事实，又如何去呈现事实，这才是法律实务工作中的重心所在。

最后，如果基于相同的证据，对垒双方构建出了完全不同的案件地图，展现出了迥异的当事人形象，并基于各自的立场去说服法庭，学员们能否接受、认同这样的职业伦理，并为之不断努力和奋斗？这也是每一个法律从业者都需要面对的问题。

随着应届毕业生人数屡攀新高，职业焦虑开始传导进校园，广大在校生更加积极地参与社会实践和专业实习，磨砺心志、锻炼技能、解决问题，我对此持鼓励态度，这也是法学教育的必然归宿，那就是到实务中去，让学生在职场中学习职业技能、塑造职业伦理，这才是职业教育的真谛。

炜衡大学生刑辩训练营已经在法学教育和法律实务之间架起一座沟通的桥梁，希望有更多在校同学能够走上这座桥梁，感受、体验并最终通过这座桥梁，走向丰富多彩的法律实务！

最后，感谢炜衡律师事务所举办这样一个为实践所证明已经日臻成熟且非常成功的品牌活动，推动法学教育改革，协同培养卓越法律人才是法律职业共同体的重要使命。

是为序。

许身健

2022年6月6日

序 三

这是炜衡律师事务所第一期刑辩大学生训练营实训授课纪实。

2019年夏天，训练营创始人彭逸轩律师邀请我给训练营学生授课，他们由全国各地招募而来，正是从读万卷书到行万里路的关键时期，我本就非常关注法学生从校园教育到实务实践的有效衔接，训练营项目不论是在纵向的理论知识构建上，还是横向的律师实务引导上，都具备开创性。所以，我欣然以赴，成为训练营的学界导师，也有幸成为本书的参与者。

这本书展示了完整的刑辩业务流程，立足于在实践中不断调试的刑事诉讼构造。《刑事辩护12讲》用十二堂课梳理了律师从接受委托到庭审辩护的业务重难点，将细碎的实践经验变成体系化的刑辩知识，将传统的个人经验开放为流程化的行业思辨，帮助学生直面真问题、积累真智慧，在实务训练中引导学生深入思考，精进学业。

这本书是学者、律师的集合之作。时隔三年，《刑事辩护12讲》定稿付梓，我在训练营的授课内容也转化为文字成果摘录其中，内容主要是针对庭审证据规则如何运用，提出了解决具体问题的理论方案。除了我本人，亦有北京大学陈瑞华教授、中国政法大学许身健教授给出学术指导，炜衡律师事务所的众多刑辩律师参与其中，包括鼎鼎有名的李肖霖律师、彭逸轩律师、杨航远律师、袁诚惠律师、石宇辰律师等都作出了贡献。这种刑事诉讼理论与前沿实务的融合，相信会给想要从事刑事辩护的青年律师以及学生，更或是未曾修习法律的普罗大众一个更贴合社会经验的选择。

这本书是刑辩律师梯队建设的匠心教材。除了对律师实务经验的提炼，训练营背后还有些传承责任。我承担着我校律师业务研究所的一线工作，通过与众多律师的沟通交流，我发现，作为法律职业共同体，部分律师展示出的过人能力、卓越经验、工作热情令人赞叹，也涌现出一批有责任、有担当的刑辩中坚力量，彭逸轩律师就是其中的杰出代表，正是他"不想让年轻人走弯路"的初心打动了我，"十年百人"的魄力和热情也颇具吸引力。我理解，这种人才培养模式是符合现实需求的，有温度的实战演练更能帮助学生实现从书本走向实践的温和过渡，调和理想和现实的差距，解决学校"教不了"的教学难题。

这本书延续了炜衡律师事务所惯有的刑辩情怀。据彭律师介绍，训练营已经成功举办三期（截至2022年6月），三十多名学生从课堂深入刑辩实务，从理论的彼方，深入实践前沿，其中很多人也已经带着训练营中的知识、本领、智慧选择成为一名刑辩律师。这就是法律实践的魅力，立足于前辈学者积累的智慧，受益于经验传递的新风，同学们找到了适合自己的职业方向，他们从训练营里受惠。更多人则可以通过本书一窥真实的刑辩律师执业经历，那一定是在柔软的人性和刚硬的条文、感性的立场和客观的事实、善恶的区分和罪与非罪的选择中愈发坚定，在无数卷宗和案件的反复推敲、锤炼、锻打中愈发丰富。

刑辩训练营的接力仍在继续，《刑事辩护12讲》能够影响的又何止百人？再次对本书的出版表示祝贺，也愿各位读者能在这字里行间，感受来自训练营的诚意。是为序。

李奋飞
2022年6月5日

目 录

第1讲　刑辩律师如何做好日常知识积累 ⋯⋯⋯⋯⋯⋯⋯⋯⋯ 1
　　　主讲：李肖霖　　整理：姚建伟

第2讲　律师如何高质量地完成会见 ⋯⋯⋯⋯⋯⋯⋯⋯⋯⋯ 14
　　　主讲：袁诚惠　　整理：杨浥晨

第3讲　辩护人如何阅卷 ⋯⋯⋯⋯⋯⋯⋯⋯⋯⋯⋯⋯⋯⋯ 23
　　　主讲：彭逸轩　　整理：王丹妮

第4讲　辩护人如何科学取证 ⋯⋯⋯⋯⋯⋯⋯⋯⋯⋯⋯⋯ 45
　　　主讲：焦　瑛　　整理：郑　涵

第5讲　如何申请非法证据排除 ⋯⋯⋯⋯⋯⋯⋯⋯⋯⋯⋯ 54
　　　主讲：陈瑞华　　整理：付　彤

第6讲　辩护人在庭前会议和庭审中如何表达 ⋯⋯⋯⋯⋯⋯ 77
　　　主讲：杨航远　　整理：黄一洪　程彦琦

第 7 讲　庭审中如何进行交叉询问 ················· 118

　　　　主讲：许身健　整理：肖霞娟

第 8 讲　律师如何对鉴定意见进行质证 ··············· 142

　　　　主讲：谷宗智　整理：曹若愚

第 9 讲　刑事庭审的质证问题 ····················· 159

　　　　主讲：李奋飞　整理：王丹妮

第 10 讲　有效辩护的方法和思路 ··················· 171

　　　　主讲：石宇辰　整理：何志伟

第 11 讲　优秀辩护词如何炼成 ···················· 187

　　　　主讲：袁　志　整理：华荣荣

第 12 讲　如何开展刑事申诉工作 ··················· 200

　　　　主讲：余贤军　整理：盛　浩

附　录　常见罪名立案追诉、量刑标准相关规定汇总[①] ········· 215

　第二章　危害公共安全罪 ······················ 216

　　　第一百二十五条第一款【非法制造、买卖、运输、邮寄、
　　　　　　　　　　　　储存枪支、弹药、爆炸物罪】······ 216

　　　第一百二十八条第一款【非法持有、私藏枪支、弹药罪】··· 218

---

① 本部分仅汇总常见罪名的立案追诉、量刑标准相关规定，本部分的章节及条文序号为某一罪名在刑法分则对应的章节及条文序号，以便于读者查询使用。

第一百三十三条【交通肇事罪】………………………… 220

第一百三十三条之一【危险驾驶罪】…………………… 223

第一百三十四条第一款【重大责任事故罪】…………… 226

第三章 破坏社会主义市场经济秩序罪 ………………… 229

第一百四十条【生产、销售伪劣产品罪】……………… 229

第一百四十一条【生产、销售、提供假药罪】………… 231

第一百四十二条【生产、销售、提供劣药罪】………… 234

第一百五十三条【走私普通货物、物品罪】…………… 236

第一百六十三条第一款、第二款【非国家工作人员

受贿罪】……………………… 238

第一百七十五条【高利转贷罪】………………………… 240

第一百七十五条之一【骗取贷款、票据承兑、金融

票证罪】……………………………… 240

第一百七十六条【非法吸收公众存款罪】……………… 241

第一百九十二条【集资诈骗罪】………………………… 245

第一百九十三条【贷款诈骗罪】………………………… 247

第一百九十六条第一款、第二款【信用卡诈骗罪】…… 248

第二百零一条【逃税罪】………………………………… 251

第二百零五条【虚开增值税专用发票、用于骗取出口

退税、抵扣税款发票罪】………………… 253

第二百二十三条【串通投标罪】………………………… 254

第二百二十四条【合同诈骗罪】………………………… 255

3

第二百二十四条之一 【组织、领导传销活动罪】………… 257

第二百二十五条 【非法经营罪】…………………………… 259

第二百二十六条 【强迫交易罪】…………………………… 266

第四章 侵犯公民人身权利、民主权利罪……………… 268

第二百三十四条 【故意伤害罪】…………………………… 268

第二百三十六条 【强奸罪】………………………………… 269

第二百三十八条 【非法拘禁罪】…………………………… 271

第五章 侵犯财产罪………………………………………… 272

第二百六十三条 【抢劫罪】………………………………… 272

第二百六十四条 【盗窃罪】………………………………… 275

第二百六十六条 【诈骗罪】………………………………… 279

第二百七十一条第一款 【职务侵占罪】…………………… 283

第二百七十二条第一款、第三款 【挪用资金罪】………… 285

第二百七十四条 【敲诈勒索罪】…………………………… 287

第二百七十五条 【故意毁坏财物罪】……………………… 290

第二百七十六条 【破坏生产经营罪】……………………… 291

第六章 妨害社会管理秩序罪……………………………… 292

第二百七十七条 【妨害公务罪】【袭警罪】……………… 292

第二百九十三条 【寻衅滋事罪】…………………………… 293

第三百零七条之一 【虚假诉讼罪】………………………… 297

第三百一十二条 【掩饰、隐瞒犯罪所得、犯罪所得收益罪】… 300

第三百四十七条 【走私、贩卖、运输、制造毒品罪】…… 304

第三百四十八条　【非法持有毒品罪】……………………… 309

第八章　贪污贿赂罪…………………………………………… 313

　　第三百八十二条　【贪污罪】…………………………………… 313

　　第三百八十三条　【贪污罪的处罚规定】……………………… 313

　　第三百八十四条　【挪用公款罪】……………………………… 317

　　第三百八十五条　【受贿罪】…………………………………… 318

　　第三百八十六条　【受贿罪的处罚规定】……………………… 319

　　第三百八十九条　【行贿罪】…………………………………… 322

　　第三百九十条　【行贿罪的处罚规定】………………………… 322

第九章　渎职罪………………………………………………… 325

　　第三百九十七条　【滥用职权罪】【玩忽职守罪】…………… 325

第1讲　刑辩律师如何做好日常知识积累[①]

主讲｜李肖霖[②]

整理｜姚建伟[③]

律师界有一个说法，无论做什么律师都要有一段做刑辩律师的经历，因为激烈抗辩和思维能力的锻炼会提高律师的工作能力。在做律师之前，我做过运动员，做过中专老师、大学老师，讲过高等数学、物理、经济学方面的课，还到企业做过工人、当过兵、做过警察。我的职业经历比一般人丰富，但我认为律师是最适合我的。律师可以凭自己的能力，为当事人提供有效的辩护，进而实现自我价值。律师是一个很受尊敬的社会职业，又是一个自由职业，可以安排自己的事业和命运，不用为日常生活的五斗米而折腰，这些都是律师职业的优势。

我今天谈的题目是"刑辩律师如何做好日常知识积累"。我先从福建

[①]　本书讲座部分内容根据北京市炜衡律师事务所举办的"炜衡大学生刑辩训练营"之"刑辩十二讲"系列讲座整理而成。

[②]　李肖霖，北京市炜衡律师事务所高级合伙人、炜衡全国刑事业务专业委员会主任。

[③]　姚建伟，炜衡大学生刑辩训练营第一期学员。

念斌投毒案（以下简称念斌案）辩护词的写作来展开我的一些理念。

念斌案真正的"王者"是北京的张燕生律师，她是一位著名的女律师，在座有很多女士，大家可以以她为榜样。念斌案是没有"亡者归来""真凶落网"而实现无罪的案件，在我国几乎是史无前例的。这起案件是律师真正靠证据、知识打赢的。当时张燕生律师跟了这起案件7年，从念斌在一审阶段被判处死刑后，二审阶段她就开始介入。到第七年的时候，她邀请我加入这起案件的辩护工作。一开始她就告知我，代理这起案件没有报酬，而且她已经选择了念斌的第二名辩护人（刑事诉讼法规定一个被告人只能有两名辩护人），如果我介入，就只能做刑事附带民事诉讼的代理人。我欣然同意了。后来，我主动请缨写综合辩护词，毕竟我代理刑事案件比较多，经验也比较丰富。

念斌案的审理过程是这样的：被告人一审被判死刑，二审发回重审，重审一审后被告人又被判死刑，又到二审后，二审裁定维持死刑，最后进入最高人民法院进行死刑复核。死刑复核的时候，张燕生律师向最高人民法院的法官展示了她的全部证据，案件被最高人民法院裁定发回重审。发回重审后，福州中院再一次判处念斌死刑，这也是念斌第四次被判处死刑。之后，念斌案又一次进入福建省高院。我介入后，作为律师，我们一起全力在福建省高院为念斌进行二审辩护。

我的这份辩护词从一个人的犯罪动机写起。念斌所谓的犯罪动机是这样的：他和被害人各租了农村同一栋三层小楼的两个"小门脸"，两家仅有一墙之隔。指控的内容是：某天有人到念斌的杂货摊上问"这包烟多少钱"，念斌告诉对方价格，对方却没有买，转而到隔壁的被害人那里买了。念斌看到被害人抢了生意，顿起杀机，买了鼠药投毒，结果被害人家大人没吃，三个孩子吃了，两个孩子被毒死了。农村一包香烟八九块钱，利润就是五毛钱吧。常说"一个馒头引发的血案"，而现在五毛钱恐怕连一个馒头都买不到了，念斌会为了五毛钱而杀人吗？顾客不到念斌家买东西而选择到念斌家隔壁店里买东西，这种现象理应每天都在念斌这儿发生，念斌为什么这一次就想杀人呢，他要是想杀人，早就想了。起诉的内容和一审认定的犯罪动机明显是不能成立的。

紧接着，我又从念斌的毒药来源下手。起诉书认定两个孩子是被一种叫氟乙酸盐的毒药毒死的。一审认定念斌从一名70岁老人那里取得氟乙酸盐，做成鼠药后拿去投毒。但我发现，卖药的老人说，他是有次坐火车的时候碰到一个人有这种毒药，于是就买了一斤。但这个人实际上无法找到，这就导致毒药的来源是不扎实的，关于毒药来源的线索就中断了。同时，我找到了氟乙酸盐的有关规定，它在1989年就已经被公安部明令禁止销售和用来做鼠药，也不能在市场上自由流通。这种药进入身体以后，极其微小的剂量就可以把一个成年人毒死。那么这种物质的毒性得厉害到什么程度？我还查到了这样一个事例，前些年我国发生了一起案件，潍坊有人网购了一双鞋，收到以后他穿上试了试，接着家里馒头蒸熟了，他拿馒头吃就被毒死了。原来，正好有一包氟乙酸盐与鞋同时运输，结果氟乙酸盐发生了一点泄漏，沾在鞋子的外包装上，那人手上沾了一点点就被毒死了。而念斌供述，他买了两包这种毒鼠药回家以后，把一包药打开放在货架上喂老鼠，另一包药打开放在桌子上以后，拿了一个空矿泉水瓶，用手抓药往矿泉水瓶里放。全部放进去以后，拿另一瓶矿泉水，往里面倒了半瓶水，摇匀变成了乳白色泡沫，等了一会就沉淀了，然后再把桌子上剩下的药末"呼呼地往地上吹了吹"。接着，根据念斌的供述，到了晚上，他拧开门走到被害人家厨房，把矿泉水瓶盖拧开，瓶口对着放在炉子上的水壶壶嘴将水倒进去，倒完后将瓶子扔到旁边垃圾箱里面，然后他就回自己屋了。第二天，被害人用这个壶里的水煮了稀饭，吃了稀饭以后几个人中毒死了。

我们判断一下这个故事是否真实。首先要说的是，这种药毒性如此之强，念斌这样做了之后，他和家人以及4岁的孩子还能在这张桌子上吃饭吗？还有，把鼠药放在瓶子里摇晃，会是白色的吗？鼠药有一种警告色，要么是红色的，要么是绿色的，这不仅仅是作为警告色，也是因为老鼠是红绿色盲。染料会先在水里溶解，本案中应该是红色的，因为那位卖鼠药的70岁老人家里搜到的拌鼠药器皿就是红色的，沾的是红色的染料。这一点属于办案人员缺少鼠药特性方面的知识。接着，念斌供述，他把水晃了晃之后，白色泡沫就消失了，但没有描述水体应该是红色的。这个故事又是假的。在案证据显示，办案人员在念斌杂货铺的货架上、桌子上、地面上、门把手上都提取物质进行了质谱仪检验，以质谱仪的检验精度，一克化学物质的一百亿分之一都能够检出来，几乎不会漏检。但是货架上、地面上、桌子上全都没有找到这种鼠药的有毒物质。鼠药放在货架上，货架上面有一个电风扇，会把这种有毒物质吹得到处都是，可所有的地方都没有检测到。并且，如果要把矿泉水瓶中的毒药倒进水壶，直接揭开盖就可以倒进去，怎么可能像供述说的对着壶嘴倒？况且还"摸黑"，又没有揭盖，很可能溢出壶嘴。但办案人员把整个灶台上的土做了提取之后拿去检验，都没有检测出毒药来。作案人的行为会追求自然和效率，因此这些情节明显是编造出来的。接着，这壶水第二天煮粥，谁敢喝？因为粥是红色的。可见，整个故事是虚构的。还有，证据显示办案人员于7月30日提取了物证，把屋里的瓶瓶罐罐都拿走，把一壶水装在大的矿泉水瓶子里也带走化验，但质谱仪鉴定报告是7月27日作出来的。问题很明显，壶还没有提取走，壶的鉴定报告已经作出来了，那么鉴定报告必定是虚假的。

在这些问题上，我们对鼠药的来源、配置、投放、制毒以及化验过程进行了质疑，把所有环节从头到尾全部打破了。从法律上来讲，刑事案件要形成完整的证据链，所有链条环环相扣都指向被告人有罪才能定案，而辩护律师只要扯断其中的一根链条，犯罪就不能成立。但该案件所有的证据链条和情节都不成立。总结一下，这个案件涉及的知识，包括犯罪动机也就是心理学领域，还有氟乙酸盐的来源，被禁用禁卖的法规，氟乙酸盐的毒性，鼠药的特征或者说约定俗成的规则，比如不是红色的就是绿色的，而不是仅仅由普通米粒或者麦粒做成，还有毒药的配制过程，毒药的投放过程等，最终还有人服用有颜色的粥会不会提出疑问这样的常识问题等。这些日常不起眼的知识，在刑事辩护当中都是有用处的。

最后一次开庭的时候，控方在庭后提交了化验的全部质谱图，不仅是结论，而是原始化验数据。开完庭以后，张燕生律师拿着这些材料立即去香港地区找了英国的权威毒物鉴定专家，他们的鉴定结论是："氟乙酸盐这个物质在犯罪现场没有出现过。"张燕生律师一回内地就电话告知我这个结论。我第二天写了一篇文章——《是时候开棺验尸了！》，我认为开棺验尸可以鉴定是否存在"毒鼠强"。因为我们怀疑真正投毒的人使用的是"毒鼠强"这种毒药，而这种毒药在自然界可以存留30年的时间。如果能找到，也就可以排除念斌的犯罪。

从刑辩律师行业来讲，这个案件张燕生大律师功不可没。她的助手公孙雪从毕业以后跟着她8年，自始至终跟着做这个案件，最后她也是出庭律师。我在写这份辩护词的时候，任何问题只要问公孙雪，她都可以立马解释清楚。2014年8月25日，念斌被宣判无罪，戴了八年的脚镣被解开。听到这个消息时，几乎所有参与本案的律师都掉泪了。

在任何案件中，我们需要的知识都可能是很多的，哪怕是一起简单的盗窃案。不同领域的辩护需要不同的知识范围，一些特别案件需要的知识量可能还很大，比如念斌案件所涉及的毒药知识、质谱仪鉴定知识，还有质谱仪的精确度能达到什么程度等。我为了写好这份辩护词，在第一篇第一节写的就是"需要补充的知识"，讲的是质谱仪，也就是在质谱仪检测下没有任何毒物微量痕迹能够逃脱。这个知识是法官可能不具备的，需要提前说明。

一些金融、科学等专业领域的犯罪，可能涉及我们从未接触过的知识，包罗万象，无所不有。可以说，刑辩律师经历的案件包括所有人类活动的领域，刑辩律师应该是个"杂家"，对很多知识领域不需要很深地往里钻，但需要广阔的知识面。如果知识面不够广，就可能会想不到一些问题，比如警察就没有想到鼠药是有颜色的，他缺少这方面的知识，而我们一听就知道这个故事是不真实的。相反，如果我们有广阔的知识面，就知道到哪里寻找我们所需要的、更进一步的知识。当知识面足够广泛时，有的知识会在不知不觉中自然运用。很多知识也会超出常人所知道的领域，比如，质谱仪的精确程度和它的检验方式，我们通过办理这起案件都清楚了，但这个知识一般人是不知道的，对我来讲，弄清楚以后这就是常识、知识、经验的积累。律师的知识越丰富，质疑能力就越强，对案件的判断就会越准确。丰富的知识不仅对刑辩有积极的帮助和效果，对人生都是有益的。刑辩律师常常到老的时候经历了很多领域的案件，我们每进入一个案件实际上就熟悉了一个相对陌生的领域，再碰到同类案件的时候就很难被欺骗。

最精彩的辩护不是来自法律，而是来自法律之外的知识，一个案件千古流传的内容不是这个案件里的法律条文，恰恰是对各种生活的、科学的、常识的、逻辑的、知识的应用。这里我讲一讲发生在美国的林肯为阿姆斯特朗辩护的案例。小阿姆斯特朗是林肯一个已经去世老朋友的儿子，被人诬告谋财害命，且被法庭判定有罪，出于对老阿姆斯特朗的友情，林肯决定以小阿姆斯特朗律师的身份提起复审。林肯查阅了法院全部案卷，在案发现场实地勘查，他发现法庭据以定罪的主要证据是虚假的。本案关键证人艾伦在陪审团面前发誓说，1857年10月18日夜里11点，他亲眼看见威廉和一个名叫梅茨克的人斗殴，当时皓月当空，明月下看见威廉用某种工具击毙了梅茨克。按照美国法律惯例，林肯作为被告人的辩护律师与原告证人进行了对质。这一段很精彩，其实就是法庭上发问的技巧。林肯问："你发誓看见了被告？"证人回答："是。"林肯问："你在草堆后面，被告在那边，相距二三十米，你看得清吗？"证人回答："看得很清楚，因为月亮很亮。"林肯问："你肯定不是从衣着方面辨认的吗？"证人回答："肯定看清了他的脸，而且月光正照在他的脸上。"林肯问："你能肯定是晚上11点吗？"证人回答："我完全可以肯定，因为我回屋看了时钟，11点15分。"林肯问："你担保你说的完全是事实吗？"证人回答："我发誓完全是事实。"林肯接着出示了美国历书，证明11月18日晚上，即当晚10点57分月亮已经落下，看不见了，这个铁的事实已经明确无误地说明艾伦在说谎。林肯作了激动人心的辩护，他说，历书已经证明那天晚上是上弦月，晚上11点月亮已经下山，哪来的月光，上弦月光照度是很低的。退一步说，就算证人记不清时间，但月亮在西边，草堆在东，大树在西，月光从西边照过来，被告的脸如果朝着大树也是向西，因为月光照在脸上。可是，证人的位置是在树后面的草堆后，他根本看不到被告人的脸。林肯的发问技巧是，先把证人所说的事实和时间完全锁定，让证人无法改口，然后拿出杀手锏：证人不可能看见被告人的脸。从专业技术和生活常识上打破证人的证言，会形成最有效的辩护，因为任何逻辑都不能违背科学。

辩护工作还需要各种知识的相互交叉和联想，防止出现思维定式，导致思考不开阔。我们遇见过一些人，无论怎么给他解释事情他都不认可，把所有事实摆在面前都改变不了他的看法。如果我们的知识很丰富，考虑问题会有多个角度，一般不会陷入这种思维状况。其实这和盲人摸象是一个道理。我在我的孩子两三岁的时候就给他上过一堂课，把一个杯子摆在小凳上，问从上面看，这个杯子是什么形状。他回答是圆的。我问从侧面看呢？他回答是长方形的。我再问从顶上仔细看还有什么？他回答说还有一个长条。那是杯子的把儿。再问翻过来看是什么？他回答是能装东西的杯子。最后我问他，你的这些回答有没有错的。他觉得他没有答错。然后我问他，任何一个答案能否描述出杯子是什么形状的？他说不能，这些并不能让别人完整地明白杯子是什么样的。这就是盲人摸象的问题。有些事情，要从多角度进行观察和描述，才能够作出比较完整的说明。又如，瘦肉精在我们国家是禁止的，但我有一个有美国律师资格、从美国回来的学生，他说瘦肉精喂猪在美国是不被禁止的，只有量的规定。这说明我们看问题有时候还会有地域局限。再如，我们吃馒头里面放碱，做香肠放亚硝酸盐，汽水里放香精和柠檬酸，这是被许可的。当我们的知识越来越多的时候就会产生联想，可以在更广阔的领域进行判断。

老律师和新律师的区别在哪里？对于一个案件可以从哪些角度进行辩护，新律师可能能找出3个辩护点，如果交给老律师，老律师可能会提出8个辩护点。这是老律师和新律师的区别。当然，有些办案逻辑我们也是在不断了解案情的过程中形成的，不可能接触案件之前就有思维定式和想法。但随着掌握的证据越来越多，我们会提出越来越多的疑问，最后某一个疑问非常关键，就形成了主要的辩护观点，进而形成辩护思路。思路是不断调整的，之前也可能会走一些弯路。

你拥有的知识会成为你手中的"好牌"，实际上，辩护就是双方讲理、辩论的过程，辩论不是看谁的嗓音大，而是看谁手中有"好牌"。律师是思维定式的天然挑战者。思维定式是控方提出一份白纸黑字、由国家机关确认的起诉书，普通人希望国家是对的，而律师觉得可能有问题，不能说全错，至少是有问题，然后找到自己的"好牌"，推翻起诉书的说法。律师就是这种挑战者。律师应当是一个怀疑一切的人，马克思说自己最喜欢的格言是"怀疑一切"，律师如果没有怀疑，就没有了质疑的能力。律师挑战某一个知识、某一个论点，用的方法是什么？首先，律师可以用法律，如指控民营企业家犯了贪污罪，但法律规定民营企业家不是贪污罪的犯罪主体，这就是使用法律提出的挑战；其次，律师可以使用多种知识、方法进行挑战，能找到的知识点越多，胜算就越大，而律师能够找到多少挑战对方的知识，就看日积月累的知识面有多宽。刚出校门的学生讨论一个案件，他会想到被告人的行为是否构成犯罪，是否符合法律规定的犯罪构成要件，看看哪条不符合。再进一步，他会看有哪些证据能够表明四个犯罪构成要件是欠缺的，除了法条以外，开始运用证据了。再进一步，他能够相应地根据自己的逻辑、思路和观点取得相应的能证实的证据和理论。这是到了第三步，能够全部地运用证据证实自己相应的辩护观点。我认为这时候这名律师就能够做得比较成功了。但最后还有一点，是用各种知识编织出逻辑非常严密的网，让别人无法突破，这就进入了律师辩护的最高境界。而进入到这一步需要多种知识配合，如果缺乏知识，甚至都无法想到。

联想的过程是创造性的思维过程。一些律师为什么最终能够进入政界？律师讲究权利义务平等，这在政界非常需要，即人人权利义务平等，追求理想社会的实现。同时，律师办过各种各样的案件，具有天然的去伪存真的能力，并在去伪存真的过程中展开一切思考，而且思考得比较全面。

现在讲一下知识的来源。当今世界处于知识爆炸的时代，知识在呈指数级增长，互联网上有海量知识便于查询，生活当中有大量生活常识被我们认识。生活常识有着十分重要的辩护用途，生活离不开常识，也不能违反常识，包括心理常识、行为常识等。我们曾碰到一起案件，一位老师被抓了，他的一个学生供述自己二十年前12次向老师行贿，一共行贿480万元，平均每次40万元。这位老师已经70多岁了，两个人的笔录中都出现了某年某月某日于什么地点送了多少钱，钱是用什么包装的，包装里面还夹杂了两瓶什么牌子的酒。两个人说得完全一致。这是不是违反了记忆的常识？这些事是不可能被记住的。我们要把知识变成常识，从常识角度进行辩护是最难打破的。

实际上，很多违反常识的故事都是假故事，当我们掌握大量知识以后，可以对某些不真实的问题直接提出挑战和质疑。这要求我们上知天文地理，下知鸡毛蒜皮，变成真正的"杂家"。

有的知识来源于律师办案过程中潜移默化的经验。有一个案件公布出来的案情是，当事人在和别人打斗、挣扎过程中，胃中食物反流吸入肺，把自己憋死了。我一看就判断这是假的。在座也有学法医专业的学员，我们知道，人一边喝水一边和人讲话，突然被水呛到，都会剧烈咳嗽，不受控制，你无法忍住这种咳嗽，因为气管绝对不容异物。但案情里没有对咳嗽的描述。我们处理伤害案的时候还知道，如果一拳打到腹部和胃部，胃打穿孔了，食物会流到你的胸腔里。胃有上下两个通道，可以往下走，一般来讲因为重力会往下走，不可能一拳打上去，食物却从嘴里喷出来。此外，只有三种人会被自己吐出来的东西憋死，一种是深度醉酒，一种是癫痫发作，还有一种是深度昏迷。但是我了解了一下，这起案件的当事人不属于这三种类型。同时该案的案发时间将近晚上10点，法医学上有一个知识是，吃进去的食物在胃里停留的时间不超过2个小时，因此食物涌出来吸入气管的现象不可能发生。最后证明我是对的。其实这些知识是我们在刑辩工作中日积月累、慢慢获得的。

吸收新知识时的心理状态也很重要，我们要对任何事物充满好奇。刑事辩护是一生都需要不停接受新知识的行业。知识变化很快，法律不断变化，我们要摆脱陈旧的思维方式。我是快70岁的人，但还是每天只要有时间必看新知识，而且充满兴趣。另外，"三人行必有我师"，很多知识是我和别人闲聊的时候获得的。在部队的时候，我是干部，每个星期需要与三名战士谈心，战士都是来自全国各地的，谈心就是聊天，我常和他们聊家乡、风土人情、各方面的知识，开拓我的视野。还有一次坐火车，碰到黑龙江大学食品类专业的硕士，他正在做火腿肠的课题研究，研究亚硝酸盐添加剂。我知道，亚硝酸盐在火腿肠里是一种发色剂。亚硝酸盐本身是无毒的，吃的量不大，可以全部排泄掉，但是大量摄入可以迅速致死，如果转化成亚硝酸胺又是强烈的致癌剂。聊天之后，我才知道亚硝酸盐和亚硝酸胺之间的关系。另外，我建议大家到大学听各种讲座。大学的讲座包罗万象，各种知识都有，是迅速进入一个新领域的好方法。我们要想成为一个"杂家"，听一次讲座就要对所讲的新领域有一定了解，形成头脑中的常识，将来碰到某个案件就知道要到哪里检索这一类知识。

还有一种吸收新知识的方法是"临时抱佛脚"，在办理案件时利用网络检索或者直接买相应的参考书，这是最常用到的技能。我曾经办过一个指控轮奸的案件，公安机关到医院取证，取得的阴道棉球里没有找到任何一位嫌疑人的精子。随后公安机关提交了被害人阴道当天被立即冲洗的说明。关于精子在体内能待多久，我们需要仔细查证。后来我当庭就讲，根据法医学知识，在多人强奸的情况下，会产生近10亿的精子量，进入子宫的数以亿计，虽然当天可以冲洗阴道，但无法冲洗子宫，法医学上讲，子宫里的精子则会在其后半个月陆续流出。因此，被强奸接着清洗阴道后，到第二天第一批流出的精子数量是千万量级的，不可能没有。多年后有一次和医院的大夫讨论，大夫提到阴道冲洗液是不可能冲洗干净的，因为阴道多皱褶。当时这些内容，我是通过网络检索和买了一本法医学、一本生殖学的书籍"临时抱佛脚"，用这些知识足以打破"多人轮奸"的指控。只要经历过，这类案件基本上就难不倒你了。有时候解决了一个知识关键点，这个案件就可能彻底翻盘。我们要充分利用互联网提供的广阔知识库，这是最廉价、最有效的获取知识的来源。

我们还要长期关注科技进步的信息，了解科技最先进的前沿知识。我给你们讲一些我最近看到的科技前沿，最让我激动的是IBM宣布三年内量子电脑面市，每一代计算机的计算能力能比原先的计算机提高20%，而量子电脑能够提高几千万倍的计算能力，这是不可想象的。美国还找到了塑料重复使用的方法，把塑料投入炉子，通过加热熔化，在炉子里冷却，再把形成的东西分解成塑料母料，可以生产出新的东西，而且无限次。这个技术太棒了，因为塑料的重要原料是石油，石油是工业的血液，塑料重复使用，对环境保护和资源保护的作用将是巨大的。还有，老年痴呆的药物和疫苗已经进入临床，神经"重新搭线"能让瘫痪者恢复手臂功能，哈佛大学设计出首个小巧偏振光相机，"光帆二号"从太空发回首批信号，某网络地图新功能可以显示火车和巴士的拥挤程度，科学家对单个原子实现了核磁共振成像等。

　　有些东西一开始不一定看得懂，但看得多了，慢慢看下去，知识会越来越丰富，也会形成对知识的认知爆炸。三十年前计算机很神秘，但现在连儿童都会使用，各种各样的科学知识都会有这样的现象，久而久之便成为大众的常识。同时，对于很多深入的知识，我们开始是从了解常识的角度进入，之后了解更深层的东西，了解以后会有收获，有收获就会有快乐。当然，不管是科学知识还是常识，到你脑袋里就通通是知识，不用刻意区分哪些是科学知识、哪些是常识，任何案卷通不过知识的检验，就可以提出疑问。我们辩护追求的目的是什么？不是法庭上谁会说、谁说得好、谁声音大，而是我们要通过审判程序真正弄清楚一个人是否有罪，让他得到法律上的公正审判，这是控辩双方追求的真正目的，也是我们设置法庭审判程序的终极目的。

第2讲 律师如何高质量地完成会见

主讲 | 袁诚惠[①]
整理 | 杨浥晨[②]

感谢大家,辛苦了!课程从早上8点多一直到晚上,安排得特别好,为什么?越辛苦越好,这是刑辩律师的基本工夫,即在任何外部条件的影响甚至干扰下,都能够良好地完成工作任务。有人经常开玩笑说"刑事辩护是个体力活儿",某种角度上讲确实是这样。但我想,刑辩工作除了是一个体力活儿之外,它还是一个能很好地锻炼人的意志的工作。比如有些律师已经从业多年,可能是做民商事业务,或者做非诉业务、公司法业务,其中有一部分长期从事其他业务领域的律师也做过刑事辩护,但做了一次就再也不想做了。我本人接触到的比较常见的理由是:"那次我办的一个刑事案件,去看守所会见,去了以后才知道什么是生命不可承受之重,在看守所环境之中,一次就觉得不想做这样的工作。"而我的感受恰

[①] 袁诚惠,北京市炜衡律师事务所高级合伙人、北京总所执委会主任、诉讼仲裁部主任。
[②] 杨浥晨,炜衡大学生刑辩训练营第一期学员。

恰相反，我特别愿意做这样的工作，为什么？不论是做律师，还是我们报考法学专业学习，进入法学的学科门类，最初都是因为法律人经常会提到的正义、公平、客观、公正这些在大量的法规、政策、文件以及相关的学术著作中出现的词汇，我个人的感受是，这些词汇在刑事辩护中体现得最为淋漓尽致、最为全面。刑事案件中，律师以自己的一己之长救人于危困，这种工作的价值是无法用经济价值去衡量的。明朝吕坤在《呻吟语》中讲："为人辩冤白谤，是第一天理。"我第一次听到这句话就觉得很震撼，说得真好。什么情节、什么事情最能打动我们，当我们看电影、电视剧的时候什么事情让我们落泪？我相信有几类：一类是爱情、亲情故事，还有一类是涉及相关法律问题的一些冤狱故事，在那样极端的情况下，人性或丑陋，或高尚，或卑鄙，或闪光，能够让我们看到极致的状态。我们进入这样的状态之中，能够凭着自己的努力，凭着专业、技能帮到人。这样的工作即使苦一点、压力大一点，是否值得？我想答案是肯定的。

　　今天我讲会见这部分内容。提到会见，我相信学员们在网络上有时会看到一个词——"会见难"，但作为律师，我会更多地想到"会见重要"。

　　所谓的会见难，更多地表现在司法实践过程中。那如何理解会见重要呢？刑事辩护几乎所有的重点工作、重点程序环节都与会见有关，是离不开会见的。只要嫌疑人或者被告人是被羁押的状态，律师就要去看守所会见或者到指定的居所去会见，通过会见过程才能接触到嫌疑人本人。而我们知道在司法实践的很多案件中，阅卷能看到的信息并不一定能完整、真实地反映所有案件情况。有一次我和一位律师合作（很优秀的律师，但不是刑辩专业律师），他希望能够接触刑辩，我们阅完卷之后，那位律师就认为嫌疑人是个坏人，有好多罪名。我能听得出来，他感觉嫌疑人就是一个应该被判处刑罚的人，应该是一个坏人，认为这个辩护太难了。我说不一定，我们要会见，会见很重要，为什么？虽然法律规定侦查机关既应当对有罪和罪重的相关事实予以关注和侦查，同时也应当调取和关注无罪、罪轻的证据。但实际工作过程中，基于工作的角度，更多的侦查人员关注的其实是有罪和罪重的问题，甚至可能会出现不客观、不中立的行为。因此，我认为律师会见，其中一个重要的工作就是发现真相，至少是局部的真相，要不带有色眼镜去看待嫌疑人和案件事实。

在这种情况下，如何有效地、高质量地完成会见，在和当事人沟通的过程中逐步发现对他有利的事实，依法保护其合法权益，就显得非常重要。刑事案件的很多重要工作，都需要通过会见这个连接点来完成。阅卷过程中就要会见本人，核实相关的案情。开庭之前也一定要有多次会见，与当事人进行良好、充分的沟通。律师应当对案件有良好的把握，并且为当事人提供充分的法律帮助、指导，把当事人培养成一个能顺利完成庭审、依法维护自己合法权益的人。要让被告人了解庭审程序，清楚庭审中的注意事项，平静地、理智地处理依法保护自己权利的问题，依法为自己辩护，以及配合律师完成良好的辩护。这些工作都需要在会见过程中完成，这也是其他工作环节无法替代的，尤其是在很多刑事案件被告人被羁押的情况下，会见工作就显得尤为重要。

一、如何争取会见机会

会见工作的第一步，是如何会见。一方面是要具备法律规定的条件；另一方面是对于司法实践中可能遇到的问题，我们如何克服和解决。

按照法律规定，会见必须有相关的文书以及手续。比如近亲属的委托手续，也就是委托书，还有身份关系证明等。

法律规定什么人可以为嫌疑人、被告人委托律师？本人和近亲属。刑事案件中近亲属的范围和民法规定的范围明显不同。民事法律规定的范围相对较宽一些，刑事案件中的近亲属包括父母、配偶、子女、同胞兄弟姐妹。这些人具有刑法意义上的近亲属关系，有权为嫌疑人或者被告人委托辩护律师。当然嫌疑人、被告人本人也可以委托律师。比如有些人在被羁押之前已经预判出自己可能会被羁押，或者在被羁押之前找律师进行过相关法律问题的咨询，提出如果被羁押，希望委托律师作为辩护人，事先可能签有委托书，这也是可以的。

关于近亲属委托律师时的身份关系证明问题，嫌疑人一旦被羁押，最初羁押场所的相关工作人员通常会对嫌疑人的身份关系进行核实，比如基本身份信息、近亲属的身份信息以及和相关人的关系等。律师在提交授权委托书时只要释明是什么关系，同时出具身份关系证明即可。如果是夫妻，结婚证可以证明身份关系，或者户籍信息在同一个户口簿上的，户口簿也可以证明身份关系，公安机关开具的身份关系证明也可以证明。如果是其他关系，包括父母、子女、同胞兄弟姐妹，通常是到公安机关出具相关的身份证明，分管户籍的相关科室都可以出具证明。

办理了第一次会见之后，一定要注意，见到当事人后要让他本人签署委托书，因为有些看守所理解为第一次会见当事人后，本人未在授权文书上签字、按手印意味着不同意委托该名律师，这可能导致之后办不了会见手续，无法会见了。这是基本的常识问题，稍加注意就可以了。

二、实际工作中：会见不了怎么办

实践中可能存在不能会见的情形，比如目前案件没法会见、办案人员正在提审、需要联系办案机关取得书面同意才能会见，或者同案犯相关的工作与律师的会见工作冲突等。

首先律师要有心理上的准备，不管遭遇到怎样的障碍，都不应该轻言放弃，做到自己没有问题、依法依规、敢于坚持，锲而不舍地努力争取。

做刑事辩护律师必须这样，在这样的心理准备之下才有可能具体完善你的行为，包括怎么解释、怎么解决具体问题。如果接待人员说你的案件会见需要审批，那么事实上确实是需要审批吗？这要严格依据法律规定来办。律师应该对会见的相关法律规定烂熟于胸，哪些案件需经批准，哪些案件无须批准，看守所安排律师会见的时限要求等，都要能准确地把握。

作为律师，我们应该确保自己的行为是合法的、合理的、合规的，也符合人们所谓道德评判标准中的行为准则，首先做到自己没有问题，行为妥当，才能敢于坚持，做锲而不舍的争取。

所谓会见难，其实也没有传说中那么夸张，大部分正常案件、非敏感案件、非重大案件不存在会见难的问题，律师只要手续齐全就能会见，这是更常见的情况。

三、及时会见的重要性

及时会见通常会对案件辩护效果产生巨大影响，否则，既影响辩护效果，对心急如焚的家属也会产生一定影响。我办理过的一起案件，嫌疑人在北京市某看守所羁押。这个案件的嫌疑人是某银行的领导，我中午在电话中与家属沟通完，下午就去会见了。会见过程中，我们详细、全面地为她提供了法律帮助，提示了作为犯罪嫌疑人的基本权利，讲解了涉嫌罪名的详细法律规定，包括什么叫内幕交易，什么叫利用未公开信息交易，什么情况下构成犯罪、什么情况下不构成犯罪等，这是最典型、正当的法律帮助，让嫌疑人清楚自己的法定权利及相关法律规定后，知道应如何依法保护自己的合法权益。后来，该案件的嫌疑人因为证据不足被释放，我们的及时会见，收获了良好的效果，同时也得到了当事人及其家属的肯定。

四、见到当事人后该怎么做

律师会见当事人，是要去提供专业的法律帮助，不是去聊天，更不能做违规违纪或者有风险的行为。绝大部分看守所会见室的墙壁上会直接贴着相关管理规定，比如会见过程中不得传递物品，不准抽烟，不准传递火柴、打火机等。律师会见时，一定要遵守管理规定，尤其是不能私自传递物品。如果因为一些违规违纪或者不规范行为而导致无法会见或者最终影响辩护效果，就得不偿失了。对此，律师应当向嫌疑人家属解释清楚相关规定。有时一些小事可能导致严重后果。比如律师和嫌疑人一起抽烟、传递纸条，即便纸条没有实质性内容，与案情也无关。之后律师在开庭前准备再次会见时，看守所却通知不准会见，理由是之前该律师会见时有传递纸条行为，要暂停会见，待审查之后再通知何时能会见，这无疑会对开庭造成极为不利的影响。

会见中，律师还应当把握好分寸。有些律师就简单处理，会见十几分钟就结束了；与之相反的是让当事人放开了说，不限制、不引导，不帮助当事人进行合理表达。律师应当依法对当事人进行相关法律辅导，这样才能在客观上对当事人产生有利的效果。律师应当向当事人讲解法律规定及相关政策，让其能够形成正确的理解，并且敢于坚持对自己有利的内容，也知道如何坚持，这个很关键。一个年轻律师、一个初学者，实在不知道怎么办时，可以详细讲解法条。讲解法条本身是种有效的法律帮助，如故意伤害罪怎样规定、故意杀人罪怎样规定，刑事诉讼法中对某些重要诉讼程序的规定等，这对当事人非常有帮助。做了基本解释之后，要详细询问当事人在律师会见之前的审讯情况，包括时间、地点等，让当事人如实、客观地回忆，尽可能多地、尽可能准确地向律师复述之前提审过程中所述的内容以及笔录的内容。这个过程是为了掌握侦查人员在针对哪些问题进行侦查，以及关注了哪些情节。了解当事人回答了什么，怎么回答的以及怎么形成的笔录，以便于辩护律师准确地把握侦查机关目前掌握的案情，这样才能有针对性地依法进行法律帮助。

详细、准确地讲解法律规定时，要让当事人听懂。比如对于抢劫罪，需告诉当事人什么情况下构成抢劫，在什么情况下处罚会加重，什么情况下会从轻、减轻处罚，哪些是法官可能考量的情节，详细地讲到当事人全听懂为止，同时律师要密切关注当事人的动态、眼神、表情、想说什么等。再如受贿，刑法规定，国家工作人员利用职务上的便利，索取他人财物的，或者非法收受他人财物，为他人谋取利益的，是受贿罪。受贿罪首先要有犯罪故意，故意才可能构成此罪。如果当事人自己都不知道，是不会构成受贿罪的。在律师的讲解过程中，如果当事人认为自己不知情，那是不是就属于法律上说的没有犯罪故意？这种情况下，律师一定要告诉当事人没有犯罪故意，明确不符合本罪之定罪特征，一定要客观。之前如果有因误解等产生的不实口供，一定要纠正过来。

之所以说会见工作极其重要，是因为这个环节能把审理、阅卷、取证等工作和当事人本人衔接起来，并且能够通过其本人提供的相关案件信息，帮助律师更好地辩护，最终达到被告人和律师配合默契，共同完成一次高质量辩护的效果。

五、会见中的风险问题

关于工作风险问题，刑辩工作中风险比较突出的，一个是会见，一个是取证。比如，一位初做刑辩的律师在会见过程中，在手上画了个圈，圈里写了一个"扛"字，说话过程中手时不时地扬起来，以便嫌疑人能看到。这个行为肯定是有问题的，不能这么做。

律师在会见过程中，既要注意法律风险，又必须能够切实帮到当事人。像那种手上写字的做法，既害了自己，也无法真正帮到当事人。但如果律师仅仅注意自己的工作风险，而忽略或减弱了对当事人法律帮助的力度，也是不可取的，辩护律师的核心价值就是依法维护嫌疑人或被告人的合法权利。

律师应当结合案情，为当事人详细、全面地讲解相关法律规定及应当注意的事项。在能够明确某个重要的行为特征或事实明显对其有利的情况下，会见现场就要敢于正面向其强调和解释。要明确告诉当事人应该坚持对其有利的事实，这样做既是合法的，也是应该的。律师在明知嫌疑人或被告人无罪的情况下，依然不敢做无罪辩护、不敢提供正面支持，是违背律师职业道德的，也是辩护能力缺乏的表现。

六、刑事辩护的意义

刑事辩护是诉讼律师所有专业领域业务中最值得去做的，因为人是无价的，自由、生命、尊严不能用金钱来衡量。钱没了还可以再挣，一个人失去自由或者被错误地判决死刑，国家赔偿是无法完全弥补的。刑事辩护关乎人最为重要的权利，它是一个"救人的工作"。

关于刑事辩护工作的风险，我认为它的风险其实没那么大。有人说常在河边走，哪能不湿鞋。我认为正好相反，常在河边走的人反倒不湿鞋，因为他知道风险在哪里。就像被电死的人通常都不是电工，电死的往往是放风筝的、爬电线杆的。另外，刑事辩护工作确实对专业度要求很高，是对综合能力的一种挑战。再者，从价值角度来讲，我认为"为人辩冤白谤是第一天理"。这个工作很值得去做，如果没有很多人关注刑事辩护，没有人愿意为之奉献、奋斗是很悲哀的事情。有些人认为社会司法现状存在这样或那样的问题，但好像又都与自己无关。其实与每个人都息息相关，每个人都做一些正面的事，推动法治进步，才会有更多的和谐与光明！

第3讲 辩护人如何阅卷

主讲 | 彭逸轩[①]

整理 | 王丹妮[②]

今天和大家分享的是辩护人如何阅卷的问题。

昨天（编者注：2019年7月12日），李肖霖律师讲了刑辩律师如何在日常工作和日常生活中积累各种知识，如何综合运用各种知识为辩护服务。这是理念性的、概括性的指导性意见，注重日常积累，属于"道"的范畴，相信大家收获很多。今天，我来讲辩护律师日常的技术性的工作，属于"术"的范围，主要内容是针对具体个案，刑辩律师在准备环节工作的日常总结，通过阅卷如何化繁为简，如何通过团队合作迅速掌握案件基础事实，如何做好庭前的充分准备工作，从而在法庭上应对自如。简单地说，就是如何通过阅卷奠定整个辩护工作的基础。

律师在刑事辩护中的工作总体上可以分为输入和输出两种形式。所谓

[①] 彭逸轩，北京市炜衡律师事务所高级合伙人、刑事业务部主任，北京市律师协会刑事诉讼法专业委员会副主任。

[②] 王丹妮，北京市炜衡律师事务所律师。

"输入",是指阅卷、会见、调查取证等刑辩律师处理日常刑事案件的基础性活动。通过基础输入环节,我们会获取与刑事辩护有关的重要案件信息,如被告人的个人信息,涉嫌哪些具体罪名,支持每个指控罪名的都有哪些证据等。所谓"输出",是指刑辩律师或刑辩团队对输入信息进行概括、分析、判断、综合,最终形成发问提纲、质证意见、辩护策略、辩护思路、辩方证据、初步及最终书面辩护意见等法律服务产品的一整套进阶活动。

在司法实践中,很多定罪量刑的证据都会以书面卷宗材料的形式予以体现,刑事案件的卷宗材料是刑事诉讼机制赖以正常运作的载体、刑事辩护律师获取信息的最主要来源。因此,阅卷就成为刑辩律师整体辩护工作的基础和源泉。今天,我们讨论的话题就是刑辩律师如何开展便捷有效的阅卷工作,从而为辩护工作打下基础。

每位律师的工作习惯不一样,阅卷笔录的制作也各不相同。但不管怎样,都是为接下来的辩护工作服务,所以只要做到"因人而异、有章可循"即可,没有完全统一的格式要求。我接下来向大家介绍的三步阅卷法只是我们团队在日常阅卷中的工作总结,不一定适合所有律师和所有律师团队,仅供各位参考。总结来说:第一步就是像检察官一样做阅卷摘要和卷宗目录,重构整个指控逻辑,比对应然证据和实然证据之间是否存在差距,指控是否有薄弱环节;第二步是从律师的角度,对指控逻辑和指控证据逐步检查,在此基础上形成律师质证意见和辩方举证策略;第三步则是运用法官思维进行衡平,掂量指控意见和辩护意见的分量权重,判断辩护成功的可能性,从而完善辩护策略、形成最终辩护思路。

在第一步中,用卷宗摘要来重构指控逻辑的工作非常重要。很多刑辩律师发现，公诉人上法庭拿的材料越来越少，以前都抱着卷宗，甚至用小推车拉卷宗材料，现在拎个公文包就上法庭了。当然，有律师会说，还有一些检察官上法庭也带着卷宗材料。是的，倒不是公诉人都不带卷宗，只是带卷宗材料的越来越少。即使一些检察官在部分重要案件出庭时携带卷宗材料，那也只是备查，庭审过程中很少翻阅，更不会当庭拿着卷宗去做一页页的指控。这一切都是因为在检察官的公文包里，除了电脑，还有一种"出庭神器"：证据目录和证据摘要！这种"出庭神器"的厉害之处在于：它不但取代了卷帙浩繁的卷宗材料，而且还有可能换个形式出现在判决书中的证据引用部分。大家有没有见过，有没有在某些判决书中亲身体会过？所以，做证据摘要作为一项重要的工作技能，成为许多初入检察机关的新人必备的基础技能和训练科目。即使每个检察机关或者每个公诉组的工作方式和工作顺序不同，但基本上都是围绕着指控罪名展开的，也就是构成某一罪名有哪些证据，这些证据能说明什么内容，有哪些证明目的，能不能形成牢固的证据锁链。

　　像检察官一样制作阅卷笔录，意味着辩护律师首先要像检察官一样思考。为了达到指控犯罪的目的，起诉书列明的每一个罪名都要有相关的证据予以支撑。这里的证据支撑有应然和实然两个层面。所谓应然，是指一个罪名的构成应该具备哪些证据材料，只有这些条件同时具备才能构成犯罪。而实然是指侦查机关给公诉机关提供了哪些证据材料，哪些证据材料可以用来指控犯罪，哪些证据材料对指控犯罪有反作用（即对被告人有利），哪一罪名的指控有哪些薄弱环节。我们知道，检察院在审查起诉的时候，实际上是在用应然证据的标准来审查实然证据，看侦查机关送来的侦查卷宗是否达到了应然证据的起诉要求。如果没有达到，是否可以补充，如果补充之后还达不到，要么不起诉，要么"带病"硬着头皮起诉。因此，律师如果像检察官一样进行第一步阅卷，制作阅卷摘要，会有以下几个方面的收获：

一是收获一本完整的阅卷笔录，有利于团队协作。即使事实清楚、证据明了的单个罪名的案件，也会有二至三本卷宗材料，而相当一部分刑事案件的卷宗材料都很多，有时候卷宗材料动辄几百本，甚至上千本，仅仅依靠一到两名主办律师阅卷，一两个月可能只能粗粗浏览一遍，等到开庭也未必能够完成整个阅卷工作。这就需要在不遗漏案件重要事实和情节的情况下将卷宗材料化厚为薄、化繁为简。基于这项工作的重要性，需要辩护团队在统一的阅卷要求下制作阅卷笔录。关于统一的阅卷要求，应该遵循三个基本要求：第一，格式统一。以卷宗繁多的黑社会性质组织犯罪案件为例，按照侦查卷宗的顺序分别制作卷宗摘要，团队中有人看卷一至五十，有人看卷五十一至一百，如果阅卷笔录格式不统一，合并起来的卷宗摘要就会显得乱七八糟，让人看得眼花缭乱。建议根据word文档中的大纲模式，把卷一、卷二、卷三、卷四等设置为一级大纲，把证据名称设置为二级大纲，证据摘要设置为正文内容。其中，正文内容又可以分为三部分，第一部分设置为证据摘要，第二部分设置为质证意见，等待第二步阅卷时补充，第三部分设置为备注，随手将卷宗摘要过程中发现的问题（比如仅仅标注半个小时的讯问时间，却有长达二十几页的讯问笔录；之前的笔录不认罪，从这次讯问笔录开始认罪；某一证人没有指认或辨认笔录；某一证据对被告人有利，是否需要作为辩方证据出示等）放在备注中。第二，详略得当。有的律师制作的阅卷摘要特别简单，只是备注被告人是否认罪，或者备注证人证言真实与否，即使总结概括笔录内容，也只是一笔带过，摘要部分对关键事实和信息摘录不够，起不到完整记录案件基础信息的作用。有的律师制作的阅卷摘要太详细，事无巨细，对原始卷宗材料几乎全部摘录，甚至等于复制一遍卷宗材料，起不到化繁为简的阅卷目的，而且阅卷效率上不来。正确的方法应当是详略得当。详略得当的标准是基础信息要全，既要记载该份证据的来源、时间（包括证据的形成时间和取得时间）、地点（包括证据的形成地点和取得地点）、主要内容，又要重点关注前后证据有无变化，对同一事实的描述和证明有无矛盾和冲突之处，与其他证据能否相互印证。同时，要高度概括，特别是证据摘要，要言简意赅，最好只用一段话就能概括到位，这里可以参照判决书引用相关证据的证据摘要部分。第三，建立索引。对于卷帙浩繁的大部头卷宗来说，证据重复的有之，证据缺漏的有之，证据矛盾的有之，即使集中一段时间只针对一个案件进行阅卷，也有可能看着后面的，找不到前面的。因此最简便的方法就是建立索引，给所有证据都加上简便快捷的查找索引，这样能很快找到某份证据在卷几某某页至某某页，既利于提高阅卷效率，又能高效整合材料，便于纵横对比。我办理的一起涉嫌职务侵占案件，有一份关键书证在卷宗中出现了两次，最初阅卷的时候一掠而过，只对其中一份做了索引，后来隐隐觉得这两份书证好像版本不太一致，准备再次比对的时候发现只有一份证据的索引，不得已只能把整个卷宗材料再翻一遍，专门把两份文件挑出来进行比对。

二是可以快速应对公诉方的举证思路和举证顺序。由于不同案件的侦查机关不同、侦查人员不同，工作习惯和工作要求不同，侦查卷的顺序和繁简程度也不一样，所以律师基本不会复制到按照同一种逻辑顺序制作的侦查卷。公诉人在移送公诉时也不会按照侦查卷照本宣科，而是根据起诉罪名的需要对侦查卷的内容根据实际情况进行取舍和调整，整理出自己的指控顺序和证据目录。虽然公诉方对自己所需材料进行了整理，但在一般情况下，公诉方在开庭之前不会给辩护律师提供指控大纲或者证据目录，辩护律师既不知道公诉人的举证顺序，也不知道公诉人是否会忽略某些证据材料，所以辩护律师有一份翔实、完整的阅卷笔录在手是非常必要的。在质证时，不管公诉人举证是按单项罪名还是单项指控事实，也不管公诉人是先综合证据还是先证人证言，只要辩护律师手中的阅卷笔录完整、可迅速查找，就能迅速应变，快速调整质证顺序，而不是在法庭上手忙脚乱地到处翻证据。如果律师在庭审中跟不上公诉人的举证节奏，或者因公诉人的"突然袭击"而自乱阵脚，一方面会损耗辩护律师在庭审中的时间和精力，另一方面也会让当事人及其家属观感不好，认为律师对案件内容不熟悉，对证据不掌握，对辩护工作不重视，从而引发当事人及其家属对律师工作的不满。如果有完整翔实的阅卷摘要，完全可以应付自如，对公诉人不当庭举证但对当事人有利的证据，辩护人可以在举证环节作为辩方证据提出。

三是发现指控的薄弱环节。任何案件的指控逻辑都不是严丝合缝的，都会有漏洞或薄弱之处，只不过有些漏洞和薄弱可以忽略，而有些漏洞和薄弱不仅是裂痕，更可以成为断裂带，致使整个指控逻辑不能成立。很多看起来很复杂的案件经不起指控逻辑的重构，律师在重构过程中会有新的发现和突破。以我们刑辩团队办理的一起贪污案件为例，刘某原系某国有公司总经理，检察机关指控他和另外两名同事合谋在国有企业改制过程中故意将改制前累积形成的涨库钢材处理为呆死账，改制后通过虚开销售发票的形式将钢材款套出，并用于改制后的个人增资扩股及个人奖励。当事人家属找到我们团队的时候，这个案子已经到了二审阶段，被告人刘某一审被法院以贪污罪判处十一年有期徒刑。如果仅仅看检察院的起诉书和一审判决，似乎很有逻辑，但梳理完整个证据材料，顺着检察机关的指控逻辑来重构，我们就发现这个案子不但没有逻辑，而且漏洞百出，许多在案证据都有问题。首先，检察机关认为贪污的对象是改制前累积形成的涨库钢材，那就应该有实物证据或者相关书证，但是检察机关称实物证据也就是涨库钢材已经被卖了，所以没有实物证据，只有书证。那书证在哪里呢？检察机关称有两处可以证明，一是原国有公司的账外账，证据来源于原国有公司仓库库管员马某手写的《某市某公司关于1996年至2002年涨库钢材形成过程》自书材料和关于马某本人的询问笔录。检察机关认为自书材料是书证，询问笔录是证人证言，合在一起就能相互印证。二是北京某公司的财务账目，以此证明这批涨库钢材已经被卖给北京某公司了，这部分钱在改制前没有付，应当记载为应付账款。为此，检察机关把北京某公司的财务账目也调取了一部分，但没有查到这笔未付款的下落，于是找到该公司的业务员来证明北京某公司和该国有公司之间的业务不是一一对应的，而是滚动结算，以这些内容作为替代性证据。在事实不清、证据不足的情况下，检察机关采用的方法是模糊处理，将一些似是而非的证据混合在一起，意在表明：即使没有直接证据证明这笔钱被贪污了，但这笔钱确实存在，因此最终被贪污了。其次，检察机关认为涨库钢材款是在改制后被套取出来的，那如何证明当事人在公司改制后套取了这笔款项呢？按照起诉书的描述，刘某等人用四张未使用的废旧发票套取，但顺着这四张被用于和北京某公司结算的发票查验，便会发现它们对应的货款和钢材与被指控的涨库钢材不是一回事。同时按照起诉书的意见，我们也对"套取"出来的资金进行了梳理,发现这竟然是与前述两种情形都不一致的第三笔交易,交易的钢材既不是指控的涨库钢材,也不是废旧发票对应的第二批钢材,只是这三笔交易的金额接近而已。最后,起诉书认为涉案贪污资金被转用于增资扩股的股金和个人奖励,如何证明资金的一致性?我们从证据入手,发现其中大有不同,增资扩股资金的总和与指控金额对不上,用于个人奖励的资金与指控的资金也不是同一来源。讲到这里,根据上述重构,大家会感觉到检察机关的指控有明显的问题,完全不符合贪污罪构成的事实基础。对于任何一个罪名来说,构成犯罪的每一个关键点都应当有相关的事实和证据作为支撑。顺着指控逻辑去查找支撑证据,如果支撑证据扎实,当然指控就不会有问题;如果支撑证据不存在或者自相矛盾,或者关联性不足,都会动摇整个指控体系。作为指控犯罪的检察官,他们在构建指控逻辑时也会衡量某一指控事实的支撑证据是否扎实、完备,哪些方面较为薄弱。当然,一旦检察官作出指控,即使他知道某一方面有薄弱之处,出于职业定位考量,也不会告诉辩护律师。因此,辩护律师要主动站在检察官的角度去重构指控逻辑,从中体会指控的重点和弱点。知己知彼,才能百战不殆。

简单做个小结,第一步阅卷结束之后会有客观上和主观上两个方面的收获:主观上的收获是对案件有全面概括的了解,有利于打开刑事辩护工作的大门;客观上的收获是形成了一套进可攻、退可守的阅卷摘要和卷宗目录,使得接下来的辩护工作有章可循、有据可查。

想在法庭上有效应对并争取一个良好的辩护效果,在阅卷上仅有前面所讲的第一步是远远不够的。我们都知道刑事案件的审判有两个重要环节,一是法庭调查,二是法庭辩论。虽然法庭辩论往往看起来很精彩,唇枪舌剑,但真正对案件指控事实的还原主要还是集中在法庭调查阶段。法庭调查是法庭辩护的基础,尤其是举证、质证环节。一些有经验的公诉人在法庭发问阶段,面对部分被告人的辩解甚至翻供并不在意,他会把指控犯罪的证据在举证阶段排山倒海般地拿出来。如果这个阶段不能形成有效的质证意见予以回应和反击,法庭调查结束之时也是案件盖棺定论之时。辩论阶段再精彩,也难以改变审理法官对在案证据的直观印象,因此有必要从律师的角度进行第二步的阅卷工作,为庭审质证做充分的庭前准备。

如前所述,一份完整的证据摘要除证据名称、证据来源及证据索引外,还有三个重要组成部分,即证据内容摘要、质证意见和备注。在第一步重构指控逻辑时,这一步的阅卷工作已经完成证据内容摘要,同时也会将对该证据的注意事项及思考要点记录在证据备注中。第二步的阅卷工作要站在辩护律师的立场上,对所有列明的证据进行充分质证,将质证意见填充完整,同时根据对证据的深入掌握完善备注部分的内容。

从证据法学的角度看,对证据的质证应当从合法性、真实性和关联性三个角度进行,或者从证据能力和证明力两个角度展开。但在司法实践中,质证是个技术活,其广度和深度往往很难拿捏,质证意见和辩护意见的界限也很难厘清。有的律师在质证环节几乎没有提出对控方证据的异议,辩论环节却进行包括事实认定和法律适用在内的彻底的无罪辩护,让人觉得很突兀;也有的律师在质证时"充分发挥",甚至把部分辩护意见重复好几遍,在最后发表辩护意见时又把先前的质证意见简单汇总,然后再说一遍;还有一些律师抱怨法官不让律师说话,每当律师在质证时,法官都说质证不要讲太多,一些与辩护有关的意见和观点应当放到辩论时再说,而等到法庭辩论时,法官又说律师的辩论意见在质证时已经充分发表过了，辩论阶段就不要重复说了。凡此种种，都反映出提出质证意见的难度，高质量的质证意见既不遗漏任何一个关于证据是否合法、是否真实、是否能够证明待证事实的关键信息，又要言简意赅、高度概括，争取把每一个质证点都囊括在证明能力和证明力的范围内。凡事预则立，不预则废，第二步的阅卷工作就是要解决这一难题。

不同种类证据的质证意见各有特点，也各有偏重，对于刑事诉讼法规定的八种刑事证据的质证要点，建议大家参照最高人民法院关于刑事诉讼法的司法解释，其中有专章对各类证据的采信标准和不予采信标准进行明确规定，此处不再展开论述。

需要说明的是，在第二步阅卷制作并完善质证意见时，刑辩律师或者刑辩团队应当特别考虑以下几个方面的问题：

一是要重点关注对指控犯罪有反作用的证据或证据线索，即对被告人有利的证据或证据线索。辩护律师虽然可以站在检察官的角度去重构犯罪逻辑，从中衡量各证据的权重，但辩护律师毕竟不是检察官，我们要做的不是去指控犯罪，而是否定犯罪、削弱犯罪，或者确认犯罪行为社会危害性较小，通过对指控犯罪有反作用的证据或证据线索为被告人辩护，通过前述工作发现指控的漏洞、还原事实、维护当事人的合法权益。还是以前述某国有公司的案件为例，在根据起诉书重构整个指控逻辑时，我们发现，按照公诉机关的逻辑，被贪污的这笔涨库钢材已经销售给了北京某公司，但这笔钱尚未支付，应该一直被隐瞒在收货单位的应付账款里，但证据材料中并无相关书证。如果我们不限于做"拆墙式"的消极辩护，就应当重点关注某国有公司和北京某公司之间的财务结算情况，看看他们之间有无具体的结算记录和结算凭证。根据之前的案情描述，正因为没有在北京某公司账上找到这笔应付账款,所以侦查机关在取证时还专门找了北京某公司的业务人员以证明两家公司之间的财务结算是滚动进行的,所以不存在钢材和货款之间一一对应的关系,通过这种模糊处理方式混淆了自己的举证义务。即使这样,根据经验逻辑和常识判断,这两家长期合作的公司也应在某个阶段有过结算,最起码存在债权债务关系的梳理,到底谁欠谁钱还是应当弄清楚的。果然,在查阅材料时就发现一份双方在改制后签订的结算协议,这份结算协议盖着两家公司的印章,内容很清楚,也有截止日期,结算协议显示北京某公司不但不欠某国有公司钱,而且该国有公司还收到过北京某公司的预付款,但是对应的钢材却没有发货。这份证据太重要了,说明北京某公司的账上连流动未付的账款也不存在,直接否定了检察机关的整个指控逻辑。

二是要结合全案证据来组织质证被告人的辩解内容。对证据的质证不能仅仅局限于单个证据本身,还需要结合全案证据,更要结合与之有关的辩护策略。我们团队在准备一起有关受贿案件的质证意见时,在与被告人沟通过程中,被告人称有两笔指控金额是侦查人员逼供所得,不是事实,坚决不予认可,但针对这两笔金额已经有了被告人审前的有罪供述。如何质证被告人的有罪供述和被告人的辩解,这不但涉及其他证据,也与整个案件的诉讼策略相关。我们在会见中也向被告人释明这两笔指控金额对量刑影响不大,而且在已经有审前有罪供述的情况下,如果该部分有罪供述不能被作为非法证据排除,这部分的辩解和辩护很难被法院支持。但当事人态度非常坚决,认为这两笔指控金额虽然对量刑影响不大,但没有收钱就是没有,其有罪供述是在威逼利诱的情形下作出的,不是他的真实意思表示。经多次沟通,我们达成一致,一方面通过非法证据排除争取否认这两笔指控，另一方面通过非法证据排除指出办案单位违法办案的真实情况，动摇整个侦查行为的合法性，取得一个好的量刑协商基础。在整个辩护策略前提下，确定好辩护和质证策略后，对这部分证据的质证意见就集中在寻找有关非法证据排除的线索和材料上。后来经过反复比对案件材料及与当事人沟通，发现有关这两笔指控事实的有罪供述存在几个问题：第一，被告人的有罪供述一直很稳定，但直到侦查后期才出现关于这两笔指控的有罪供述，由于之前的十几份笔录都没有提到这两笔指控金额，此处的突然供述反而显得特别突兀。第二，其他的指控事实和指控金额都是先在分笔录里交代，在侦查即将终结前再汇总在总笔录中，而这两笔指控金额却恰恰相反，在没有任何征兆的情况下突然出现在总笔录中，第二天才有分笔录出现，违反常规。第三，侦查机关的提讯记录表显示，在有关这两笔指控出现前的二十多天里，侦查人员几乎每天都提讯被告人，但却没有一份相应的笔录提交给法庭。第四，就在被告人被提讯的二十多天里，侦查机关在没有任何立案和羁押手续的情况下把被告人的妻子抓到近千里之外的办案基地。据其妻子当庭作证称，侦查机关把她抓起来的目的便是要她交代自己丈夫是否还有其他受贿行为，是否和她丈夫之间有共同受贿行为，这是典型的"先抓人后取证"和"抓舌头"。被告人也称办案人员为了让他承认这两笔指控金额，还特意把他妻子被抓的照片展示给他看。巧合的是，大约在被告人交代这两起指控事实的同时，其妻子也被侦查机关释放，释放时也没有任何手续，开庭时在律师的强烈质证下才匆忙补了一些手续（后补手续的痕迹非常明显，也被列入非法证据排除的理由之中）。第五，有关行贿人的证人证言前后反复，且不符合日常生活逻辑，经过修改才勉强与被告人的有罪供述一致。根据非法证据排除的相关规则，非法证据排除应当是相对独立的程序，具有优先性，应当首先解决是否为非法证据的问题，然后再进入实体审理。虽然因为种种原因，法院最终没有直接认定与两笔被指控金额有关的有罪供述为非法证据，但还是以"事实不清、证据不足"为由去掉了公诉机关对这两笔金额的指控，量刑上也尽可能给予了从轻处理。

　　三是要把质证意见和辩护意见统一起来。公诉人举证的最终目的是指控被告人犯罪事实成立，而辩护人与之相反，会根据指控事实进行无罪、轻罪、罪轻、量刑等方面的辩护。在这场此消彼长的"较量"中，辩护律师应该重视辩护意见的质量和效果，反复推敲。在论证自己辩护意见的过程中，不能出现质证意见和辩护意见相互"打架"的情况。在与被告人沟通辩护策略时，要叮嘱被告人注意前后质证意见和辩护意见的一致性。比如有些被告人，在法庭征求他对起诉书的意见时说自己认罪，但在公诉人举证时又对很多关键证据不予认可，导致最终法庭还要追问到底是认罪还是不认罪。在一起案件中，因其中一名被告人在质证时对关键证据均不认可，致使公诉人当庭撤回有关自首的量刑建议。虽然被告人再次表示愿意认罪，但法庭最终还是认为被告人对主要犯罪事实和证据有异议，不构成自首。被告人不管是基于委屈，还是对法律的不了解，甚或有投机的成分，都有情可原，但有些受过专业法律训练的律师也会犯这样的错误。在个别法庭上，有的律师在法庭质证环节对关键证据没有表示异议，但在辩护环节却对指控的事实表示反对；有的律师在质证环节对关键证据均不认可，法庭辩论阶段却做有罪辩护。这都是前后矛盾的表现，让律师辩护在法庭上的观感很不好。因此，与被告人之间就有关辩护立场和辩护策略的沟通非常必要和关键，辩护律师应把阅卷之后的分析和判断如实向被告人披露，双方共同衡量无罪辩护有无可能、有无证据和事实上的现实基础，能不能承受无罪辩护失败的风险，全案无罪辩护还是部分指控罪名和事实无罪等。一旦确立了辩护的基本思路，无论是法庭发问、法庭质证还是法庭辩论，一定要保持前后一致和连贯。如果做全案无罪辩护，对控方证据的质证可以不受约束和限制，抡圆了打；如果对部分罪名和事实做无罪辩护，可以把质证重点放在无罪部分；如果做轻罪辩护和罪轻辩护，对证据的质证则需要围绕此罪与彼罪的区别、是否具备量刑情节等方面展开。实践中，也有律师提出：罪轻辩护过程中能不能对控方证据提出否定性质证意见？我的意见是：当然可以！有些案件虽然部分关键证据有问题，但不足以改变整个案件的定性，这种情况下做罪轻辩护是最有利的选择，当然不能因为做罪轻辩护就对有问题的控方证据视而不见，该提否定性意见的还是要提。一方面是出于对刑事审判的尊重，不能让问题证据蒙混过关；另一方面也可能会去掉部分指控内容或减轻指控力度，甚至有些法官眼里不揉沙子，直接认定无罪，虽然概率很小，但也不是没有可能。需要说明的是，在罪轻辩护过程中，如果辩护律师认为控方主要证据都有问题，都提出否定性质证意见，这时候就应该考虑是否调整辩护立场和辩护策略了。

四是要简洁明了地围绕证据的"三性"来质证，尽量不要长篇大论地展开，尤其不要延伸到辩护意见的内容。即使辩护律师认为这个证据很关键，也不能"强调说""反复说""巡回说"，生怕别人听不明白。对于想听意见的有经验的审判人员来说，说一遍就听明白了；对于不想听质证意见的审判人员来说，反复说也没有用。一般认为重要的事情说三遍，但真的说三遍试试？推荐大家在模拟法庭上当一下合议庭的审判员，特别是那位不主持庭审的审判员,当一个辩护律师真的把一个观点讲三遍的时候,你可以仔细观察自己内心的阴影面积。如何简洁明了地发表自己的质证意见?首先,要善于使用"一二三四",比如对于这份证据或者这组证据我有三点质证意见,第一是什么,第二是什么,第三是什么。一方面让自己的表达有逻辑性,另一方面也给庭审参与人员一种心理预期。其次,可以建立质证的"套路":按照是否合法、是否真实、与其他证据是否矛盾、能否证明待证事实的逻辑顺序展开。再次,如果想要在质证环节加些辩护意见的内容,尽量把这些意见放在"关联性"项下展开,这样法官一般不会打断,因为法官很难一下子判断你的意见是否属于"关联性"的范畴。最后,对于各项证据之间的矛盾,或者各项证据综合起来可以发现的共性和规律,尽量放在辩论环节来说,但可以在质证的时候做点铺垫,可以说"关于该份证据和其他证据的矛盾之处,辩护律师将在辩论环节展开论述"。

五是要根据不同证据类型的特点完善质证意见。刑事诉讼法规定了八种证据类型,每种证据类型在质证时的重点都不一样,如前所述,可以依照刑事诉讼法相关司法解释关于各类证据采信的标准反复推敲。除相关司法解释规定的标准外,从准备质证意见的角度看,被告人供述和辩解需要重点关注讯问笔录取得的合法性,特别是对已经作出有罪供述但又翻供的讯问笔录,需要注意讯问的时间、地点、讯问主体、翻供理由、与其他证据之间的关系、有无相印证或相反的客观证据、有无刑讯逼供、有无刑讯逼供的相关线索和材料等。对于证人证言,需要注意证人和被告人及被害人之间的关系、询问的时间地点、证人的精神状态和智力情况、证人参与待证事实的程度、证人证言和其他证据之间的关系等。对于书证,需要注意书证的来源、是否为原件、形成时间等内容，尤其需要注意的是，一些公诉机关会"夹带私藏"，把部分不是书证的材料当作书证来举证。比如前面提到的某国有公司仓库库管员所作的《某市某公司关于1996年至2002年涨库钢材形成过程》，公诉人和一审法院都把它当作书证对待，这肯定是不对的，这份情况说明充其量也就是一份自书材料，和库管员的证人证言属于同一个证据类型的范畴。这种"夹带"行为需要律师认真对待、精准识别，甚至即使是上级公安机关作出的审读意见，其也仅限于办案说明的性质，而不能从根本上被认定为书证。一旦被认定为书证，这份意见就具有了客观性的特点，变成了固定的结论，而不再是意见。对于物证，需要关注该份证据的来源、是否为原件、证据和案件的关联度等基本内容。经常举到的一个例子是杀人所用的刀，为什么有时候侦查机关花了很大力气就是为了拿到作案的那把刀，如果这把刀的原物丢失了，能不能随便用一把一模一样的刀作为物证？这显然是不可以的，因为原始的物证不但是一个物理存在，更是一个"各种信息集合器"，它上面包含了指纹、血迹、伤口形成、相互作用力等多种信息。但对于具有一定功能性的物证呢？比如窃听窃照专用器材，如果涉案使用的窃听窃照专用器材丢了，能不能拿同一型号、同一生产厂家的商品来当作物证呢？这就需要根据实际情况区别对待，如果是要鉴定这类器材是否有窃听窃照功能，这在某种程度上是被允许的。但如果要鉴定被告人是否使用过窃听窃照专用器材，这时使用同款器材作为物证则是不合适的，因为原始物证上存在指纹、DNA等被告人的生物性特征，这是不可替代的，自然不能随便拿一台器材当作物证。还需要重点说明的是鉴定意见，当前刑事司法实践中存在一些过度依赖鉴定意见的现象，甚至把部分审判权让渡给司法鉴定，只要鉴定意见认为是轻伤，法院就可以判故意伤害，只要鉴定意见认为单位资金被转移，就可以判挪用资金或职务侵占。鉴定意见的重要程度不言而喻，加之其较强的专业性，刑辩律师需高度重视对鉴定意见的质证。一方面需要向专业领域人士请教，必要时申请专家辅助人出庭。另一方面要强化对鉴定意见所依据材料的质证，比如伤情鉴定所依据的病历资料，其中是否有"夹带"的病历，是否有旧有疾病，前后病历是否有冲突和矛盾等。再比如财务专项司法审计，需要关注审计结果所依据财务资料涉及的范围、财务数据的真实性、依据材料中是否有财务人员的主观性评价和说明等。换句话说，需要对鉴定意见所依据的基础材料进行仔细质证，如果鉴定意见所依据的基础材料出了问题，在此基础上形成的鉴定意见自然就随之出现问题。视听资料和电子数据也需要重点讲一下，随着科学技术的进步和发展，该类证据出现的频率越来越高，但该类证据也因易被篡改而具有不稳定性。辩护律师在对这类证据的合法性进行质证时，应着重把握其来源的合法性，获取的程序、方法、途径是否合法，内容是否完整，与其他证据是否有矛盾，与待证事实是否有关联等。

六是要在质证中形成和确定辩方举证思路。从日常刑事辩护实践看，刑辩律师的辩护工作可以分为积极辩护和消极辩护两种。积极辩护是指通过积极的调查取证来构建与指控逻辑相反的辩护思路和辩护逻辑，构建一个与指控事实不一样或不完全一样的辩护事实；消极辩护是以人之矛攻其之盾，把控方的指控逻辑打开缺口，使其不能自洽，从而在控方证据范围内凸显控方指控的事实不清、证据不足。在当前刑事司法实践中，律师的调查取证可能会遇到权利保障不够、取证能力不足等种种困难，因此，想通过辩护律师的调查取证构建新的辩护事实，显然很难做到，当前绝大多数辩护都属于消极辩护的范畴。不管是积极辩护还是消极辩护，辩方证据都有两种来源：一种是根据案件情况向证据持有者或者证人收集的有关证据，另一种是侦查机关或者公诉机关已经收集但未出示的证据，或者虽然控方已经举证，但该份证据对被告人非常有利，公诉人的举证角度和证明目的与辩方存在冲突，辩方有必要作为自己一方的证据提交。对于辩方自行收集或调取的证据，可以根据辩护需要组织举证，而对于第二类证据则需要根据第二步阅卷的实际情况具体确定，鉴于不同检察机关或不同公诉人对控方证据的取舍标准并不完全一样，实践中辩护律师很难知道公诉人举证的顺序和数量。最好的办法就是以不变应万变，即在第二步阅卷时将对辩方有利的证据全部挑选出来，重新梳理一遍，根据辩护的需要进行分类分组，不管控方是否出示，辩方都根据自己的辩护思路和辩护策略重新出示。庭审中，对于控方已经出示的证据，可以简化出示，或仅作证明目的说明。

对第二步从律师角度所做的阅卷工作也简单做个小结，这一步的主要内容就是制作全案完整的质证意见和举证提纲。第二步阅卷工作做完之后，法庭调查阶段的准备工作初步完成，基本的辩护意见也就相对清晰、明了。需要说明的是，初步辩护意见是对全部质证意见的概括、总结和升华，而不是简单汇总和罗列。辩护意见需要有自己的逻辑，有的律师喜欢按照犯罪构成理论来组织意见，有的律师习惯按照证据、事实、法律来分述，也有的律师从三阶层理论进行辩护，如何组织辩护逻辑需要根据案件实际情况确定，没有一定之规，只要能简明扼要地把事实讲清楚、把问题说明白即可。

刑辩律师不能完全沉浸在自己的辩护世界里自说自话、自娱自乐。辩护律师的工作是要劝说法院、说服合议庭，所有的情理辩解和法理重申，其目的都是要得到大多数诉讼参与人特别是司法审判人员的认同。从辩护的工作实践看，有完全的无罪辩护、有针对部分罪名的无罪辩护、有针对某一指控罪名中某项指控事实的辩护，当然也有对事实和罪名完全没有异议而仅仅关于量刑的辩护，总结来说就是减罪名（包括一直减到没有罪名的彻底无罪辩护和变更罪名的轻罪辩护）、减事实、减刑期三种辩护方式。具体案件适合哪种辩护策略，需要在阅卷过程中不断地修正和调整。因此，阅卷工作的第三步就是从法官的角度，对第一步和第二步工作进行衡平，适时组织辩方证据，分析并调整对于各项罪名和指控事实的辩护权重，把好钢用在刀刃上，实现最有可能的辩护结果，最终形成切实可行的辩护策略，实现当事人合法权益的最大化。第三步的阅卷要从以下三个方面着手。

一是要修正并用好备注一栏的信息。大家要注意，从第一步阅卷开始，我们就会把对辩护有用的信息随时记录在备注里。随着阅卷的不断深入，对案件信息的把握会有变化，原来认为重要的信息可能会变得不重要或者不那么重要，原来认为仅仅需要一般性注意的问题也可能会逐步凸显，因此备注信息是需要随时调整和修改的，在不同阶段有不同的备注信息。在第一步阅卷中，备注一栏类似随手记，把阅卷过程中随时发现的所思、所想、灵光乍现、灵机一动及疑问都记录下来，无须追求完整性和系统性；在第二步阅卷中，需要对第一步阅卷积累的备注信息进行综合，需要转化为质证意见的，可以及时转化，不需要转化为质证意见或不能转化为质证意见的，视与辩护的关联关系，可以选择删除或者继续保留；在第三步阅卷中，还需要根据辩护思路的变化对备注一栏继续调整，把它当成律师庭审辩护的"黑匣子"，用于标注该份证据在举证、质证中的注意事项和在整个证据体系中的地位和作用。比如前面讲到的，如果该份证据对被告人有利，甚至可以成为指控犯罪的反证，则可以重点标注；如果公诉人在法庭证据出示环节存在错漏，则可以由辩护人重点出示；如果这份证据特别重要，律师想特别强调，即使公诉人已经出示，辩护律师也可以再次从有利于被告人的角度专门出示，以引起合议庭的高度重视。

二是要继续修正自己的质证意见。前面已经讲过，法庭质证是为辩护做准备，两者是相互促进、互为犄角的，质证意见和最终的辩护意见要形成动态平衡。第三步阅卷的实质是从法官视角对整个案件的证据进行衡平，因此如果辩护思路和辩护策略作出调整，前面的质证意见也要随之予以调整，以避免前后矛盾。如在一起走私普通货物罪的案件中，根据第二步阅卷作出的质证意见，辨认笔录部分是重点，虽然被告人供述和辩解中提到海关缉私局对扣押物品做了辨认笔录，但卷宗中却没有这份材料，如果做无罪辩护，这个质证意见就很关键。如果被告人不认可扣押物品是自己的，在没有辨认笔录的情况下，涉案扣押物品与本案的关联性就大打折扣。但经分析全部卷宗材料，这起案件的证据还是很扎实的，被告人在侦查前期的有罪供述相对稳定，虽然侦查后期有部分内容的反复，也仅仅是对涉案数额及金额有异议，全案做无罪辩护的空间不大，因此在与被告人沟通后，辩护律师放弃了对辨认笔录全盘否定的质证意见，转而从扣押物品的数量和案值角度去进行质证。

三是要调整和修正最终的辩护思路和辩护策略。不是所有的案件都符合无罪辩护的条件，也不是所有的无罪辩护都能取得预期的效果，因此刑事案件的辩护要讲究实效。对于确实符合无罪条件的，可以为当事人争取无罪；对于不符合无罪条件或者不完全符合无罪条件的，需要与当事人进行商议作轻罪辩护或者罪轻辩护；对于多罪名案件或多项指控事实的案件，可以根据控方证据的充实或薄弱程度，有选择地打掉部分罪名或部分指控事实。也有一些案件，虽然明知法院很难作出无罪释放的判决，但如果确实符合无罪条件或者确实存在事实不清、证据不足的情形，最终法院也可能会作出疑罪从轻的判决。如前面讲到的某国有公司刘某一审被判贪污罪获刑十一年的案件，这个案件完全符合无罪辩护条件。辩护律师和当事人及其家属商议，征求当事人及其家属的意见，交谈中也向他们分析了控辩双方证据的利弊。最后当事人和家属都很坚持，坚称即使还按原来的结果判决，他们也不会认罪。这起案件两次发回重审，在2012年刑事诉讼法修订后还是很少见的。法院最终虽然没有直接宣告被告人无罪，但是把贪污罪改判为职务侵占罪，判了两年零三个月，根据被告人实际羁押时间"实报实销"（被告人依然不服，这起案件还在申诉中）。还有一些特殊案例也需要综合考虑其他关联性案件的因素，比如我们曾经做过一起夫妻被追究共同受贿的案件，夫妻两人虽然被起诉共同受贿，但却分案处理。我本人给妻子一方做辩护，这位女当事人对自己被指控的事实没有异议，让我帮她做有关量刑情节的罪轻辩护，但她仍坚持对自己的讯问笔录做非法证据排除。其原因是她要求排除的非法证据虽然与她本人的被指控事实没有关系，但和她丈夫有关系，是指控她丈夫另行受贿的关键证据。据她本人讲，当时办案单位把她带走调查就是让她指证自己的丈夫受贿，她所做的对其丈夫不利的证言是刑讯所得，所以她坚持做非法证据排除，其目的就是对她丈夫的辩护起到澄清作用。

以上是我与大家分享沟通的关于阅卷的个人看法和团队的工作方法，不一定适合其他辩护律师和辩护团队。有不成熟或者不适合之处，大家可以批评指正。虽然仅有三步之法，但步步不易，需要在实践中不断推敲、完善。

第4讲 辩护人如何科学取证

主讲 | 焦 瑛[①]

整理 | 郑 涵[②]

一、辩护律师的调查取证权

刑事案件分为三个阶段,即侦查阶段、审查起诉阶段和审理阶段。当犯罪嫌疑人被侦查机关第一次讯问或采取强制措施后,律师便可介入案件的辩护。但对于律师何时可以行使调查取证权,理论界稍有争议,大部分人包括我均认为律师的调查取证权在侦查阶段便可行使。陈瑞华教授认为,律师既然在侦查阶段享有辩护权利,当然就享有调查取证的权利。

为何大家会疑惑律师在侦查阶段是否有调查取证权?《刑事诉讼法》第38条明确规定,律师在侦查阶段享有四项刑事辩护的权利,即为犯罪嫌疑人提供法律帮助,代理申诉、控告,申请变更强制措施,向公安机关了

[①] 焦瑛,北京市炜衡(西安)律师事务所高级合伙人,西北政法大学外聘导师。
[②] 郑涵,炜衡大学生刑辩训练营第一期学员。

解嫌疑人涉嫌的罪名及案件主要情况并提出法律意见。由于该条并未规定律师在侦查阶段的调查取证权，所以很多人认为根据该条规定，律师在侦查阶段不享有调查取证权。但我却不这么认为。

《刑事诉讼法》第42条规定，律师在侦查阶段如果发现有关嫌疑人不在犯罪现场、未达到刑事责任年龄、属于依法不负刑事责任的精神病人的证据，必须向公安机关提交，并提请审核。《人民检察院刑事诉讼规则》第51条规定，在人民检察院侦查、审查逮捕、审查起诉过程中，辩护人收集的有关犯罪嫌疑人不在犯罪现场、未达到刑事责任年龄、属于依法不负刑事责任的精神病人的证据，告知人民检察院的，人民检察院应当及时审查。《公安机关办理刑事案件程序规定》第58条第2款规定，对辩护律师收集的犯罪嫌疑人不在犯罪现场、未达到刑事责任年龄、属于依法不负刑事责任的精神病人的证据，公安机关应当进行核实并将有关情况记录在案，有关证据应当附卷。

上述法律条文虽然没有明确律师在侦查阶段享有调查取证权，但从上述条文可以反推出，律师在侦查阶段调取上述三类证据是被允许的。加之2019年修改《人民检察院刑事诉讼规则》时仍保留上述规定，可见仍未禁止律师在侦查阶段对上述三类证据行使调查取证权。因此，辩护律师的调查取证权、会见权、阅卷权等诉讼权利是其在刑事诉讼中最基本的权利。

二、辩护人调查取证的方式

目前辩护人的调查取证方式有两种：一是申请调查取证，本质是借助公权力、借助司法资源调取辩方想要调取的证据。二是自行调查取证。我国《刑事诉讼法》第41—44条对于律师调取证据的种类、程序作了具体规定，其中第41条规定了对犯罪嫌疑人、被告人无罪、罪轻的证据材料的申请调取。

在此，我想专门强调一下无罪、罪轻的证据材料的调取。实践中，公安机关、检察院收集的证据材料可能未全案提交，此时律师就需要根据《刑事诉讼法》第41条规定向检察院、法院申请调取证据。我曾经办过的一起受贿案，就存在这个问题。我在审查起诉阶段介入该案，在会见时当事人告诉我，他有一个自首情节，但在卷宗里没有看到。于是我们在审查起诉阶段申请调取相关材料，检察院没有调取，直至法院开庭前一周才将当事人自首材料提交给法院。

同时需要强调的是，当辩护律师自行调取到无罪、罪轻的证据时，不要进行证据偷袭，要及时向检察院、法院提交。这是因为对于证据偷袭，检察院有申请延期的权利，最终效果差别不大。因此建议大家，如果收集到无罪、罪轻证据要及时提交，并申请公安机关核实，这可能获得公安机关撤销案件或检察院不起诉的良好效果。

首先，讲一下申请调查取证。一是建议辩护人在申请调查取证前，先自行调取。二是申请书的撰写。（1）单独撰写申请书。不要将申请书套在辩护词中或者与其他申请事项混合到一起。（2）重视理由说明。在申请书的理由说明中，一定要讲明律师调取证据时存在调取不能的困难，并详呈调取证据的必要性。（3）重视提纲列明。在申请调取的证据中，需要列明公安机关或者检察院、法院调取证据的提纲、事实方面的证据或者材料。

其次，讲一下自行调查取证。我建议在黄金办案期间（被刑拘37日内）进行。因为律师在该阶段容易获得成果，但由于侦查阶段律师的调查取证权受到一定限制（即限于收集犯罪嫌疑人不在犯罪现场、未到刑事责任年龄、属于依法不负刑事责任的精神病人的证据），会使调查取证的效果受到一定影响，同时存在一定风险。实践中调取比较多的证据种类还是证人证言和书证，主要调取对量刑产生影响的证据，如自首、立功、协助抓捕同案犯的证据等。当然具体种类并无严格界限，应结合案件情况判断需调取证据的种类。以下是几种证据种类的取证方式。

第一，证人证言。它包括辩方证人证言、被害人及其近亲属提供的证人证言。调取辩方证人证言，需要征得证人同意，也可申请法院、检察院调查。而向被害人及其近亲属提供的证人调取证据时，必须经过证人的同意及法院、检察院许可，不然对于调取的证据，法院、检察院可能不会进行核实并予以采信。取证方式我建议参照公安机关的程序取证，具体包括：（1）前期准备材料：介绍信、律师执业证明等证明文件；（2）两人收集、单个调取，调查人、被调查人、取证起止时间、取证地点（如果是辩方证人，最好指定第三方地点，如宾馆或者律所）均应详细列明；（3）正文中须表明身份、律所及委托人，告知证人权利，要求证人示明自己的身份及主要证明事实；（4）询问证人对于主要事实以外还有没有补充的事实，在得到确认后，需要对前面证人所做的笔录作真实性确认，让证人写明："以上所陈述的与我所讲的一致"，在证言的末尾部分签名、按指印；（5）调取证言时全程录音录像，降低取证风险；（6）对待说方言的证人，可请无利害关系的当地人做翻译。虽然《刑事诉讼法》并未规定对讲方言的证人聘请翻译，但对此可避免律师不懂方言的不良后果，畅通交流，降低取证风险。

总而言之，证据的调取是对等的，作为辩护人，我们要求检察院怎样取证，我们自己就要怎样取证。毕竟律师在质疑检方证据时，自己的取证也要经受住检方的质疑。上述具体建议，实质而言就是取证规范化的问题。

第二，物证与书证。一是对于证据持有人、证据来源、提取过程均需详细记录。二是最好全程录音录像，以最大限度地保护自己。三是邀请与案件当事人没有利害关系的人，如居民委员会、村民委员会等，让他们做见证人并签名。具体可参照公安机关的做法，一方面从形式上保证证据的真实性，另一方面提高司法机关对所调证据的采信度。四是对于现实收集的书证，需要将其粘贴在A4纸上，这样更具专业性与美观性。五是重视证据持有人的签名、盖章、盖骑缝章。

第三，视听资料和电子证据。由于该类证据专业性强、易被篡改，所以建议申请司法机关调取。如果申请调取未被获准，律师必须要自行调取时，建议参考民事案件的证据保全，申请公证机关见证整个取证过程。具体讲一下民事案件中电子邮件的取证方式，为大家提供参考。前几年办理案件时，对于电子邮件需要由公证机关作证据保全，如笔录、光盘等，以增加法院、仲裁委的采信度。但近几年随着网络技术的进步，已无须公证机关作保全，直接对电子邮件进行截图，司法机关也会认可。我之前曾办理过买卖合同纠纷案件，法院就对电子邮件截图予以采纳。总之，在视听资料和电子证据方面，大家要注意收集的方式。

第四，现场勘验、检验、侦查实验笔录。我认为法律没有禁止律师做现场勘验、检验、侦查实验笔录，那么有些案件，律师可以做一下能做的勘验、检验、侦查实验。

我曾于2007年办理过一起故意杀人案，是附带民事诉讼原告的代理律师，当时委托人唯一的要求就是判被告死刑，因为被害人的死亡对他的家庭打击巨大。当时检方以故意伤害罪起诉，但故意伤害除非情节特别严重，是不会判处死刑的。我去案发地了解情况，大致测量后发现，犯罪现场距被告人取杀人凶器的地方1100米左右，我们从篮板底下（当时问了周围人，模拟案发时大致的速度和情绪）来回走了一遍，对篮板及周围环境画了图，现在严格来看并不算一个现场勘察图或者笔录。我在侦查阶段就给公安机关的办案人员发了律师函，把画的图发给他们，一个星期两份。最后的结果是检察机关变更了起诉罪名，以故意杀人罪起诉，这其实一定程度上受到我画的现场图的影响。所以不论是做现场勘验笔录，还是侦查实验笔录，这对于律师对案情的了解、法律意见的提出、办案机关形成内心确信的影响都是比较大的。

第五，鉴定意见。对于鉴定意见，我在此不再细说，因为谷宗智律师给大家讲得非常多[①]。简要来讲，就是我们可以申请重新鉴定，申请鉴定人出庭对鉴定意见作出说明，或者根据实际情况申请专家辅助人出庭就专门知识加以说明。

三、调查取证时存在的风险

大家都知道，《刑事诉讼法》第44条是对律师执业的禁止性规定，而《刑法》第306条更是被称为悬在律师头顶的达摩克利斯之剑。这是因为在实践中，律师调取证人证言时，很容易被检察官指控触犯《刑法》第306条，所以我就这部分的心得和大家交流一下。

---

① 详见本书第8讲内容。

首先，我建议大家一定要重视证人证言取证的风险。由于证人证言的不稳定性，翻证很常见。同时，部分证人法律观念淡漠，只要给钱就可能去作伪证。所以我们作为辩护人，一定要注意风险，防止被认定为妨害作证。不论是辩方证人还是被害人及其近亲属提供的证人，律师在收集证据的过程中一定要注意防范证人翻证，对证人翻证的风险要慎之又慎。接下来讲一下具体要点：

第一，不要让被告人的近亲属通知证人。如果让被告人的近亲属通知证人，不排除他们给证人事先"洗脑"的可能性，这对于证人证言的真实性还是有影响的。近亲属的作用仅限于提供"证人在哪儿"的信息，辩护人与证人接触时必须禁止近亲属在场、接触，对于与近亲属所请第三人的间接接触也要禁止。第二，不告知证人取证目的。一方面可能影响证言的真实性，另一方面可能导致证人不愿配合，这对我们的调查取证极为不利。第三，不欺骗、不诱导，如实记录。我之前讲过《刑事诉讼法》对律师的取证过程中有一些禁止性规定，不允许律师以诱导的方式或者威胁利诱的方式取证。第四，以"新"情况调查为主。即使律师所取案件事实、材料不是原来公安机关案卷里已有的事实，即不是核心事实，但可能对核心事实有影响，对控方的证据链条可能有所触动或导致证据链出现漏洞。第五，避免直接提出推翻原定罪陈述的问题。第六，视情况录音。在这里我建议大家尽量全程录音录像，最大限度地保护自己，同时亦能提高司法机关对所调证据的采信度。第七，尽量两人调查。第八，所取证据应依法、及时提交给司法机关。第九，定位"材料"，要求核实。

关于律师取证风险我讲两个案例。第一个案例是朱某受贿案。朱某被指控受贿,分别收受孙某80万元,胡某60万元。律师在审查起诉阶段接手案件后,发现对于收受胡某60万元的证据不足,于是教唆当事人不要承认这笔贿款。朱某妻子、朱某女儿找到孙某和胡某,要求二人改变原来在公安机关的证言,并且把自己所说让证人妻子写了一封串供信。在看守所会见时,朱某的律师把串供信交给朱某。后来朱某的律师申请证人出庭作证,朱某也当庭翻供,该律师后来被指控妨害作证。但由于该律师的行为对刑事案件的诉讼活动妨害比较小,情节轻微,最后免予刑事处罚,但这也是一种故意犯罪,该律师以后也无法执业。

第二个案例是何某诈骗案。詹某为何某诈骗35台农机补贴做辩护,在会见何某时,何某表示其仅对12台认罪,其余23台为被迫承认。律师在调查取证时,证人说农机是自己买、自己卖,农机在他们家里,和何某没有关系。于是律师便申请证人出庭作证,但证人出庭便改变证言,坚持声称自己在公安机关的陈述是真实的,说律师在取证过程中威胁自己,引诱自己故意作虚假陈述,最后这名律师被认定触犯《刑法》第306条,被判处有期徒刑。

从上述案例可以看出,律师在调查取证时面临的风险确实非常大,所以律师一定要注意合法合规取证,保护自己、规避风险,同时维护当事人的合法权益。

在本次讲座的尾声,我想和大家谈谈实质辩护和消极辩护。实践中我们一直建议大家做实质辩护,就是在辩护过程中收集一些证据推翻控方主张的事实。而消极辩护就是律师不调查取证,仅在庭审中通过打破对方证据链条来取得一些辩护的效果。在此我们呼吁大家,在办理案件时要多去调查取证,但同时一定要注意防范风险。

最后谈谈我的展望。因为《刑法》第306条的规定，我还是希望将来随着法治的进步，法律可以允许律师在会见时，也拥有像公安机关一样的全程录音录像的权利。这样如果被告翻供，可以降低律师构成妨害作证罪的风险。我们对律师的前景还是要抱有美好的愿望，谢谢大家。

第 5 讲　如何申请非法证据排除

主讲 | 陈瑞华[①]

整理 | 付　彤[②]

本次课程以"如何申请非法证据排除"为题，重点从辩护角度来解读非法证据的排除问题。众所周知，很多案件的侦查程序都容易出现法律上的瑕疵，申请非法证据排除的案件非常常见。但在我国司法实践中，非法证据排除的成功率却远远低于非法证据排除的申请比例。因此，有人曾这么形容非法证据排除的成功难度："非法证据排除是中国所有种类的刑事辩护案件中最难的部分。"从我所了解的实践数据来看，浙江某中院作为庭审实质化改革的试验单位，证人出庭率已经高达80%以上，针对非法证据排除的案件也非常多。据该院院长介绍，该院及下辖基层法院连续三年申请非法证据排除的案件在每年25起左右，成功率却只有30%—50%，同时没有一起案件是因非法证据排除而宣告被告人最终无罪。法院采纳非法证据排除申请，无非有三个去向：一是重罪改轻罪，如因排除关键证据导

[①]　陈瑞华，北京大学教授，教育部"长江学者奖励计划"特聘教授。

[②]　付彤，炜衡大学生刑辩训练营第一期学员。

致重罪不成立，成立轻罪；二是量刑从宽，如将原本量刑为无期徒刑的案件降低至量刑为十五年左右；三是案件的定罪量刑根本不受非法证据排除的影响。由此，非法证据排除产生了两个值得讨论的问题：第一个是非法证据排除的价值是什么？如果非法证据排除不能产生绝对的无罪判决，或者在数罪中减少部分罪名的无罪判决，非法证据排除对辩护有什么意义？第二个是在目前侦查人员绝对控制案件证据的情况下，辩护律师的非法证据排除调查面临前所未有的困难，如何应对现实有效发挥非法证据排除的作用？

以上述两个问题为讨论对象，本次课程先从辩护律师视角下非法证据排除的基本理论出发，再从宏观角度讨论非法证据排除的框架结构，确定非法证据排除在辩护体系中的地位，最后进入非法证据排除在具体辩护领域的微观视角。具体而言，可以从以下三个角度认识非法证据的排除问题：一是非法证据排除的基本理论，理解非法证据的性质、非法证据排除和辩护的关系，以及如何落实非法证据排除等基础问题。二是非法证据排除的框架，主要以审前、庭前会议、一审和二审四个阶段为着力点，感知非法证据排除的整体架构。三是非法证据排除辩护的成功经验和失败教训，探讨在非法证据排除的战术实践中，辩护律师应当如何撰写申请书、需要申请调取哪些证据、如何申请侦查人员出庭作证，以及如何进行交叉询问等实践操作中需要注意的问题。特别申明的是，本次课程的主题是非法证据排除，该制度运作以办案机关行为违反法律为前提，课程内容皆以客观发生的事实为依据，而这并不代表我对办案机关全貌的理解。

一、律师辩护视野下的非法证据排除

我们先来看一个经典的案例。山东某地一家国有医院血液科主任黄某，在担任血液科主任期间开药收取药价25%的回扣，三年累计收取回扣款共计78万元，检察机关反贪局[1]立案侦查，认为黄某作为国有医院的血液科主任，身份为国家工作人员，构成受贿罪。律师在侦查阶段介入，抓住本案的辩护关键：黄某开药收取回扣的行为没有利用血液科主任的国家工作人员身份，利用的是作为普通医生的身份，仅能构成商业贿赂案件中的非国家工作人员受贿罪。根据司法解释相关规定，医生利用开药的职务便利收取回扣或好处费的，以非国家工作人员受贿罪依法处理。[2]按照非国家工作人员受贿罪的量刑幅度，78万元属于巨额一档，量刑为五年以上[3]，而按照国家工作人员受贿罪的量刑幅度，10万元就需量刑为十年以

---

[1] 本案发生时间较早，现检察院反贪局相关职能已并入监察委员会。
[2] 参见《关于办理商业贿赂刑事案件适用法律若干问题的意见》第4条第3款：医疗机构中的医务人员，利用开处方的职务便利，以各种名义非法收受药品、医疗器械、医用卫生材料等医药产品销售方财物，为医药产品销售方谋取利益，数额较大的，依照刑法第一百六十三条的规定，以非国家工作人员受贿罪定罪处罚。
[3] 《刑法修正案（十一）》已对非国家工作人员受贿罪的量刑幅度修改为："公司、企业或者其他单位的工作人员，利用职务上的便利，索取他人财物或者非法收受他人财物，为他人谋取利益，数额较大的，处三年以下有期徒刑或者拘役，并处罚金；数额巨大或者有其他严重情节的，处三年以上十年以下有期徒刑，并处罚金；数额特别巨大或者有其他特别严重情节的，处十年以上有期徒刑或者无期徒刑，并处罚金。"对本案的分析所提及的量刑幅度及相关规定，为案件发生当时适用的法律规定。

上，本案的量刑结果应当在十年到十二年。①因此，律师的辩护思路是，将罪名变更为非国家工作人员受贿罪，量刑降到五年以上，再利用自首、立功等法定减轻处罚情节继续降低量刑至三年以下，直接请求缓刑。本案的辩护律师从侦查阶段就开始申请变更罪名，目的是让检察机关知晓本案的管辖存在问题，检察机关对非国家工作人员受贿罪没有管辖权，案件应当交由公安机关管辖。辩护律师的辩护意见自侦查阶段开始递交，审查起诉阶段再次递交，一直提交到一审阶段。

（一）辩护形态的种类

本案的辩护律师一共运用了几种辩护形态？第一，黄某的身份尽管是国家工作人员，但并未利用职务之便受贿，不符合受贿罪的身份要件，不构成受贿罪，这是无罪辩护。第二，黄某不构成国家工作人员受贿罪，但构成非国家工作人员受贿罪，这是罪轻辩护。第三，黄某在此罪的坦白过程中交代了其他犯罪事实，存在法定减轻处罚的自首情节，同时黄某作为当地顶级的血液科专家享有很高的声誉，又患有严重的心脏疾病不适合羁押且有固定的住处，满足缓刑的适用条件，存在两个酌定从轻的情节。律

---

① 参见《刑法》第163条第1款、第2款规定："公司、企业或者其他单位的工作人员利用职务上的便利，索取他人财物或者非法收受他人财物，为他人谋取利益，数额较大的，处五年以下有期徒刑或者拘役；数额巨大的，处五年以上有期徒刑，可以并处没收财产。公司、企业或者其他单位的工作人员在经济往来中，违反国家规定，收受各种名义的回扣、手续费，归个人所有的，依照前款的规定处罚。"第386条规定："对犯受贿罪的，根据受贿所得数额及情节，依照本法第三百八十三条的规定处罚。索贿的从重处罚。"第383条第1款第1项规定："对犯贪污罪的，根据情节轻重，分别依照下列规定处罚：（一）个人贪污数额在十万元以上的，处十年以上有期徒刑或者无期徒刑，可以并处没收财产；情节特别严重的，处死刑，并处没收财产……"

师在罪轻辩护成功后，量刑已经降低为五年以上，再利用自首的法定减轻处罚情节进一步减轻量刑至三年，又因两个酌定从轻的情节最终建议适用缓刑，这是量刑辩护。第四，检察机关从侦查、审查起诉到一审阶段，一直没有理会辩护律师对本案罪名变更的强调，没有将案件的管辖权移送至公安机关，严重违反了立案管辖的法律规定，检察机关的侦查活动既然没有管辖权，也就没有侦查权，其侦查行为一律无效，应当将所有证据一律排除，这是以管辖为根据的非法证据排除辩护。到目前为止，本案的辩护律师运用了四种辩护形态。

  理论上的辩护形态一共有六种。第一种是无罪辩护，是指以推翻公诉方指控罪名为目的的辩护。其分为两种类型：一是实体上的无罪辩护，通过推翻犯罪构成要件或者论证正当防卫等违法阻却事由进行辩护，如于欢案的辩护焦点；二是程序上的无罪辩护，通过论证案件事实不清、证据不足进行辩护。第二种是罪轻辩护，是指利用重罪和轻罪之间的包容关系，通过论证被告人构成较轻的罪名，将重罪辩护为轻罪，以达到降低量刑幅度目的的辩护。常见的罪轻辩护如论证不构成贪污受贿而构成挪用公款，毒品犯罪不构成走私、制作、运输、贩卖毒品而构成非法持有毒品，重罪的既遂状态不成立而构成未遂状态，被告人因缺乏非法占有目的不成立贷款诈骗或集资诈骗，仅构成骗取贷款、非法吸收公众存款等。第三种是量刑辩护，是指在假定被告人构成犯罪的前提下，论证控方的量刑情节不成立或新的量刑情节成立，实现量刑从宽处理的辩护。第四种是证据辩护，是指通过论证控方某一证据不具有证据能力、证明力，从而阻碍其转化为定案根据、削弱控方证据体系的辩护。证据辩护有时与其他辩护形态交叉，但也有独立存在的情形。例如，在福建念斌案中，辩护律师通过论证被害人因氟乙酸盐中毒死亡的死因鉴定意见，以及被告人翻供而得不到其他证据印证的五份口供这两份关键证据不成立，致使证据锁链全线崩溃，最终福建省高院对被告人念斌宣告无罪。第五种是程序性辩护，是指以法律规定的有关诉讼程序为由，申请对被告人有利的诉讼主张、行使相关权利的辩护。程序性辩护通常是一个广义的概念，即指提出诉讼程序的请求，常见的程序性辩护有律师参加逮捕听证会，申请取保候审、回避、变更管辖、延期审理、二审开庭等程序性请求。第六种是涉案财物追缴辩护，是指在刑事涉案财物的处理方面，通过降低当事人被追缴涉案财物的数额，维护当事人的财产权利，这是实践中出现的一种新型辩护形态。

（二）非法证据排除的辩护

在程序性辩护中，有一种特别的辩护，我们称之为"进攻性辩护"或"以守代攻的辩护"。这个概念最早源于德肖维茨的著作《最好的辩护》，书中将美国法律允许辩护律师攻击控方的程序合法性问题，以获得控方程序宣告无效结果的辩护叫作最好的辩护。[1]在中国，学者们将这种辩护命名为"程序性辩护"，也就是狭义的程序性辩护。狭义的程序性辩护分为两种，一种是非法证据排除的辩护，是指通过攻击控方证据的合法性，要求法院宣告该取证行为无效、证据应当被排除的辩护；另一种是宣告无效的辩护，是指在二审程序中发现一审程序存在违反公开审判原则和回避制度、审判组织不合法、侵犯当事人诉讼权利等严重违法行为，可以申请二

---

[1] 参见[美]艾伦·德肖微茨著：《最好的辩护》，唐交东译，法律出版社1994年版，第2页。

审法院撤销原判、发回重审的辩护。狭义的程序性辩护都是进攻性辩护，非法证据排除针对的是侦查程序的合法性，而撤销原判、发回重审针对的是一审程序的合法性。概括而言，非法证据排除的辩护作为进攻性辩护，是一种狭义的程序性辩护。这种辩护有以下两个特点：

其一，非法证据排除的辩护挑战的是侦查程序的合法性。辩护律师通过非法证据排除要求法院宣告侦查程序违法，这是非法证据排除辩护的第一步。受客观侦查水平所限，一律将非法所得的证据全部排除并不现实，因此侦查行为违法的严重性、非法侦查行为侵犯利益的重大性就成为非法证据排除严厉程度的重要考量因素。到目前为止，法律明文规定程序违法产生的证据排除后果分为绝对排除、相对排除、可补正的排除三类：对于刑讯逼供、暴力威胁等特别严重违法手段获取的言词证据，采取的是绝对排除；对于违法所得的实物证据，则需衡量违法行为是否造成严重的后果、是否严重影响司法公正，采取的是相对排除；对于违反法定形式要件等技术性规则获取的瑕疵证据，采取的是可补正的排除，又叫作瑕疵证据的补正，典型的瑕疵证据如未签字盖章、无见证人签字等违法制作的笔录类证据。这三大排除后果在我国目前的实践案例中都存在，其中绝对排除运用得最多。需要注意的是，我国的非法证据排除秉持"无明文则无排除"的基本原则，以言词证据的绝对排除为例，违法获取被告人口供导致非法证据的绝对排除主要有以下七种情形。①

一是刑讯逼供，既包括拷打、非法使用器具的肉刑，也包括冻、烤、晒、饿、疲劳审讯等变相肉刑。二是威胁，只包括以暴力、侵犯本人合法权益以及侵犯近亲属的合法权益相威胁三种法定情形。三是非法拘禁，如法定的六个月监视居住期限不能通过变更管辖的方式无限延长，在实践中就存在检察机关通过更换管辖机关，对被告人采取多次监视居住以延期羁押的违法情形，已经构成非法拘禁。四是重复性供述，是指犯罪嫌疑人曾在遭受刑讯逼供的情况下作出口供，而后又在刑讯逼供的余威下作出新的但与前述一致的重复性供述，这在第二次讯问的人员仍是实施刑讯逼供的讯问人员时经常出现。五是应当同步录音录像而未录音录像，即对可能判处无期徒刑以上刑罚的案件必须全程同步录音录像，否则讯问笔录一律无效，如在被称为"非法证据排除导致无罪判决第一案"的广东程某职务侵占案中，② 田文昌大律师就是通过论证同步录音像不

---

① 参见《人民法院办理刑事案件排除非法证据规程（试行）》第 1 条：采用下列非法方法收集的被告人供述，应当予以排除：（一）采用殴打、违法使用戒具等暴力方法或者变相肉刑的恶劣手段，使被告人遭受难以忍受的痛苦而违背意愿作出的供述；（二）采用以暴力或者严重损害本人及其近亲属合法权益等进行威胁的方法，使被告人遭受难以忍受的痛苦而违背意愿作出的供述；（三）采用非法拘禁等非法限制人身自由的方法收集的被告人供述。采用刑讯逼供方法使被告人作出供述，之后被告人受该刑讯逼供行为影响而作出的与该供述相同的重复性供述，应当一并排除，但下列情形除外：（一）侦查期间，根据控告、举报或者自己发现等，侦查机关确认或者不能排除以非法方法收集证据而更换侦查人员，其他侦查人员再次讯问时告知诉讼权利和认罪的法律后果，被告人自愿供述的；（二）审查逮捕、审查起诉和审判期间，检察人员、审判人员讯问时告知诉讼权利和认罪的法律后果，被告人自愿供述的。

② 参见赵丽：《佛山职务侵占案被告获无罪判决 被评具表率作用》，载央视网，http://news.cntv.cn/law/20111014/103611.shtml，最后访问日期：2022 年 6 月 6 日。

完整达到其辩护的目的。六是未在法定的讯问场所讯问,如拘留、逮捕后讯问犯罪嫌疑人必须在看守所进行,若侦查机关在侦查机关地下室进行讯问,就构成场所讯问的违法。七是侦查终结后应当核查而未核查,也就是未按规定核实犯罪嫌疑人身份、是否受到刑讯逼供等情形。有关此部分更详细的内容可参见相关的书籍以及本人所作《非法证据排除规则的中国模式》一文。①

其二,非法证据排除的辩护还会进一步挑战侦查行为的法律效力。依据公法领域"法无授权即禁止"的法律保留原则,国家工作人员实施刑讯逼供等违法侦查行为没有得到法律的授权,这种越权即违法,违法即无效。在整个法律话语体系中,行为无效是指一个法律行为自始至终不能发挥法律效力、在法律上视为没有发生过的情形。也就是说,如果刑讯逼供等违法侦查行为得以被认定,则意味着从讯问到结束的侦查行为都应当被视为没有存在过,相关的案卷也应当视为不存在,用民法语言表达叫作"恢复原状",即回到违法行为发生前的状态。

因此,从律师的视野看非法证据排除,其为一种程序性辩护,需要从申请宣告程序的违法性、申请认定侦查行为无效两个着手点出发,对获得的证据进行排除。这类被排除的证据因通过非法侦查行为获得而失去法律效力,同时只限于证明被告人有罪或者罪重的证据。这是因为,"任何人不得从自己的错误行为中获益",非法证据排除规则的目的就是要剥夺违法者违法所得的利益,以切断其违法的动机,其基本立场是防止入罪,而证明被告人无罪或罪轻的出罪类证据则不应受此限。最后,

---

① 参见陈瑞华:《非法证据排除规则的中国模式》,载《中国法学》2010年第9期。

再回到本节开始所举的黄某涉嫌受贿案,律师申请排除非法证据的理由是检察机关因没有立案管辖权而没有侦查权,因此所得来的口供应当一律排除,而这一情形在我国法律中并无明文规定,结果自然只会遭到法院的拒绝。

二、非法证据排除的基本框架

在掌握非法证据排除的基础理论后,我们需要进一步讨论的问题是:在中国的国情下,如何从辩护战略的角度开展非法证据排除的辩护工作?诚然,非法证据排除作为一种程序性辩护,不等于无罪辩护、量刑辩护,但律师仍然可以借助非法证据排除辩护来换取法院的宽缓量刑,也就是程序辩护撬动量刑辩护,这是一种辩护策略的考量,可以称为"战略威慑理论"。[①]从这个角度看,非法证据排除可以按照审前、庭前会议、一审、二审的阶段不同分为四个板块。

(一)审前阶段的非法证据排除

在案件的批捕和审查起诉环节发现办案机关的违法行为是否需要申请非法证据排除,往往是律师办案过程中最容易纠结的地方,究其原因是这两个环节申请非法证据排除优劣并存。

审前阶段申请非法证据排除的优势有两个。一是可以尽早发现违法侦查行为、消灭违法侦查行为形成的证据,便于律师将更充足的精力放在法庭上。二是可以与检察官形成良好的工作互动关系,便于律师将申请非法证据排除作为和检察官谈判、妥协的筹码,是妥协性辩护的一种典型手

[①] 参见陈瑞华:《刑事辩护的艺术》,北京大学出版社2018年版,第212页。

段。律师通过非法证据排除的提前申请、告知，不仅可以换取检察官指控罪名数量、量刑建议等方面的轻减，选择适用认罪认罚从宽程序进一步实现被告人的量刑从宽，还可以换取罚金、没收财产等附加刑以及涉案财物追缴数额的降低，换取检察机关作出相对不起诉的决定等对被告人有利的处理结果。

同时，审前阶段申请非法证据排除还有两个不容忽视的劣势。一是在辩护律师的提醒下，容易使办案机关在事后主动消除违法取证的痕迹，令辩方在法庭上失去辩护的靶心。例如在浙江一起环境污染案中，辩护律师在审查起诉阶段发现所作鉴定意见的鉴定机构没有司法鉴定的资质，且鉴定意见无鉴定人的签名，继而提出非法证据排除申请，检察机关在收到非法证据排除申请后直接撤下此份鉴定意见，由具有司法鉴定资质的机构重新出具了一份和原先鉴定意见内容相同的鉴定意见，使律师在法庭上白白丧失一个主动出击的机会。二是我国审前阶段的非法证据排除有可补正的空间，使得非法证据排除的结果无法达到撼动控方证据体系的应有效果。例如在扬州一起贪污案中，被告人的七份口供都因刑讯逼供不予认定，但法院仍然可以采用审查批捕阶段重新合法取得的三页提讯笔录给被告人定罪，排除违法取得的证据也就失去了意义。

在我看来，作为有经验的大律师，既应当将辩护技巧修炼到炉火纯青的水准，使得对抗的火力有效压制住对方，又应当注意适度的妥协和退让，实现合作结果的共赢。因此，倘若辩护律师基于妥协性辩护的立场，有意向和检察官换取被告人利益的最大化，则可以在审前阶段提出非法证据排除的申请，用检察官对非法证据的程序补正换取一定幅度的量刑优惠，尤其在以协商性司法理念为内核的认罪认罚从宽案件中，这种妥协性的辩护策略有更多的适用空间。

(二) 庭前会议阶段的非法证据排除

在司法实践中,召开庭前会议的案件仅占总案件数量的三分之一左右。这一方面是因为实践中庭前会议并非无可替代,且组织困难、交通不便,导致法院对召开庭前会议的积极性不高;另一方面是因为法院召开庭前会议的动力可能在于将庭审的举证质证环节提前进行,但这又容易导致正式庭审流于形式,容易受到各界的批评。然而,庭前会议在非法证据排除中具有格外重要的价值,在一审程序和二审程序中发挥同等重要的功能,具体体现在以下三个方面。

第一,非法证据排除的书面申请书是合议庭召开庭前会议的理由之一。若律师意图召开庭前会议,提交非法证据排除申请书并附加证据线索和材料,则可以达到启动庭前会议的目的。① 对于非法证据排除来说,在庭审阶段接受非法证据排除申请在大多数情况下会打乱庭审节奏、降低诉讼效率。因此,最高人民法院相关文件规定,非法证据排除可以在庭前申请而不申请,又不会引起对证据收集合法性疑问的,当庭申请一律驳回。②

---

① 参见《最高人民法院关于适用〈中华人民共和国刑事诉讼法〉的解释》第130条:开庭审理前,人民法院可以召开庭前会议,就非法证据排除等问题了解情况,听取意见。在庭前会议中,人民检察院可以通过出示有关证据材料等方式,对证据收集的合法性加以说明。必要时,可以通知调查人员、侦查人员或者其他人员参加庭前会议,说明情况。
② 参见《人民法院办理刑事案件排除非法证据规程(试行)》第17条:被告人及其辩护人在开庭审理前未申请排除非法证据,在庭审过程中提出申请的,应当说明理由。人民法院经审查,对证据收集的合法性有疑问的,应当进行调查;没有疑问的,应当驳回申请。人民法院驳回排除非法证据的申请后,被告人及其辩护人没有新的线索或者材料,以相同理由再次提出申请的,人民法院不再审查。

可见，若律师将非法证据排除故意留在庭审阶段申请，很可能导致辩护效果适得其反。

第二，庭前会议承担法庭对非法证据排除的初步审查功能。我国的非法证据排除程序分为初步审查程序和正式调查程序。与过去民事诉讼的立案程序类似，初步审查程序又称为"非法证据排除的立案审查程序"，是指法院对一个案件是否符合非法证据排除条件开展初步审查，证明标准较低，只需使法官对侦查行为的合法性产生疑问即可，适用的是谁主张、谁举证的证明责任分配规则。而正式调查程序主要在庭审阶段进行，以满足初步审查程序的证明标准为启动前提。例如，在田文昌大律师办理的广东程某职务侵占案中，其在会见时得知被告人曾遭遇刑讯逼供，两个脚趾的甲盖被打翻，据此律师向法院提出庭前会议的召开申请，经过对被告人的伤情鉴定，证明该部分外伤形成在侦查羁押期间，已经达到非法证据排除的初步审查标准，则可以启动下一步的正式调查程序。

第三，庭前会议中，可以因非法证据排除申请达成和解。这种和解的表现形式有两种，第一种和解是指经过庭前会议控辩双方的辩论，辩护律师对检察官应对的证据有所了解后，认为继续申请非法证据排除的成功概率较低，从而将非法证据排除申请予以部分或全部撤回，及时调整辩护策略、顺应诉讼发展进程的和解形式。将非法证据排除的相关程序性争议解决在庭前会议阶段，庭前会议的程序争议解决功能得以发挥。如果辩护律师认为申请非法证据排除成功的可能性很大，仍可以继续坚持提交，但必须在庭前会议阶段陈述自己的观点，并反映在庭前会议记录中，这是正式庭审的法庭调查阶段申请非法证据排除的前提。[①]第二种和解是指检察官在庭前会议上被辩护律师说服，将有争议的证据从起诉证据中撤除的和解形式。例如实践中曾有律师以讯问录像中被告人的衬衫上有红色的斑点、很明显受到刑讯逼供为由申请非法证据排除，检察官在庭前会议时就将涉及该部分录像的三份被告人口供撤回，只保留另外的三份，缩减了辩护律师将来在法庭上对抗的目标范围。

　　回到课程最初提出的问题，非法证据排除几乎不会带来无罪判决，很多时候对量刑的影响又微乎其微，那么辩护律师申请非法证据排除的作用是什么？在我看来，当事人和律师的追求是有区别的。正如格言所道，"当事人只要结果，而律师的生命在于过程"。律师应当追求的是通过辩护的整个过程去努力靠近当事人要求的结果，不能为达到当事人要求的结果不择手段，背弃基本的职业伦理准则，而非法证据排除的辩护就是整个辩护过程的重要组成部分。遵循这种过程性辩护的理念，律师的辩护工作可以分为若干个工作板块，在每个板块都可以探索出一套专业化的辩护体系，抛弃"一揽子收费"，实行按劳取酬的收费方式更为科学。在这样的趋势下，非法证据排除的辩护空间会逐渐扩大，不再仅局限于对案件定罪量刑的影响，非法证据排除辩护的功能也逐渐显现出来。首先，非法证据排除辩护是专业化的辩护工作板块，起到打破控方证据体系的作用；其次，非法证据排除辩护有可能致使案件的关键性证据被排除，进一步推动全案走向事实不清、证据不足的境地，迫使法院对当事人宣告无罪，从而

---

① 参见《最高人民法院关于适用〈中华人民共和国刑事诉讼法〉的解释》第228条：庭前会议可以就下列事项向控辩双方了解情况，听取意见：……庭前会议情况应当制作笔录，由参会人员核对后签名。

划向无罪辩护的范畴；最后，非法证据排除辩护将违法侦查行为作为申请对象，使得侦查行为是否合法的问题接受法庭的审判和检验，一旦其被宣告违法，则意味着获得法律上的谴责，这不仅对侦查人员提出依法行使侦查权的要求，而且有效维护了程序法的尊严，是法治的标志。

（三）一审阶段的非法证据排除

一审阶段非法证据排除的核心是法庭审判环节的正式调查程序，要把握三个基本原则。

一是程序审查优先原则。即法院对非法证据排除的审理程序要优先于正式法庭调查程序。在实践中，部分律师对程序审查优先原则不熟悉，导致法院将有待排除的证据纳入法庭审理的正式环节，法院有机会先审理完毕实体问题再进行非法证据排除程序，非法证据当然无法被客观排除在法庭之外。2010年，时任最高人民法院副院长张军曾主编《刑事证据规则理解与适用》一书，强调若在庭审中对侦查行为合法性有异议，法庭就应当中止实体问题的审判，先行审判程序合法性问题，也就是要求非法证据排除的审理要遵循"先行调查原则"。

二是及时裁判原则。即只要启动非法证据排除程序，法院就要及时得出结论。实践中，一些法官对非法证据是否排除的结论并不是当庭审理后作出，而是在一段时间后连同对实体问题的判断一并写入判决书中，此时非法证据排除的结果往往对被告人不利，同时也因没有直接在后续实体性审判中贯彻是否排除相关证据的结论，导致非法证据排除程序流于形式，违背程序审查优先的首要原则。

三是举证责任倒置原则。即在正式调查程序中，检察机关承担证明侦查程序合法的证明责任,并需要达到排除合理怀疑的最高证明标准。[①]也就是说,如果经审查无法从根本上排除非法取证行为的可能,则要将其视为违法取证行为一律排除,这个证明标准显然有利于辩护方。如前所述,田文昌大律师对广东程某职务侵占案非法证据排除的辩护大获全胜,体现于法官在庭前会议阶段就对侦查行为是否合法产生了怀疑,这种怀疑持续到法官作出最终判决:"本案无法排除侦查人员实施违法取证的可能性,所得到的口供一律排除",进而导致案件因缺乏口供而证据不足,法官只得宣告被告人无罪。从该案中我们可以发现,由于法院判决书直接表述"侦查人员有刑讯逼供的可能性"会导致司法工作人员的犯罪行为被列入调查对象,因此判决书会尽量避免出现酷刑、刑讯逼供等词汇,一般表述为"不能从根本上排除违法取证的可能性"。同时,辩护律师以无法从根本上排除刑讯逼供可能性为追求目标,并非要求刑讯逼供百分之百地真实发生。该案中,田文昌大律师在辩护时淡化对被害人实施伤害的具体人员的确定,着重强调不能排除侦查人员刑讯逼供导致被害人伤情的可能性,也就已经达到预设的辩护效果。

在一审阶段,非法证据排除正式调查程序的开庭方式与普通的审判程序没有区别,也分为法庭调查与法庭辩论两个环节,审理方式较为简易。法庭调查的对象一般包括辩护律师申请法院调取的同步录音录像和相关物

[①] 参见《刑事诉讼法》第56条:采用刑讯逼供等非法方法收集的犯罪嫌疑人、被告人供述和采用暴力、威胁等非法方法收集的证人证言、被害人陈述,应当予以排除。收集物证、书证不符合法定程序,可能严重影响司法公正的,应当予以补正或者作出合理解释;不能补正或者作出合理解释的,对该证据应当予以排除。在侦查、审查起诉、审判时发现有应当排除的证据的,应当依法予以排除,不得作为起诉意见、起诉决定和判决的依据。

证书证、出庭作证的同监所在押人员所作证言等。例如，在非法证据排除的实践案例中，辩护律师不仅曾申请调取全程同步录音录像而控方无法完整提供，讯问录像的画面显示右下角还出现过一个黑色头套和半截电警棍，被告人在此段录像中面色苍白、有气无力地作出有罪供述，还曾申请调取被告人被刑讯逼供时所穿的一条沾有血迹的蓝色长裤，最终法院成功调取被告人的蓝色长裤、黑色头套和电警棍，对侦查行为的合法性产生疑问。需要注意的是，法院对辩护律师申请调取相关证据并非有求必应，在该案中，律师申请狱医、看守所民警、侦查人员等出庭作证就均以失败告终。

（四）二审阶段的非法证据排除

二审阶段的非法证据排除有三个特殊性。

第一，二审阶段申请启动非法证据排除需要有正当的理由。根据我国现有的法律规定，一审阶段没有申请非法证据排除而二审又申请的，没有正当理由，一律驳回。[1]所谓正当理由，就是指证明律师在二审阶段提出非法证据排除申请并非拖延或懈怠，而是出现有关非法取证行为可能发生的新事实、新证据，或者辩护律师经过更换，律师仍然是在及时行使权利、推动诉讼进程。

第二，二审阶段的非法证据排除调查程序涉及两类情形。第一类是一

---

[1] 参见《人民法院办理刑事案件排除非法证据规程（试行）》第30条：被告人及其辩护人在第一审程序中未提出排除非法证据的申请，在第二审程序中提出申请，有下列情形之一的，第二审人民法院应当审查：（一）第一审人民法院没有依法告知被告人申请排除非法证据的权利的；（二）被告人及其辩护人在第一审庭审后发现涉嫌非法取证的相关线索或者材料的。

审阶段从未申请过、一审法院也从未裁判过的非法证据排除申请，也称为重新申请非法证据排除模式，与一审阶段的申请流程相同；第二类是一审阶段已经申请过、一审法院除极端情况未予回应之外，已经在庭前会议阶段拒绝排除程序启动，或在庭审中作出附有正式理由的不予排除裁决，但二审阶段律师仍然提出的非法证据排除申请。

第三，二审阶段的非法证据排除裁决有三种处理方案。[①] 一是若一审阶段辩护律师没有申请过非法证据排除，二审阶段完全重新开始非法证据排除程序，则需要考虑非法证据排除的影响力，判断排除非法证据后的在案证据能否达到排除合理怀疑的证明标准。如果排除后可以达到最高的证明标准，则意味着非法证据排除的裁决对案件结果没有影响，法院应当维持原判，仅在判决书中写明侦查人员的违法取证行为即可；如果排除后导致案件事实不清、证据不足，无法达到最高的证明标准，则二审法院可以选择撤销原判、发回重审，或者直接宣告被告人无罪。[②] 二是一审阶段已

---

① 参见《人民法院办理刑事案件排除非法证据规程（试行）》第33条：第一审人民法院对被告人及其辩护人排除非法证据的申请未予审查，并以有关证据作为定案的根据，可能影响公正审判的，第二审人民法院应当裁定撤销原判，发回原人民法院重新审判。第34条：第一审人民法院对依法应当排除的非法证据未予排除的，第二审人民法院可以依法排除相关证据。排除非法证据后，应当按照下列情形分别作出处理：（一）原判决认定事实和适用法律正确、量刑适当的，应当裁定驳回上诉或者抗诉，维持原判；（二）原判决认定事实没有错误，但适用法律有错误，或者量刑不当的，应当改判；（三）原判决事实不清或者证据不足的，可以在查清事实后改判；也可以裁定撤销原判，发回原审人民法院重新审判。
② 经典案例可参见（2013）浙刑再字第2号张某等强奸案，该案二审再审阶段通过非法证据排除程序将被告人口供排除后，法院结合在案其他证据不能达到排除合理怀疑的证明标准，最终宣告被告人无罪。

经启动非法证据排除程序,但应当排除却未排除,此时二审法院应当纠正一审法院的错误排除非法证据,而排除非法证据是否能最终影响案件结果同样需要按照上述思路加以判断。三是一审阶段拒绝受理非法证据排除申请出现失职,此时一审法院剥夺了被告方的辩护权利,二审法院应当无条件发回重审。

三、非法证据排除的战术实践

在明确非法证据排除在不同阶段的实施战略之后,我们还需要对非法证据排除具体操作的战术实践有更准确的认识。

(一)非法证据排除申请书

我曾在《刑事辩护的艺术》一书中对如何起草非法证据排除申请书作过相关论述。非法证据排除申请书的篇幅没有统一定论,但必须同时包括基本事实与理由、非法证据排除的对象、违反的法律条文和附件四个部分。[1]

首先,非法证据排除申请书必须说明案件的基本事实与理由,包括时间、地点、人物、实施行为、行为后果等。比如,某年某月,侦查员李某在审讯过程中对被告人张某使用了刑讯逼供、威胁、非法拘禁等行为,使张某作出有罪供述,且身心遭受巨大伤害,违反了刑事诉讼法的相关规定。

其次,非法证据排除申请书必须列明非法证据排除的对象。秉持专业化处理的基本原则,非法证据排除需要进行单元化的处理。例如,辩护人

---

[1] 参见陈瑞华:《刑事辩护的艺术》,北京大学出版社2018年版,第6—17页。

申请排除五份口供，就要按照五个证据单独申请排除，并简单陈述相应的排除理由：证据一，某年某月某日几时到几时，由某人制作的被告人讯问笔录，排除理由为某某；证据二，某年某月某日几时到几时，由某人制作的讯问笔录，排除理由为某某……直到证据五。即使案件需要排除三十七份证据，申请书也需要一一列明，不能出现诸如"三十七份口供一律排除"的非专业表述，防止法官因顾虑多份证据中间夹杂一些取证程序合法的证据，而直接选择在整体证据上拒绝排除。

再次，非法证据排除申请书必须举出违反的刑事诉讼法律条文，包括刑事诉讼法及相关司法解释、《关于办理刑事案件严格排除非法证据若干问题的规定》、《关于办理死刑案件审查判断证据若干问题的规定》、《关于建立健全防范刑事冤假错案工作机制的意见》、《关于办理刑事案件严格排除非法证据若干问题的规定》、《人民法院办理刑事案件排除非法证据规程（试行）》等。例如，若侦查机关以被告人近亲属的合法权益相威胁，需要对具体法律和条文予以列明。

最后，非法证据排除申请书必须附加佐证非法证据排除申请的附件，包括证据材料、证据线索和参考案例三部分，其中证据材料与证据线索的举证是非法证据排除申请程序启动的前提。一是证据材料的原件或者复印件，如律师制作的笔录和调查报告、调取的实物证据照片等。二是证据线索，主要针对一些律师没有能力收集或收集失败的证据，如在附件中完整细致地写明"关于被告人受到非法取证的证据线索包括换押证、体检登记表、讯问全程录音录像，现掌握在某公安局看守所，本人无法调取，请司法机关予以调取，并申请侦查人员李某出庭作证"。三是权威性较强的参考案例，包括最高人民法院的指导性案例、公报案例、《刑事审判参考》

案例，以及最高人民法院大法官编著的案例选中的相关案例等，用法官的思维和法官对话。

（二）其他方面的申请书

在非法证据排除申请之外，辩护律师还需要在其他方面积极提出申请，争取相应的权利。二审阶段是否开庭审理需要由律师提交二审开庭审理申请书，是否召开庭前会议需要由律师提交召开庭前会议申请书，律师申请调取相关证据材料需要对每份调取的证据材料单独制作申请书等。对于这类申请，律师不仅要采取正式的书面申请方式，附加正当的申请理由，还要注意使用中国邮政的官方快递渠道，必要时更要通过反复申请引起法官的重视。例如，在北京某中院的一起盗窃案中，二审阶段介入的两位律师发现一审阶段未涉及的一些非法证据排除问题，在提交非法证据排除申请及相关证据材料、线索之后，二审法院并未作出是否开庭的明确答复，辩护律师最后通过提交二审开庭审理申请书，该案二审才以开庭的方式进行，这也使得被告人家属在法庭上能够亲眼见证辩护律师所做的努力，理解辩护工作的不易。

（三）律师的发问技巧

辩护律师如何在法庭上对侦查人员发问也是重要的辩护战术。由于法庭上警察的证词和所实施的侦查行为紧密相关，一旦说出实情，不仅可能导致其失业，还可能被追究纪律甚至刑事责任，因此法庭上警察有说谎的可能性。在部分国家，警察被要求以证人身份出庭，宣誓证言的真实性，而我国并没有要求警察签署如实作证的保证文书，警察出庭甚至会穿着警服，更类似于是在执行公务、行使公安权力。这就要求律师在开庭之前提前做好充足的准备，若律师准备不足，法庭上则往往会出现著名的交叉询问对话："某警官，你在某某案件中有刑讯逼供吗？""没有。""被告人身上为什么有伤？""我不知道。""难道你没有责任吗？""没有。"

那么，辩护律师在法庭上对侦查人员的交叉发问需要注意哪些辩护技巧呢？首先，律师发问侦查人员的目的并非在心理和语言上征服对方，而是说服法官相信侦查人员在说谎，并拒绝采信其证言，这样才能使法官转向采信辩方关于存在刑讯逼供或违法取证的思路。其次，律师发问技巧的核心在于通过引导被发问者多说话使其暴露缺陷，作出违背经验和常识的表述或逐渐自相矛盾。律师在法庭上应当保持平和心态，斗智斗勇不斗气，即使对方愤怒或挑衅，辩护律师也要温和地发问："对不起警官，我理解您的情绪，您刚才说的话我不在意，但之前那段话我没有听清楚，您可以再说一遍吗？"力争让法官听清侦查人员证言的每一个细节。再次，律师发问过程中一定要随时援引其他证据，利用证据之间的矛盾揭露证据有伪造的可能。例如，"警官，您刚刚所说的话与您上次的表述有所不同，为什么？""与被告人供述不同，如何解释？""与录像上不一致，我请求法庭播放一段录像"，使得法官相信无法排除存在违法取证可能性。最后，律师发问的内容应仅限于事实而不是结论，不能在问题中带有定性的、侮辱性的词汇。比如，"你有没有刑讯逼供"这类表述就属于定性词汇，容易激怒侦查人员造成双方立场的直接对立，应当采用循序渐进的事实性描述发问，逐步还原侦查人员的违法取证过程，揭示回答者证言之间的前后矛盾，如："警官，某天上午八点半您到看守所提讯被告人，您可以描述一下那个过程吗？""被告人配合您吗？""不配合您的话，您做什么了？""您有没有拿手铐？"等。几年前，北京大学曾以内地与香港地区的非法证据排除程序为主题举行演示会，邀请内地和香港地区的法律专业人士对非法证据排除程序流程分别进行全程演示。香港地区的律师在法庭审理的两个小时内，不间断地向警察发问五十多个问题，包括从被发问者接触被告人到接触过程的种种细节，始终保持一种温文尔雅的姿态，没有涉及任何与刑讯逼供有关的带有定性的词汇，使得警察的侦查行为像电影镜头的展开一样在法庭上重现。而针对同一案件，内地的律师则集中在滔滔不绝地发表辩护词，论述刑讯逼供的定义是什么、本案存在着严重刑讯逼供、刑讯逼供是世界公害等，几乎没有作出任何发问。田文昌大律师在演示会的最后评论总结道，内地和香港地区对于非法证据排除不仅在制度设计上存在区别，更重要的是律师在发问技巧方面也天差地别，香港地区律师注重发问，而内地律师的发问技巧远远不够，更注重谴责刑讯逼供和激战辩论，长此以往，必然造成在法庭上宣读讯问笔录代替侦查人员出庭作证的恶性循环。

以上就是本次课程的全部分享内容，谢谢大家！

第6讲　辩护人在庭前会议和庭审中如何表达

主讲 | 杨航远[1]

整理 | 黄一洪　程彦琦[2]

彭逸轩律师给我布置的课题是"辩护人在庭前会议和庭审中如何表达",讲律师在法庭上的表达问题。

谈到庭审表达,我们今天先对庭审过程中涉及的核心法律问题及其应对作一个讲解,然后我会播放一些庭审视频。这些视频都是参加学习的同学找的,是这些同学认为有疑问、有特点的庭审内容,这些视频内容都是从真实案例的庭审活动中截取的,我们结合这些内容就庭审表达作一些分析。在我演讲过程中,大家有问题可以进行互动。

一、庭前会议中的表达

无论是庭前会议的表达,还是庭审的表达,都是讲律师在法庭上说什么。庭前会议的表达和庭审的表达,我理解应该是不一样的。庭前会议的

---

[1]　杨航远,北京市炜衡律师事务所高级合伙人,中国政法大学校外导师。
[2]　黄一洪,北京市炜衡律师事务所律师;程彦琦,炜衡大学生刑辩训练营第一期学员。

表达应该把书面表达作为重点。律师在法庭上的表达由两部分组成：一部分是口头表达，另一部分是书面表达。在庭审的过程中，也就是在法庭辩论过程中，口头表达非常重要。但在庭前会议部分，我认为书面表达更重要，因为这涉及怎么启动庭前会议，同时，庭前会议中的很多文件可以表达我们的一些核心观点。

庭前会议部分主要讲六个问题，第一个是申请非法证据排除的问题，第二个是管辖异议的问题，第三个是申请回避的问题，第四个是申请调取新证据的问题，第五个是证人、鉴定人、有专门知识的人出庭的问题，第六个是认罪认罚的问题。

（一）非法证据排除

非法证据排除一直是刑事辩护的热点问题。对于何时提出非法证据排除最好，我的观点是越早越好。如果在侦查阶段发现有非法证据，就在侦查阶段提出，并对非法取证的侦查人员提出回避，情节严重的，要提出申诉控告；如果在审查起诉阶段发现有非法证据，就要在审查起诉阶段提出，积极以书面方式向检察官提出排除非法证据的要求，对于通过非法方法形成非法证据的侦查人员，如果情节恶劣，要提出控告，并把犯罪嫌疑人的真实陈述以书面方式提交检察官。一定不要等到法庭上才提，除非介入太晚，实在没有办法。今天讲的是庭审问题，我们就重点讲庭审中的非法证据排除。

首先，要在庭前会议之前或会议上，以书面方式提出非法证据排除申请。为什么要强调书面表达？因为《人民法院办理刑事案件排除非法证据规程（试行）》第9条规定："被告人及其辩护人申请排除非法证据，应当在开庭审理前提出，但在庭审期间发现相关线索或者材料等情形除外。"第10条规定："被告人及其辩护人申请排除非法证据，并提供相关线索或者材料的，人民法院应当召开庭前会议，并在召开庭前会议三日前将申请书和相关线索或者材料的复制件送交人民检察院。被告人及其辩护人申请排除非法证据，未提供相关线索或者材料的，人民法院应当告知其补充提交。被告人及其辩护人未能补充的，人民法院对申请不予受理，并在开庭审理前告知被告人及其辩护人。上述情况应当记录在案。"《关于办理刑事案件严格排除非法证据若干问题的规定》第25条第1款也规定："被告人及其辩护人在开庭审理前申请排除非法证据，按照法律规定提供相关线索或者材料的，人民法院应当召开庭前会议。人民检察院应当通过出示有关证据材料等方式，有针对性地对证据收集的合法性作出说明。人民法院可以核实情况，听取意见。"由此可知，非法证据的排除申请一般要求在开庭前提出。庭审之前与检察院、法院的任何沟通都不会记入庭审笔录，如果律师主张申请了，对方主张没有申请，就起不到想要的排除非法证据的效果。而如果以书面方式先期提出非法证据排除申请，法院经审查认为有必要，就会组织庭前会议。否则，法院如果未收到非法证据排除申请，有可能不组织庭前会议。如果在开庭过程中提出，因为需要检察院对此进行调查，往往影响诉讼程序的顺利进行。法官为了保证顺利进行庭审程序，可能会不同意启动非法证据排除程序，损害当事人的诉讼权利。

在庭前会议上，法官往往会组织对于非法证据排除的问题的初步审查。这时，辩护人要像民事诉讼中的原告准备诉讼一样，围绕提出排除非法证据的事实和理由罗列证据目录和证明目的，提交相关证据、会见笔录，准备书面辩论内容。《人民法院办理刑事案件排除非法证据规程（试行)》第5条规定:"被告人及其辩护人申请排除非法证据,应当提供相关线索或者材料。'线索'是指内容具体、指向明确的涉嫌非法取证的人员、时间、地点、方式等;'材料'是指能够反映非法取证的伤情照片、体检记录、医院病历、讯问笔录、讯问录音录像或者同监室人员的证言等。被告人及其辩护人申请排除非法证据,应当向人民法院提交书面申请。被告人书写确有困难的,可以口头提出申请,但应当记录在案,并由被告人签名或者捺印。"无论从启动非法证据排除所提交的线索和材料的丰富性方面,还是从必要性方面,作为辩护人都必须以书面方式提出非法证据排除申请。

(二)管辖权异议

1.侦查阶段的管辖问题。

《刑事诉讼法》规定了审判程序中的级别管辖的问题,但没有规定地域管辖问题和利益冲突问题。而实际上很多案件,由不同地方管辖,有可能会出现不同结果。《刑事诉讼法》没有规定审判阶段的地域管辖问题,只规定了级别管辖。但是在侦查阶段规定了犯罪行为地和犯罪结果发生地管辖的原则,这主要针对侦查机关。审判阶段的地域管辖,通常是由侦查机关决定的,侦查完了移送同级检察院,检察院移送同级法院,检察院怎么移送,法院就怎么审理。在这个过程中,所谓的地域管辖,通常表现为指定管辖,就是由上级法院指定管辖法院,通常是高级人民法院指定其他地市的法院审理,如果是全国性的影响较大的案件,往往由最高人民法院指定。

作为辩护人,如果发现管辖错误,越早提出越好。即使在审判阶段才发现,也要书面提出管辖异议。尽管不会因为管辖错误,导致原来的侦查程序和审查起诉程序中收集的证据无效，但也会让裁判者作出有利于被告人的考量，如果这些证据还有其他瑕疵，比如存在非法取证、暴力取证等问题，就变得更容易排除。

2.同案的分案管辖问题。

管辖第二个方面的问题，就是有些案件可能存在分案管辖，即在同一个案件有很多被告人时，将一部分被告人放在一个法院，其余被告人放在不同法院，有时甚至把不同被告人放在不同级别的法院审理。这里面会涉及一个问题，就是某个法院对部分被告人作出判决后，其他被告人的辩护空间就很小了。如果遇到这样的情况，辩护人应第一时间书面申请并案审理，使案件回到同案同审的合理审判程序中去。

（三）回避

1.回避事由的扩大解释。

在庭前会议中，如果要申请法官、检察官回避，一定要书面提出，详细阐明法律依据和事实依据，必要时还要拿出相关证据。不建议在法庭审理过程中，突然提出回避，导致整个庭审程序不得不停止，这样也容易导致与被申请回避方的情绪对立。我们在法庭上经常会遇到回避的问题。《刑事诉讼法》第29条规定："审判人员、检察人员、侦查人员有下列情形之一的，应当自行回避，当事人及其法定代理人也有权要求他们回避：（一）是本案的当事人或者是当事人的近亲属的；（二）本人或者他的近亲属和本案有利害关系的；（三）担任过本案的证人、鉴定人、辩护人、诉讼代理人的；（四）与本案当事人有其他关系，可能影响公正处理案件的。"我们讨论的主题是审判阶段的表达问题，此处不讨论侦查人员的回避，只讨论审判人员和检察人员的回避。《刑事诉讼法》第29条规定的回避事由有四个方面：身份关系、利害关系、程序冲突、可能影响公正处理。《最高人民法院关于适用〈中华人民共和国刑事诉讼法〉的解释》第36条增加了审判人员、检察人员与辩护人、诉讼代理人之间的身份关系回避事由。在现实司法案例中，基于身份关系和程序冲突事由回避成功的案例比较多，基于利害关系和可能影响公正处理案件事由回避成功的案例较少，在辩护过程中，使用这两个理由申请回避的也比较罕见。个人认为，这两个回避事由还是非常重要的，关键是如何灵活运用。我们在辩护过程中，遇到过这样的案例，辩护人能够感觉到审判人员有明显的倾向性和偏见，甚至是对被告人的恶意。这样很容易导致不公正的判决。但是法官又不具有《刑事诉讼法》第29条规定的应予以回避的身份关系、利害关系和程序冲突情形的，我建议，可以使用"可能影响公正处理案件"的事由，在庭前会议时提出回避申请。为了补足申请事由上的不足，可以考虑收集其他资料进行补充证明。我们生活在数据时代、信息时代，对于主审法官，完全可以通过大数据分析研究法官的既往案例。如果发现法官过去所判案件有一定的倾向性，基于大数据分析结果提出回避申请，会更有说服力。当然这样的回避申请肯定不能靠口头表达，要依据广泛的材料组织严密的论证，这样提出的回避申请才有说服力。这样的申请，即使最终不能达到回避的目的，对审判人员也是一个必要的提醒。

另外，《刑事诉讼法》第29条第4项规定的"与本案当事人有其他关系，可能影响公正处理案件"的回避事由，给了我们解释空间，作为辩护人应该把思维打开，从多方面去思考，灵活运用。

2.审判委员会成员的回避问题。

一般案件的审理过程中，很少遇到律师在法庭上提出要求审判委员会回避，法官一般也不会同意审判委员会回避的请求。通常法官会询问，是否根据《刑事诉讼法》的规定要求审判员、书记员回避，是否要求公诉人回避等，不会询问是否要求审判委员会回避。毕竟不是所有的案件都需要提交审判委员会讨论。但一些重大疑难案件会提交审判委员会讨论。《刑事诉讼法》第185条规定："合议庭开庭审理并且评议后，应当作出判决。对于疑难、复杂、重大的案件，合议庭认为难以作出决定的，由合议庭提请院长决定提交审判委员会讨论决定。审判委员会的决定，合议庭应当执行。"可见，对于审判委员会的决定，合议庭应当执行。因此，对于提交审判委员会讨论的案件，只要具有应当回避的事由，当然应该回避。那怎么申请审判委员会或其成员回避呢？

我前段时间办理了一个案件，一审判决被告人有期徒刑七年。上诉后，二审法院裁定发回重审。我研读一审判决书时发现，判决书写得非常清楚，一审是经过审判委员会讨论决定的。发回重审后，很可能还是要由一审法院审判委员会讨论决定。我作为辩护人提出要求审判委员会全体成员回避，顺带提出管辖异议的问题。理由是，一审法院的审判委员会已经对这个案件作出过讨论决定了，一个法院只有一个审判委员会，一审法院重审此案，有两种可能：第一，合议庭直接作出判决，这样就违背了《刑事诉讼法》第185条的规定，即审判委员会的决定，合议庭应当执行；第二，合议庭重审完毕，提交审判委员会研究，这样审判委员会就违背了程序冲突的回避原则，即在同一个案件的不同的诉讼程序中两次参加审理活动，这是不合理的。最后一审法院拒绝了我的回避申请，但我认为这个问题值得讨论，即一审经过审判委员会讨论的案件，到底还能不能再发回原审法院重审。我个人的观点是不能。

3. 如何理解回避制度中的利害关系。

《刑事诉讼法》第29条明确将具有利害关系规定为回避事由，但是，怎么定义利害冲突呢？利害关系的词义看似清楚，在法律适用时却可能产生歧义。讲一个案例，王某是某中级人民法院的民庭庭长，在办理案件过程中被指控涉嫌枉法裁判。一审判决后，王某上诉，二审法院为王某曾经任职的某中级人民法院。辩护人提出回避申请，认为王某曾经是某中级人民法院的民庭庭长，现在由该院的刑庭庭长来审理案件，可能存在利害关系。法庭当时驳回了回避申请，辩护人和被告人激烈抗议，后宣布休庭，最后经请示上级法院指定，将案件移送到其他法院审理。辩护人和被告人的回避申请，实际上也是管辖异议申请。这个案件给我们一个启示，遇到这样的情况，辩护人应当积极主动地"进攻"，对存在利害关系进行充分论证，和"可能影响公正处理案件"的事由联合使用，效果会更好些。

（四）调取新证据

1. 申请调取办案单位收集的证据。

辩护人可以申请调取在侦查、审查起诉期间，公安机关、人民检察院收集但未随案移送的证明被告人无罪或者罪轻的证据材料。《刑事诉讼法》第41条规定："辩护人认为在侦查、审查起诉期间公安机关、人民检察院收集的证明犯罪嫌疑人、被告人无罪或者罪轻的证据材料未提交的，有权申请人民检察院、人民法院调取。"我个人认为，这个条文在实践操作中有一定的局限性。《刑事诉讼法》第115条规定得很清楚,"公安机关对已经立案的刑事案件,应当进行侦查,收集、调取犯罪嫌疑人有罪或者无罪、罪轻或者罪重的证据材料"。侦查机关应当全面、客观地收集证据,既要收集对被告人不利的证据,也要收集对被告人有利的证据,即证明犯罪嫌疑人无罪或者罪轻的证据。这些证据收集以后应全案移送。但有一个问题,除非办案过程中,当事人或者证人告诉辩护人其向侦查机关提交了无罪、罪轻的证据,如果侦查机关未向审查起诉机关移送这些证据,辩护人通过阅卷是无法发现有利证据没有移交的。而犯罪嫌疑人和证人能够反馈给辩护人的只是一部分信息。在这种情况下,辩护人根本无法知道存在无罪、罪轻的证据,怎么申请调取呢?这个问题只能在立法层面解决。《刑事诉讼法》第162条第1款规定:"公安机关侦查终结的案件,应当做到犯罪事实清楚,证据确实、充分,并且写出起诉意见书,连同案卷材料、证据一并移送同级人民检察院审查决定;同时将案件移送情况告知犯罪嫌疑人及其辩护律师。"该条规定对于移送材料和证据没有特别作出要求,如果增加"全部"的限定,表述为"公安机关侦查终结的案件,应当做到犯罪事实清楚,证据确实、充分,并且写出起诉意见书,连同全部案卷材料、证据一并移送同级人民检察院审查决定;同时将案件移送情况告知犯罪嫌疑人及其辩护律师。"当然,这是立法问题,我们今天主要讨论庭审表达。辩护人在办理案件过程中,应当尽可能与被告人及其家属、证人进行充分沟通。在阅卷的过程,应认真细致,争取发现相关线索。比如有的笔录中记载"接着讲",却没有前文;有的笔录中没有交代侦查人员身份,告知被告人、证人相关权利等。把相关蛛丝马迹收集起来,如果发现可能存在无罪、罪轻的证据材料,就可以申请调取。这是庭前会议时必须要谈的问题。

2. 申请侦查机关调取应当调取而没有调取的证据。

律师在刑事辩护过程中的调查取证权有一定的局限性。《刑事诉讼法》第43条规定:"辩护律师经证人或者其他有关单位和个人同意,可以向他们收集与本案有关的材料,也可以申请人民检察院、人民法院收集、调取证据,或者申请人民法院通知证人出庭作证。辩护律师经人民检察院或者人民法院许可,并且经被害人或者其近亲属、被害人提供的证人同意,可以向他们收集与本案有关的材料。"辩护律师的调查取证受到一定的限制,但我还是建议律师积极调取有利于当事人的证据,主要有两个途径:第一个途径,以书面方式申请办案单位调取。我特别强调要以书面方式申请,同时要把证据线索、证据主要内容、证据的重要性写清楚。第二个途径,如果办案单位不调取,或者来不及等到办案单位调取,辩护人自行调取了相关证据的,如果是书面证据、不易被篡改的证据,应主动与办案单位联系提交。如果是证人证言等容易被篡改的证据,建议辩护人调取证据以后,仍然要申请办案单位调取。如果办案单位不调取,再把相关证据在诉讼过程中适时提交披露,根据案情需要,有时还需要申请证人出庭作证。

(五)证人、鉴定人、有专门知识的人出庭

1. 申请证人出庭。

《刑事诉讼法》第61条规定:"证人证言必须在法庭上经过公诉人、被害人和被告人、辩护人双方质证并且查实以后,才能作为定案的根据。法庭查明证人有意作伪证或者隐匿罪证的时候,应当依法处理。"针对这一规定,很多人当然地理解为证人应当出庭作证,接受控辩审各方的质证。

事实上，更多的时候是公诉人在法庭上宣读侦查机关收集的证人证言，证人并不是必须出庭作证。作为辩护人，要申请证人出庭一定要研究透案情，如果是案卷中已经出现的证人证言，申请该证人出庭，一定要有充分的理由。《刑事诉讼法》第192条第1款规定："公诉人、当事人或者辩护人、诉讼代理人对证人证言有异议，且该证人证言对案件定罪量刑有重大影响，人民法院认为证人有必要出庭作证的，证人应当出庭作证。"根据这一规定，我认为"充分的理由"应具备以下条件：一是这份证言对定罪量刑非常重要；二是证人证言的内容存在矛盾和不确定的地方，有待进一步核查；三是证人证言的内容有可能会发生与书面证言不一样的改变，向有利于被告人的方向转变。要说明这个问题，可以把证人证言的内容作纵向或者横向的比较分析，对证据的瑕疵作出必要的摘录和分析。如果是辩方的证人，要做更充分的准备，必要的时候要和证人进行充分的沟通，告诉证人法庭语言和法庭规则，以及要注意的问题，要反复强调证人到法庭上要实话实说，防止证人撒谎。

2.申请鉴定人、有专门知识的人出庭。

《刑事诉讼法》第194条规定："证人作证，审判人员应当告知他要如实地提供证言和有意作伪证或者隐匿罪证要负的法律责任。公诉人、当事人和辩护人、诉讼代理人经审判长许可，可以对证人、鉴定人发问。审判长认为发问的内容与案件无关的时候，应当制止。审判人员可以询问证人、鉴定人。"从这一规定可以看出，鉴定人和证人归为一类，在法庭上的发问程序是一致的，鉴定人和有专门知识的人都属于专家证人，其本质身份还是属于证人范畴。

鉴定人出庭与否，要看鉴定报告是否有利于被告人，鉴定报告是否存在重大瑕疵。如果鉴定报告对于被告人的定罪量刑很关键，不利于被告人且有重大瑕疵，则一定要申请鉴定人出庭接受质证。如果鉴定报告涉及的问题非常专业，辩护人在申请鉴定人出庭的同时，要申请有专门知识的人出庭，实际上就是找"外援"配合律师攻击鉴定报告的不客观、不准确、不合规、不合法，最终达到废除鉴定报告的目的。在庭前会议之前，律师要对鉴定报告的鉴定人、有专门知识的人出庭等工作做好充分的准备。同时，律师也要认真研究《司法鉴定程序通则》和鉴定操作规范等相关文件。只有自己掌握相关法律规定和鉴定规范，才能写出有理有据的申请鉴定人出庭的文件，才能更容易让法官支持辩护人的申请鉴定人出庭接受质证的请求。另外，对于公检法提供的鉴定报告，辩护人可以请权威的鉴定专家作为有专门知识的人出庭帮助辩护方质证，如果鉴定样本可以采集，建议辩护律师尽可能找更权威的机构出具一份新的鉴定报告以引起法官的重视。

（六）认罪认罚从宽制度

认罪认罚从宽制度是2018年修改的《刑事诉讼法》规定的一个新机制，主要涉及三个条文，即《刑事诉讼法》第15条、第190条、第201条。实践中，认罪认罚具结书都是被告人单方认罪，即被告人愿意承担什么刑罚，一般看不到公诉方的量刑建议。起诉到法院后，公诉方才出具认罪认罚具结书，向法庭提出量刑建议。在这个过程中，被告人基本上没有任何"议价"能力。还有一种情况，公诉方常常让被告人对于全案认罪认罚，在多个罪的指控中，如果仅仅对其中一部分认罪，控方也不给出具认罪认罚具结书。即使控方和辩方在认罪认罚上完全达成一致，法官如何裁量仍然存在变数。《刑事诉讼法》第190条第2款规定："被告人认罪认罚的，审判长应当告知被告人享有的诉讼权利和认罪认罚的法律规定，审查认罪认罚的自愿性和认罪认罚具结书内容的真实性、合法性。"第201条规定："对于认罪认罚案件，人民法院依法作出判决时，一般应当采纳人民检察院指控的罪名和量刑建议，但有下列情形的除外：（一）被告人的行为不构成犯罪或者不应当追究其刑事责任的；（二）被告人违背意愿认罪认罚的；（三）被告人否认指控的犯罪事实的；（四）起诉指控的罪名与审理认定的罪名不一致的；（五）其他可能影响公正审判的情形。人民法院经审理认为量刑建议明显不当，或者被告人、辩护人对量刑建议提出异议的，人民检察院可以调整量刑建议。人民检察院不调整量刑建议或者调整量刑建议后仍然明显不当的，人民法院应当依法作出判决。"由此可见，即使被告人签订了认罪认罚具结书，也不一定能获得期待的判决结果。针对这种情况，我的建议是，辩护人在认罪认罚程序中，首先要明确，认罪认罚是被告人的诉讼权利。被告人既可以全案认罪认罚，也可以就全案中的部分指控认罪认罚。如果公诉人不和辩方"议价"，被告人可以自行签订认罪认罚具结书，由辩护人在庭审会议上提交给法官，并且标注对于此认罪认罚行为，检察院没有进行量刑评价，把裁量的主动权交给法官。辩护人在提交给法庭的认罪认罚具结书上还应当标明是对全案认罪认罚，还是对指控的部分行为认罪认罚，并且仅就认罪认罚的行为提出被告人的量刑诉求。

这部分是在庭前会议中，关于认罪认罚问题，如何给被告人争取权利的书面表达内容。

关于庭前会议的主要内容，我就讲这么多。其他还涉及旁听的问题、被告人出庭戴械具的问题等，这些都是小问题，随便提一下，不作展开。这些事务性的沟通，对于被告人家属的观感非常重要，辩护人也不能忽略。辩护人应当尽可能为被告人家属争取比较多的旁听席位，尽可能申请在庭审过程中不给被告人戴械具，给被告人提供必要的庭审便利。这些事务性问题，以书面形式向法庭提出，会引起法庭的重视，即使不能完全满足当事人及其家属的要求，也要让他们看到辩护人的努力。

二、庭审表达

庭审表达对于辩护律师来说是火力最集中的战场，也是最针锋相对、最激烈、最精彩的地方。辩护人的才华可以充分展示，有的律师在法庭上气势如虹，完全碾压公诉人和法官；有的律师却表现平平淡淡，甚至唯唯诺诺。作为法律人，在法庭上无论是做律师还是做公诉人，都应该以平和、研究的态度谈问题。辩护人不是被告人，更不是"法庭打手"。律师在法庭上发言要态度诚恳，语速尽可能适中，声音沉稳。法律人讨论事实和法律是个严肃的问题，需要诉讼各方专业人士很诚恳地进行智慧碰撞。作为辩护人，不一定针对公诉人的每一句话都要争个高低。前段时间微信上流传着一个庭审笔录：公诉人说的一句话，辩护人没听清楚，辩护人请求公诉人再说一遍。公诉人说："我说的内容，法庭上其他人都听明白了，就你没听见，你没有长耳朵吗？"辩护律师反唇相讥："我长没长耳朵大家看得见，就你看不见，难道你是瞎子吗？"书记员都如实记录了。像这样的庭审辩论就是斗嘴了。作为法律人，在法庭上是来阐明道理的，把道理讲清楚就可以了，这样的口舌之争没有必要。何兵教授提倡一种观点——"大辩若讷"，就是辩护人把事实证据研究透，放在法官面前就可以了，不用巧言令色。何兵教授的观点，我基本赞成，辩护律师的机智雄辩固然很重要，但最终还是要归结于讲事实、摆道理。有的律师喜欢在法庭上过度地演绎，放出去收不回来，比如举一些不恰当的例子，夸张的举止、表情等，这些行为都不会起到很好的辩护效果。沉稳、诚恳、深刻、有条理，才是法律人的本分。下面我就庭审中的具体表达，谈一下自己的看法。

（一）程序问题的表达与再表达

所谓的程序问题的表达，是指在没有开庭前会议的情况下，有些程序问题的表达，如申请回避，申请非法证据排除，申请证人、鉴定人、有专门知识的人出庭，申请重新鉴定、勘验等，这些都是要在庭审中充分表达的。

所谓的程序问题的再表达，是指在已经召开过庭前会议的情况下，在庭前会议上对于很多程序问题已经达成一致意见了，庭审过程中需要再次进行表述，以便记入笔录。毕竟庭前会议只是庭审的准备工作，庭审才是真正的审理程序，庭前会议上已经形成的一致意见，需要在庭审过程中重新表达一次。这种表达，辩护人通常只作一般性的说明就可以了。对于还有没有达成一致，但是已经形成实质性决定的，比如辩护人申请公诉人或审判人员回避，检察院或法院决定驳回申请，辩护人申请复议被再驳回的，在庭审过程中，审判长询问辩护人是否申请回避时，辩护人不但要把申请回避及被驳回的过程说一遍，还要特别把辩护人申请回避的事由再进行充分阐述，并且表达对于驳回申请的不认可态度。

再如非法证据排除问题。在庭前会议上提出非法证据排除问题后，在开庭前要和法官进行充分沟通，包括在庭审过程中，法院是否启动非法证据排除程序，如果启动，控方将要提交哪些证据证明取证程序合法，控方如果向法庭提交了证据证明取证程序合法，证据在哪里，辩护人要先期阅卷。如果公诉人在法庭上当庭出示新证据证明取证程序的合法性，辩护人可以提出异议，要求休庭阅卷，然后再次开庭时进行质证。

（二）法庭调查中的表达

1.庭审表达的一体两面。

对于法庭调查中的表达，要讲两个部分。我们看到的庭审表达，很多注重的是律师的表达。但实际的庭审过程中，律师是要"分身"的，一个是辩护人的表达，另外一个是被告人的表达。被告人说什么很重要，因为其是当事人，作为公诉人、法官，更愿意听被告人怎么说，被告人说完后，辩护人再对他所陈述的事实进行解释。因此，辩护人要与被告人进行充分的交流。一般情况下，在庭审前要与被告人进行三到五次会见。很多律师在庭审前与被告人没有进行充分沟通，就容易出现一些问题。

2.庭审模拟训练必不可少。

要想让被告人和辩护人进行默契的配合，辩护人通常需要对被告人进行庭审模拟训练，即按照庭审过程中被告人有可能被问到的问题、有可能遇到的突发情况进行模拟预演。比如在庭审中的第一个环节，被告人到法庭接受审讯，法官首先会问被告人对起诉书指控的事实有没有异议，对指控的罪名有没有异议。被告人如果认罪认罚，就回答没有异议，请求法庭按照认罪认罚程序对起诉书指控的事实进行审判。如果不认可起诉书指控的事实，就要在法庭上简明扼要地说清楚，起诉书指控的内容哪些地方不属实，真实情况是什么。至于对指控的罪名有无异议，要看这个罪名本身是不是对犯罪行为的概括，如果是就明确表达不认可；如果对这个罪名本身存在理论判断，通常建议被告人放弃法律方面的表态，只针对事实表达观点，法律上的性质认定交给辩护人去论证。有些案件对于罪与非罪有争议，被告人如果不认罪担心受到法庭的惩罚，认罪又担心失去无罪辩解的机会，这时候，通常使用的诉讼策略也是被告人只作实事陈述，辩护人作无罪辩护。如果法官让被告人当庭表态是否认罪的，被告人可以回答："我不懂法律，不知道是否构成犯罪，如果知道是犯罪，我就不这么做了。"但这种回答一般只能适用于拟制型犯罪案件，不能适用于传统型犯罪案件，后者是可以通过社会常识判断的。

在这个环节，我通常会让被告人反复研读起诉书，对每一句话都要认真进行分析，然后列出有异议的部分，让被告人反复陈述、反复修正，以便在法庭上能够准确表达、适应法庭审判节奏。

（三）对被告人的交叉询问

《刑事诉讼法》第191条规定："公诉人在法庭上宣读起诉书后，被告人、被害人可以就起诉书指控的犯罪进行陈述，公诉人可以讯问被告人。被害人、附带民事诉讼的原告人和辩护人、诉讼代理人，经审判长许可，可以向被告人发问。审判人员可以讯问被告人。"庭审中的第二个环节，主要就是交叉询问。

交叉询问，通常是先安排公诉人讯问被告人，然后是刑事附带民事诉讼原告人及其代理人向被告人发问，最后是辩护律师向被告人发问。审判长可以根据审理需要讯问被告人，也可以安排被告人之间互相发问、被告人与被害人之间互相发问,以便查清事实。各方问完以后,如果诉讼各方认为还有问题需要部分发问的,可以申请补充发问。公诉人、刑事附带民事诉讼原告人及其代理人的发问,除了让被告人描述整个涉案事实的全部经过,主要是针对对被告人不利的事实部分发问,以便对被告人定罪或从重处罚;辩护人的发问主要是让被告人陈述对他有利的事实;审判人员的讯问主要是围绕控辩双方发问后,仍然没有查清的模糊事实和争议焦点问题。在这个发问过程中,难免会出现一些刁难性的问题。我对被告人的建议一般是这样的:第一,让被告人在内心确认一个原则,如实陈述案情事实。第二,让被告人把涉案事实经过原原本本地讲给我听,反复讲给我听,我在一遍又一遍的陈述过程中,寻找陈述不清楚、不准确、容易让人产生歧义的部分,让被告人用一种清楚明白的方式进行表达。第三,从各个角度对被告人发问,从各种角度恶意推断被告人的表述,让他辩解,再论证他辩解的合理性,直到被告人能够自圆其说、能够听起来真实可信为止。第四,让被告人辨析哪些是可以不回答的问题,在不激怒法官和公诉人的情况下,巧妙回避一些问题,比如对于一些引申、推测、比较、假设等问题,可以回答"不知道""时间太长记不清了"等。第五,让被告人把关键案情事实内化于心,内化于自己的语言,对所有的陈述和诘难问题,都围绕着关键事实真实、准确陈述,无论如何发问,万变不离其宗。第六,反复训练,直到成为被告人的条件反射、肌肉记忆。第七,训练与同案被告人、证人互相发问,让被告人反复陈述与同案被告人、证人交往的所有细节,根据细节设计问题。被告人通常不懂得如何互相发问,设计问题就变得非常重要。设计问题时,要直击人心,还要注意真实情景再现,让对方陷入真情实感中,无法编造谎言。第八,对被告人的声音、语气、语速进行训练，让被告人在法庭发言时，尽可能显得诚恳、平和，让旁听的人听得清楚、听着舒服。第九，根据不同案情进行不同引导，比如对于诈骗案的被告人就要禁止在法庭上口若悬河、夸夸其谈；在与人对质过程中，适度地表达对对方陈述不实的愤怒等。

在这个环节，律师的发问技巧，或者说发问要达到的目的应当包括这些：第一，充分陈述有利事实因素。如果被告人自己没有完整地陈述被指控事实中对其有利的内容，要通过发问的方式，让被告人把有利的事实都说出来。对关键事实要重点描述，通过发问让被告人把细节也都讲出来，这样可以给法庭留下深刻印象。第二，拾遗补阙。被告人由于自身认识和表述的局限性，有可能在公诉人和其他诉讼参与人发问过程中，在某些事实陈述上被"引入歧途"，辩护人要通过发问，让被告人"回归正途"。如果被告人之前的陈述容易引起误解，辩护人要通过发问，让被告人充分解释、说明事实真相，以免误会。实际上，这个过程中，已经暗含着辩论的内容，只不过是通过被告人的嘴说出来。第三，通过发问，安抚被告人的情绪，使其保持继续庭审的信心，让被告人感觉到在法庭上辩护人是他的坚强后盾。

（四）对证人、鉴定人、有专门知识的人的交叉询问

根据《刑事诉讼法》第192条、第193条、第194条的规定，庭审进入第三个环节，即证人、鉴定人、有专门知识的人出庭。

1.证人出庭质证。

证人分为辩方证人和控方证人。如果是控方证人，证人的证言通常都会记录在案卷笔录中，这时要认真研究出庭证人多次作证证言的异同、矛

盾及不合法、不合情理、不符合事实的地方，以便在法庭上发问，迫使控方证人说出真相。如果是辩方证人，辩护人在开庭之前要和证人进行必要的沟通。这个沟通，要在合法合理，保证证人证言真实的基础上进行。对于证人拟陈述的事实，要提醒证人收集与其证言相印证的证据和证据线索，以备法庭核查证人证言的真实性。即使法庭不安排核查，有这些证据佐证，也可以使得证人证言更容易取信于法官。在法庭上，辩护律师要争取主动发问的机会，引导证人把有利于被告人的事实真相逐一向法庭陈述。

关于向证人发问，还有两个规范要予以重视。《人民法院办理刑事案件第一审普通程序法庭调查规程（试行）》第20条规定："向证人发问应当遵循以下规则：（一）发问内容应当与案件事实有关；（二）不得采用诱导方式发问；（三）不得威胁或者误导证人；（四）不得损害证人人格尊严；（五）不得泄露证人个人隐私。"辩护律师在法庭上发问，应当听从法庭指挥。在发问过程中，除非是证人必须回答的问题，当法官提示发问方式不当的时候，尽可能不要与法庭争辩，而是快速切换下一个问题，或者换一种方式发问。

《人民检察院刑事诉讼规则》第406条规定："证人在法庭上提供证言，公诉人应当按照审判长确定的顺序向证人发问。可以要求证人就其所了解的与案件有关的事实进行陈述，也可以直接发问。证人不能连贯陈述的，公诉人可以直接发问。向证人发问，应当针对证言中有遗漏、矛盾、模糊不清和有争议的内容，并着重围绕与定罪量刑紧密相关的事实进行。发问应当采取一问一答形式，提问应当简洁、清楚。证人进行虚假陈述的，应当通过发问澄清事实，必要时可以宣读在侦查、审查起诉阶段制作的该证人的证言笔录或者出示、宣读其他证据。当事人和辩护人、诉讼代理人向证人发问后，公诉人可以根据证人回答的情况，经审判长许可，再次向证人发问。询问鉴定人、有专门知识的人参照上述规定进行。"公诉人发问的方式，辩护人也应当借鉴。

2.对鉴定人和有专门知识的人的质证。

鉴定人通常属于控方证人，有专门知识的人通常是辩方证人。对于鉴定人出庭，辩护人要认真研读鉴定报告，收集鉴定人既往工作信息。鉴定人出庭接受质证，要围绕鉴定人资格、检材收集与送检、检材的真实性和合规性、鉴定方法的科学性与合规性、鉴定实时记录的真实性与合规性、鉴定结论的推论依据、复核程序审查、鉴定文书制作是否规范、有无鉴定人签字盖章等方面进行逐一发问，必要时要求调阅鉴定档案。对于有专门知识的人出庭质证，由于是辩方证人，要在开庭之前充分披露相关案情信息，尤其是鉴定报告的全部信息，必要时要求法院调取鉴定报告的档案，以备有专门知识的人研究质证。在法庭发问过程中，要适时地引导有专门知识的人陈述鉴定报告中存在的问题，在有专门知识的人与鉴定人互相发问的过程中，在接受公诉人和法官发问的过程中，要做好拾遗补阙的准备。这里特别要强调的是，作为辩护人要逐一检查有专门知识的人出庭时携带的专业资格证书，相关论述涉及的规定、文件、证据等，以免遗漏，让有专门知识的人在法庭陈述过程中，说到哪部分内容就能立即拿出相关资料，这样更有说服力。

3.交叉询问中的反对技巧。

交叉询问一般都是在严肃的气氛中，在很短的时间内完成。控辩双方不仅要设计问题，在发问的过程中，还可能需要对对方的发问提出"反对",叫停对方的发问,打乱对方的节奏。在什么情况下提反对呢?如果公诉人使用威胁性、诱导性的发问方式,辩护人就应该勇敢地提出反对。当法官回应时,要说明公诉人对证人的威胁和诱导。辩护律师遇到对方提出反对怎么办?我常用的办法是快速问下一个问题,不要被对方影响发问节奏,不要给对方证人喘息的机会,一举击溃。如果对方证人充满了敌意怎么办?我常用的办法是,先问一些基础事实问题,让对方没有办法不回答、不配合,然后快速地调整,根据案件事实情节一个问题、一个问题问起来,让对方没有思考的余地。如果确定对方有撒谎的部分,要果断揭露,当庭揭穿,几次下来对方就会自乱阵脚。在对方疑虑不定的时候,接连抛出重要问题逼近事实真相。这些方法要运用得当,还要靠生活积淀和知识积累。

4. 案例研讨。

(播放某视频网络公司庭审部分录像,录像主要内容是辩护律师对于鉴黄师的出庭质证内容。)

从视频内容来看,为第一被告人辩护的律师应该也是一名优秀的律师,视频内容的整体表现还是不错的。但发问的问题不够彻底,辩护律师本来想问鉴定人:第一,检材数量和来源。鉴定数量到底是多少,是两万多个服务器还是四万多个?这两万多个服务器样本是怎么取样、封存移交的,其间有没有同一性比对?这个问题没有问完,辩护人就去问鉴定人的身份了,有点遗憾。第二,鉴定手段是不是客观。即这两万多个服务器的硬盘内容是怎么进行鉴定的,这是要把鉴定师的工作时间和样本容量的播放时间进行比对。鉴定师的工作时间是从7月到8月,一个月的工作时间,两个鉴定人如何看完两万多个服务器的硬盘内容的,每天工作几个小时?

辩护人试图证明工作时间内不可能把这两万多个视频看完，由此推出鉴定报告是不负责任、不客观的鉴定。但仍然只问了一半又停下来了。辩护律师问鉴定人每天工作看几个小时。鉴定人回答："一上班就看，那段时间挺忙的。"这个问题就过去了，没有问明白，很可惜。如果是我来发问，会接着问下去，每天工作几个小时，总共工作了多少天，所鉴定全部样本的服务器硬盘存量是多少。正常播放时间能计算出来，两相比对，就可以得出鉴定结论不客观的结论。在庭审中还有一个问题，这名辩护律师在向鉴定人发问时不断地翻材料，这一点很不好。律师应当做好充分准备，发问的时候不能有小动作，要盯着发问对象，认真倾听，认真观察对方的神情举止，随时调整发问的问题。如果鉴定人回答"那段时间挺忙的，时间不确定"，辩护律师就应当追加问题："你能把上班打卡记录提交给法庭吗？这中间你还出过差，还有没上班的时候，你不可能在家看黄色录像吧？"如果对方撒谎，一下就乱套了，即使没有撒谎，也给对方增加了举证义务，给法官心里种下了疑问。法庭发问特别能看出律师和公诉人的功底，能不能找准问题、有效发问非常重要。

下面展示一些我在工作中对伤情鉴定人、价格评估人和警察证人的发问记录，供各位参考。

（1）对伤情鉴定人的发问。

2019年，在某区法院办理的吴某案中，有这样一个情节：起诉书指控吴某指使他人殴打甲方监理王某，导致轻伤。我发现鉴定意见书疑点重重，就申请鉴定人出庭。鉴定人是鉴定机构的鉴定人员，三十多岁。

①身份证明。

问：请向法庭出示你的鉴定人资格证书，证明你的鉴定人身份。

鉴定人：我忘记带了，法院通知我来接受质证，我就来了，没告诉我要带鉴定人资格证。

问：你不带鉴定人资格证书，怎么证明你是合格的鉴定人，怎么证明你从事了鉴定工作，这是鉴定人应该知道的问题，刑事诉讼法有规定。

鉴定人：我没带。

问：出庭都不知道要进行身份审查，你认为你是合格的鉴定人吗？

鉴定人：我是鉴定人。

②检材考察。

针对照片：

问：你能凭一张照片鉴定出来这个人的胸肋骨骨折吗？

鉴定人：不能。

问：你出具的鉴定意见书的附件中，只有被鉴定人的一张四寸免冠照片，你依据这些张照片怎么得出被鉴定人是轻伤的结论的？

鉴定人：还有病例和CT光片。

问：你说的病例和CT光片在哪里，为什么附件里没有？

鉴定人：都还给被鉴定人了。

问：你现在出庭接受质证，你能向法庭提交这些病例和CT光片吗？

鉴定人：不能。

问：不能，可不可以理解为根本就没有。

鉴定人：在被鉴定人那里，只是不能提供。

问：你应不应该做在附件里或者备份存档，在法庭需要的时候向法庭提交。

鉴定人：应该，但是我们没有这么做。

问：你是一个合格的鉴定人吗？

鉴定人：我是鉴定人。

针对CT：

问：你们在鉴定意见主文部分作了这样的描述："9月22日的CT，被鉴定人有两根胸肋骨疑似骨折"，疑似骨折能确定是骨折吗？

鉴定人：不能。

问：疑似骨折能确定是轻伤吗？

鉴定人：当然不能，不能根据不确定的鉴定结果确认伤情。

问：接下来，你们在主文部分继续描述："9月26日的CT显示被鉴定人有3根胸肋骨骨折，10月10日的CT显示有5根胸肋骨骨折，10月26日的CT显示有5根胸肋骨骨折。"总共出现了四次CT，三个结果，疑似骨折，3根骨折，5根骨折，到底哪个是准确的，还是都不准确？根据你们的常识判断，通常会怎么认识？

鉴定人：这个我说不好。一个伤情应该只有一种表现。

问：现在出现了多个CT的，应该以哪一次为准？

鉴定人：通常应该是以第一次的为准。

问：那你们为什么认定为轻伤呢？疑似骨折不是不能作出轻伤判断吗？

鉴定人：我们也认为这么多CT，不知道用哪一个好，所以，10月29日我们安排被鉴定人又到市人民医院做了一次CT。以29日这次为准。

问：是你安排的吗？

鉴定人：是的。

问：是你陪着去做的鉴定吗？

鉴定人：不是，是我们单位的一个实习生陪着去的。

问：他是鉴定人吗？

鉴定人：不是。

问：也就是说，29日的CT是怎么做出来的，你们鉴定人并不知道，只是听说，对吗？

鉴定人：我没有去。

问：你怎么确认29日被鉴定人提交给你的CT就是被鉴定人的CT呢？

鉴定人：他们不会骗我的。

问：你怎么知道他们不会骗你？

鉴定人：我不知道。

问：29日的CT报告呢？

鉴定人：我没带，给被鉴定人了。

问：为什么鉴定意见的附件里也不附录进去呢？

鉴定人：我们没有做。

问：你是合格的鉴定人吗？

鉴定人：我是鉴定人。

问：被鉴定人是9月22日遭到殴打的，10月29日的CT能准确反映被打当天的伤情吗？

鉴定人：能。

问：9月22日的CT是疑似骨折，26日是3根胸肋骨骨折，10月的CT是5根胸肋骨骨折，出现了几个结果。一种可能性是CT光片是不准确的，另一种可能性是中间还发生了新的伤害。你怎么判断10月29日的CT就比9月22日的CT准确，怎么判断中间没有新的伤害呢？

鉴定人：中间有没有伤害是被鉴定人说的。我也不能判断哪一次CT更准确，看CT光片是一件很专业的事，我都要请专业的医生帮助看。

问：本案中，你也请专业CT人员帮助看了吗？

鉴定人：是的。

问：你是承认你没有准确判断CT结果的能力吗？

鉴定人：专业的人做专业的事。

问：做伤情鉴定，你看不懂CT；接受质证，你又不懂司法程序，连出庭需要证明身份你都做不好。你认为你是合格的鉴定人吗？

鉴定人：我是鉴定人。

问：你认为你作出了一个科学的鉴定意见吗？

鉴定人：这份鉴定意见是我做的。

问：你刚才说过多次，CT应当以第一次为准，你还说过疑似骨折不能认定为轻伤，还记得吗？

鉴定人：我说过这样的话。

问：这是专业判断吗？

鉴定人：我说过这样的话。

法官：我听明白了辩护人对鉴定人的发问，还是要注意下互相尊重。

（杨航远律师：在这段质证中，我在法庭上对控方证人可能有点咄咄逼人，但个人认为对控方证人保持一定的压力还是有必要的。）

（2）对价格评估人的发问。

也是在吴某涉黑案中，涉及财产价值评估，案卷中有一份某区发展改革委价格评估中心出具的评估报告。我对评估报告提出了异议，要求评估人出庭接受质证。法庭同意了。在发问之前，我了解到价格评估中心是发展改革委下属的一个职能部门，不像评估师事务所，有评估师资格证，按照市场规律运作，评估中心的工作人员只是机关单位的职员，不要求有相应的专业资格，所做的评估报告也是行政事业单位内部参考意见性质的文件，不属于专业机构出具的具有法律属性的文件。

①身份技能。

问：请评估人向法庭出示你的评估师资格证，证明你的身份。

证人：我们是发展改革委下属的价格评估中心，没有价格评估师资格证，但是我们和价格评估师事务所一样是专业机构，在行业内，我们出具的评估报告更受尊重。

问：你没有价格评估师资格证，怎么证明你具有价格评估的专业技能呢？

证人：我接受过专业培训。

问：请你向法庭提供证据证明你接受过专业评估技能培训。

证人：我没有证据，培训完了就完了。

问：请你证明你接受的培训足以让你有能力作出科学的价格评估。

证人：我证明不了。培训就是培训，我接受培训还能是假的吗？

问：请你向法庭证明。

证人：你这是故意刁难。

②单位资格。

问：你们单位是行政事业单位吗？

证人：当然是。

问：也就是说不是专业中介机构？

证人：我们比中介机构更正规。

问：你们有司法鉴定资格吗？

证人：我们营业执照的经营范围里面包括价格鉴定。

问：你们有司法机构给你们颁发的价格鉴定资格吗？

证人：没有。

（杨航远律师：在部分地区的司法活动中，价格鉴定都是发展改革委的价格认定中心做的，对此，在司法活动中该如何认定？我个人认为，还是应该坚持司法活动的原则进行认定。司法活动不能和行政事业活动混为一谈。）

③评估过程。

问：对房屋的价格评估是你做的吗？

证人：是的。

问：请你向法庭出示你的实时工作记录。

证人：我没有。

问：根据《司法鉴定程序通则》第27条规，司法鉴定人要对司法鉴定过程进行实时记录并签字。你是说你没有按照《司法鉴定程序通则》的要求进行鉴定，对吗？

证人：我没有。

问：那你是怎么对涉案房屋进行价格评估的？没有实时记录，你向法庭说明一下吧。

证：我们安排了好几个人做这件事，既做了市场调研，还请了某某房地产价格评估公司出具了专业评估报告，这是家非常专业的评估公司。

问：你们自己就是价格评估机构，为什么还要请评估公司？

证人：因为他们更专业。

问：你们承认自己在房地产价格评估方面是不专业的，对吗？至少没有房地产评估公司专业。

证人：我们请他们只是想出具更专业的报告。

问：你们对房地产评估公司出具的报告作了怎样的研究对比和修正呢？

证人：我不明白你的问题。

问：你们怎么做到比房地产评估公司出具的报告更专业呢？

证人：我不回答这个问题。

④评估结果。

问：请你翻开你们出具的评估报告，看结论部分，这个3000多万元的价格是怎么得出来的？

证人：（翻看了一会儿）这不是写得很清楚吗？3000多万元是由两部分组成：一部分是房屋价格2800多万元，一部分是房屋租金200多万元。两者相加就是这个数。

问：委托机构委托你们做的是房屋价值评估，你把房屋价值和房屋租金相加得出来一个数，这两项数据是一回事吗？

证人：你是什么意思？

问：价格评估是一项很严谨的科学论证过程，不同类项的数据不能相加。请你说实话，你到底有没有进行过专业技能培训？

证人：我拒绝回答你的问题。

问：请你进一步向法庭证明你作出的价格认定报告是科学的，而不是由一些不懂价格评估的人随便写的。

证人：我拒绝回答你的问题。

问：好，不再发问。

（3）向警察证人发问。

2019年12月，我为一起诈骗案辩护，其中涉及警察疲劳审讯的情节，要求排除非法证据。法庭安排侦查人员出庭接受质证，我作为辩护人就警察是否对被告人进行疲劳审讯进行发问。

①身份发问。

问：请出示你的警官证和工作记录，证明你在8月参加了对被告人的讯问。

证人：我在度年假，法院让我来出庭作证，我放弃年假就匆匆赶来法庭作证，没有人告诉我带警官证。

问：你是一名警察吗？

证人：我做警察30年了，这里很多人都认识我。

问：我不认识你，作为资深警察，你应该知道出庭作证要验证身份的，这是法律程序。没有警官证，我们怎么知道你是不是警察，有没有参与对被告人的审讯。

公诉人：反对。

法官：反对有效。

问：法官，如果不能查明证人的身份，就无法确认他是否参与了审讯，更不能排除被告人被疲劳审讯的嫌疑。

法官：我们在庭前已经查明了。

问：证人说他没有带警官证，你怎么查明的？庭审程序的基本原则是公开、公平、公正，庭前查证身份违背了公开的程序原则。

②审讯过程。

问：好，我听从法庭的指挥。继续发问，证人，你怎么证明你参加了去年8月对被告人的审讯。

证人：不是有讯问笔录吗？上面有我的名字。

问：排除非法证据程序就是为了审查这些笔录是不是依法取得的，不能拿笔录本身来作为你的证据。

证人：还有提讯登记表，上面也有记录。

问：提讯登记表显示，在去年8月对被告人的审讯，没有提审时间，也没有还押时间。所以我们认为侦查人员对被告人进行了疲劳审讯。

证人：我们没有对被告人进行疲劳审讯。

问：你怎么证明你们没有对被告人进行疲劳审讯。

证人：你记得你昨天吃饭吃的是什么吗？

问：你是说你不记得昨天发生的事了吗？

证人：我是说我不可能记得每天都发生了什么事。

问：你确认你不记得去年发生的很多事？

证人：反正我们都保证了被告人的权利。

③权利保护。

问：你是一名有30年警龄的警察，是吗？

证人：是的。我从事审讯工作也有十多年了。

问：在审讯过程中，被告人享有哪些权利？

证人：我说不出来，那么多怎么记得。反正我没有疲劳审讯。

问：你不记得被告人有哪些权利，怎么保证被告人的权利？

证人：你能都记得吗？

问：被告人在侦查阶段享有接受律师帮助的权利，你们应该允许律师会见被告人，你们是怎么保障的？

证人：这不归我管。

问：你是在回避你们故意剥夺了当事人的律师帮助权，让他见不到律师，方便你们非法取证对不对？

证人：我只负责审讯。

问：在审讯室里，你们是怎么限制被告人的自由的？

证人：审讯室你没有去过吗？就是一张大椅子，其他什么都没有。被告人坐进去，然后锁上，不能自由活动的。

问：即使按照你们的审讯笔录记载的事件看来，也是从早上开始提讯被告人，一直审讯到下午下班时间，这期间你们是怎么保证被告人的饮食和休息的？

证人：这个期间，我也没有睡觉。

问：你是怎么保证被告人的饮食和休息的？

证人：你不要看着我说，你对着话筒说，我听不清。

问：8月2日，从上午九点到下午三点半，你是怎么保证被告人的饮食和休息的？

证人：我不记得了。

问：8月3日，上午九点到下午三点半，你是怎么保证被告人的饮食和休息的？

证人：我不记得了。

问：8月4日，上午九点到下午四点半，你是怎么保证被告人的饮食和休息的？

证人：我不记得了。

公诉人：反对，辩护人在重复发问。

法官：辩护人不要重复发问。

问：请法庭听明白，我是在针对涉嫌疲劳审讯的每一天逐一发问。

法官：继续发问。

（连续问了七八次，警察均称不记得了。）

问：鉴于证人对审讯过程均不记得了，他的言词证据不能排除对被告人疲劳审讯的嫌疑。辩护人不再发问。但是，我请求给被告人一个向证人发问的机会，就疲劳审讯的相关问题进一步查证。

（五）庭审质证

对于勘验笔录的质证，辩护律师研究案卷中的勘验笔录，不能仅仅停留在书面审查和逻辑推理上。我建议，一定要到案发现场实地勘察，结合勘验笔录细细分析其中的问题。对有重大疑问的地方，还要做一些模拟实验。

其他证据的举证、质证，基本上都是围绕"三性"展开，即真实性、合法性、关联性。在质证的过程中，如果证据的真实性有问题，要提前和被告人沟通，让被告人在法庭上侧重对于证据的真实性进行充分质证，辩护律师应当侧重于在证据的关联性和合法性方面进行充分论述。比如同案被告人说被告人"偷东西、抢东西、干坏事了"，此时律师辩护没有太大作用，由被告人本人予以辩驳、陈述更为合适。

公诉人一方出示证据时，应当全面、客观地举证。侦查机关必须客观、全面地收集证据，对被告人有利、不利的都要收集。辩护人在质证时要善于利用公诉人提供的有利证据借力打力，以子之矛攻子之盾，一般效果都会很好。也有一些公诉人在举证时，只举对被告人不利的证据，甚至对同一份证据，只宣读对被告人不利的部分，有利的部分不宣读。这时候，辩护人一定要在质证的过程中提出来，并把有利于被告人的部分在法庭上作充分说明或者宣读。公诉人出示不利于被告人的证据，辩护人在质证的时候，要顺带向法庭出示反驳证据，不要机械地等到法庭让辩护人举证的时候再举证。即使在公诉人举证过程中，法庭不同意辩护人在质证时提交反驳证据，也要在质证的过程中对反驳证据予以充分说明。这样会使得质证过程中的反击显得及时有力。《人民法院办理刑事案件第一审普通程序法庭调查规程（试行）》第28条第2款、第3款、第4款规定："公诉人出示证据后，经审判长准许，被告人及其辩护人可以有针对性地出示证据予以反驳。控辩一方举证后，对方可以发表质证意见。必要时，控辩双方可以对争议证据进行多轮质证。被告人及其辩护人认为公诉人出示的有关证据对本方诉讼主张有利的，可以在发表质证意见时予以认可，或者在发表辩护意见时直接援引有关证据。"该规定对于辩护人灵活机动地发表质证意见，提供了很好的指导和支持。

充分质证的前提是对证据的充分了解，如何保证被告人也充分了解相关证据呢？这里涉及一个问题，被告人有没有阅卷权，很多辩护律师不敢把案卷材料给被告人看。我个人的理解，公诉案件是国家对公民的指控，被告人处于弱势地位，如果再不让被告人对指控的内容和指控的证据有充分的了解，就无法充分保障被告人的辩护权。退而言之，既然所有指控被告人的证据都要在法庭上向被告人出示、让其质证，就说明被告人有知悉证据的权利。如果法律程序保证辩护律师的阅卷权，辩护律师的辩护权是基于被告人的委托产生的，被告人当然也应该具有阅卷权。在司法实务中，各地法院掌握的尺度也不一样，有的法院会安排被告人阅卷，有的法院则禁止被告人阅卷。作为辩护律师，要向法院申请给被告人阅卷的机会，试探法院对这个问题的态度。如果法院安排被告人阅卷最好，即使不安排阅卷，也会和律师沟通一个向被告人开放信息的尺度。这样，辩护律师就可以在适度的范围内选择合适的方式与被告人沟通案卷信息，避免不必要的风险。

在举证、质证过程中，还要理顺举证思路。对于案卷量大、案情复杂的案件，在庭审之前，辩护律师应尽可能地通过法院与公诉人沟通，取得公诉人的举证提纲，根据举证提纲准备庭审质证，这样可以有条不紊、有的放矢。否则，在浩繁的案卷材料中，公诉人举证时可能会把某些证据重新排列顺序后向法庭出示，辩护人要在庭审过程中的短暂间隙内找到这些证据并核实宣读内容是否一致，再组织反驳，时间上可能来不及。如果公诉人不提供举证提纲，辩护人要事先对这些证据按照指控的事实分门别类地组织分析，烂熟于心，并且把有利于被告人的关键证据单拿出来备用。这样在法庭上，仅凭记忆和手头准备的关键证据，也可以充分应对公诉人的举证内容。

当一方举证时，庭审中往往是举证一方说清楚证据来源、证据名称、证据内容和拟证明的事实后，对方进行质证。面对对方的猛烈攻击，如果举证方没有反应，继续进行下面的举证，效果会很不好。通常情况下，如果质证方对所举证据提出了尖锐的质证意见，举证方应当积极参与辩论，至少要对质证方提出的质疑作出合理的解释。对于关键证据，一定要充分展开辩论。《人民法院办理刑事案件第一审普通程序法庭调查规程（试行）》第29条第2款规定："对于案件中可能影响定罪量刑的事实、证据存在疑问，控辩双方没有提及的，审判长应当引导控辩双方发表质证意见，并依法调查核实。"第31条第1款规定："对于可能影响定罪量刑的关键证据和控辩双方存在争议的证据，一般应当单独举证、质证，充分听取质证意见。"可见，法庭是鼓励充分质证、充分辩论的，关键是说到点上，不要担心自己说得不合时宜，要大胆辩论、充分论证。

法庭质证中，常常夹杂着法庭辩论，控辩双方往往在不知不觉中就激烈对抗起来。辩护人的发言有可能会被打断，比如可能辩护人的发言时间太长，让人听不明白。这种情况在法庭辩论阶段、发表第一轮辩论意见时常常会出现。发言之前，建议辩护人给听者一个预期，明确这个问题讲几点，法官能知道辩护人要说的大概内容，如果还能讲述得条理清晰，一般不会被打断。在法庭上，辩护人和公诉人辩论火爆的局面当然更多。我建议辩护人在法庭上要就事说事、就证据说证据、就法律说法律，不要人身攻击，不要说情绪性的话，这对公正处理案件没有帮助。即使公诉人不冷静、不理智，辩护人也应该把议题拉开，从更宽广的层面、更宏大的格局去分析问题、讨论问题。情绪化的公诉人和律师，无论如何逞口舌之快，其话语的分量都会变得更轻，有理有据、思维缜密、论证深刻、把握分寸的表达才更能说服人，更能赢得尊重。

（六）辩护人举证

关于辩护人举证，我看了很多庭审，感觉辩护律师在举证这块整体做得都比较差，在举证程序的把握、举证方法技巧、举证文书的表达方面和公诉人相比，远没有公诉人娴熟。可能的原因是作为刑事案件的辩护律师，收集证据受到一定限制，自己收集的证据太少，所以在法庭上举证时不能系统整理、规范表达。辩护律师在法庭上使用更多的是控方证据，案卷里有多少对被告人有利的证据就利用多少，而不是努力构建有利于被告人的证据体系。这种做法也不能完全说是错的，辩护律师往往不需要构建一个完整的证明体系或证据链条，只要把控方的证据链条打乱了，公诉人指控被告人的证据无法形成完整的证据链，就属于证据不足、疑罪从无，辩护就算成功了。但我的理解是，刑事辩护律师还是应当向民商事律师学习，无论是整理案卷证据还是收集证据，都要有完备的书面表达。现在的刑事辩护困难重重，尽管法律规定了疑罪从无原则，但事实上，如果不构建一个完全不同于起诉书指控事实的证据体系，很难说服法官按照疑罪从无的原则作出判决。而这一大堆证据，需要系统整理、严密论证、准确表达，需要一份优秀的文本载体。这方面，民商事诉讼律师普遍比刑事辩护律师做得好，尤其是法律文书的写作。我带过多个助理和学生，反复向他们强调，要拿出非诉律师的写作水平写辩护词，拿出商事诉讼律师的水平整理证据，拿出牧师的口才去说服法官。

（七）法庭辩论

法庭辩论是刑事案件庭审的高潮。一个优秀的法庭辩论，需要做如下工作：第一，和被告人进行良好的沟通。我特别强调和被告人的沟通，被告人是律师在法庭上的"另一张嘴"。律师在开庭前要和被告人沟通辩护思路，双方应当对辩护观点、辩护策略达成一致，形成默契配合。在庭审过程中，辩护律师不要和被告人抢风头，要让被告人充分表达，尊重被告人的发言权，这毕竟是被告人的大事，涉及被告人的生死和自由。我们在办案过程中遇到的很多被告人，其智商、阅历和学识远远超过律师，有时候被告人在法庭上讲完，律师再讲，感觉被告人更像律师。即使被告人在法庭上讲不出什么，也不要让被告人感觉是律师不让他说话，被告人才是当事人、亲历者。有的被告人什么都不说，只说让律师帮助发表辩论意见，这也不是太好的配合。好的配合是对被告人在庭审之前进行充分的训练，让他知道在法庭上每一个环节该讲哪些话，一定要告诉他怎么表达。对被告人的良好的印象也可能会影响法官的判断和量刑。

律师进行法庭辩论，每一轮的时间都不要太长，也不要太短。除了特别简单的案件，否则，发言时间最好控制在20分钟到50分钟之间。演讲太短，会让人感觉律师不负责任。从演讲本身来说，如果辩论意见几分钟就讲完了，这么短的时间很难营造话语气场。我们听演讲，一开始都是从不接受到接受，再到被深深吸引，如果辩论意见只有几分钟，很难完成这个过程，说服效果也会打折扣。律师要尽可能在10分钟内形成自己的气场，把法庭作为自己的主场。如果讲得太长也不好，一般情况下演讲超过一个小时，很多人就困了、累了、听不进去了。我建议演讲时间一般控制在50分钟内，差不多一节课的时间，这是一般人注意力的限度。丹诺大律师法庭辩护曾经讲了一个星期，确实很有才华，最后两天整个小镇都不工作了，天天听他演讲，我们一般人做不到，法庭也不会给我们那么大的空间。

辩论用语一定要简明扼要、口语化，让每个人都能听懂，要说透彻。辩护词可以写得很厚、很文艺，但法庭上的语言表达一定要简明扼要，要口语化，要在1个小时内说完。如果案情非常复杂，我通常会作这样的安排：发表辩护意见之初，就明白说出自己的基本辩护观点，从几个方面论证，总体发言时间大概需要多少分钟。这样即使说的时间长一点，大家也容易听明白我讲的内容,对我的演讲有整体的掌控感。尤其是在有多个被告人、多个辩护律师,连续多日开庭,法官较为疲惫的时候,辩护人更要见机行事,一语中的,切中要害。如果发言时间比较长,一定要和法官讲清楚需要多长时间,20分钟还是30分钟,让法官有掌控感,法官在这个时间内一般不会打断你。如果情况特殊,也建议和法官提前就发言时间进行沟通。另外,发表辩护意见要观察各方反应,辩护意见不是说给你的当事人听,也不是说给旁听群众听,也不是和公诉人对着干,而是要说给法官听,要看着法官讲。

法庭辩论通常有两轮机会。辩护人第一轮发言的重点是针对起诉书讲辩方观点,重点是立论,被告人如何无罪、罪轻等。有的辩护人基本上就是读辩护词,对公诉人发表的公诉词不予回应。第一轮,我建议要对公诉词进行反驳,并且一定要脱稿演讲,不能读辩护词,照本宣科了无生趣,实在不能叫辩论。我们办案一定是这样的,有主要观点和几个核心点,还有很多细节。第一次发表辩护意见时,不要讲到细节,讲主要观点和论证理由就行了,一开始就陷入细节里,往往让听者不知所云,重点会被淹没。第二轮发表辩论意见的时候,要针对公诉人在法庭上的核心错误观点按住猛打。第二轮辩论时一定要勇猛地攻击,攻其要害,抓住逻辑错误、事实错误、法律错误猛攻,不要攻击那些鸡毛蒜皮的事情。同时,根据公诉人的重点攻击展开充分论述,这时候可以谈细节,但谈细节一定要条理清楚、层次分明,用细节来进一步丰富自己的论点,要让人感觉观点明确、思路清晰、论述深刻,每一句话都言之有物、言之有据。这才是好的辩论。

（八）最后陈述

被告人的最后陈述，是在庭审接近尾声时，被告人作的最后告白。通常一两句话，表明态度就行了，很多人都不重视这部分的研究。但对于被告人的最后陈述，我主张要因人而异，因案情而异。如果被告人有极强的表达能力，确实才华横溢，一定要鼓励他去表达，越优秀的人表达欲望越强烈，此时律师不但不应压制他，还应积极给他发言创造机会。最后陈述的时候，可以让被告人离开案件事实，讲他本人是怎样的一个好人。如果这部分能作出一个动情的精彩表达，可能会对案情产生积极影响。如果被告人不善于表达，就不要拖泥带水，一句话，有罪就诚恳忏悔，无罪就坚决"喊冤"。

第 7 讲　庭审中如何进行交叉询问

主讲｜许身健[①]

整理｜肖霞娟[②]

北京市炜衡律师事务所开设刑辩训练营，旨在培养刑辩新人，这个训练营做得非常完美、非常到位。我作为实践教学、诊所教育的实践者，对此表示大力支持，也很高兴受邀来为同学们讲课。

我看此前讲座多是围绕刑辩理论，我今天主要讲授一项刑辩技能，就是交叉询问技能。刑事辩护对律师来讲最富有挑战性，交叉询问的能力又是刑辩律师的核心能力。我学刑事诉讼法，里面有一句话说："交叉询问是发现事实真相的最佳工具。"另外我和其他老师的讲授方法不一样，是通过实践教学的方法来帮助大家掌握交叉询问技能。相信各位同学和律师对实践教学都有各自的认识，我认为掌握技能的最佳方式就是通过演练，"做中学"。

为什么说交叉询问的能力是刑辩律师的核心能力？我们要把交叉询问

[①] 许身健，中国政法大学教授、法律硕士学院院长。
[②] 肖霞娟，北京市炜衡律师事务所律师。

第 7 讲 庭审中如何进行交叉询问

放到整个庭审过程中去看，放到法律论辩中去看。什么是法律论辩技能？法律论辩技能就是说服的法律职业技能，那怎样有效地说服，为什么要说服？这是我们考虑的一个问题。日本进行庭审改革以后，日本律师协会、日本辩护律师联合会出了一本书叫《法律辩护技术》，书中讲到东亚社会的法律人有一种对书面材料的迷恋，审判方式的改革，就是要把写给你看的审判，变成说给你听、拿给你看的审判。

大家可以想一想，我们现在的审判基本上是双方在法庭上低头念书面材料，这是法庭常见的痼疾、顽症。如果审判变成一种走形式的审判，庭审还有什么意义呢？法官事先接触案件材料，内心已经形成定见，开庭只是核实一些他认为需要核实的问题。那么律师说那么多，还有什么用？反正你辩你的，我判我的。所以，有些人很难理解，为什么庭审中被告人已经认罪了，还要花很多司法资源去进行审理。当然，如果把审判当作一种实质化的真正审判，则另当别论，审判就应该把有限的司法资源用到应该用的地方。

那中国有交叉询问吗？法律并没有规定交叉询问，这里我说的是方法。中国倡导审判方式改革，以庭审为中心，言词审理。今天我给大家讲课，如果只是埋头念讲义，你们肯定不喜欢听，所以我今天讲了多少要义不重要，重要的是大家能够在做中学，掌握有关方法，举一反三。

交叉询问在美国庭审中运用广泛，美国庭审过程依次按照开场陈述、询问己方证人、询问对方证人的交叉询问、结案陈词等程序来展开，为了方便后续教学，我在这里简要介绍一下。

第一，开场陈述是什么，为什么要作开场陈述？开场陈述就是介绍案件纲要，让裁判者了解这是一个什么案件。有一个理论叫案件理论，大家是否玩过拼图玩具，做拼图的时候里面有一张图，用碎片拼成图，图就是案件理论，拼是一个过程。当然任何一个案件都不可能上来就给你一张图，刑辩律师的核心竞争力，就是要构想出一个案件理论，辩护就是让法官接受你的案件理论。同样地，控方也有自己的案件理论。还有一个理论是当事人理论，让裁判者知道当事人是个什么样的人。律师要通过证据、事实，证明当事人、委托人是个什么样的人。检察官、控方也要证实他自己的当事人：罪大恶极、手段残忍。开场陈述也就是介绍这两个理论，作为律师应当掌握。

第二，开场陈述后面是询问己方证人。我们知道在刑事诉讼中，任何人不得被强迫自证其罪，所以被告人也是一个证人，根据美国证据法就是广义的证人。被告人是刑辩律师一方的证人，询问己方证人，就不能问诱导式的问题。所谓诱导式的问题就是隐含答案为 yes 或 no 的问题。所谓开放性的问题，是"几个 W"的问题：what、how、when、where。通过问这样的问题，唤起一方证人的记忆。比如律师代理一方被家暴的案件，问王女士："你老公是不是打到你住院了？是不是造成你轻微的脑震荡？是不是骂了你？"按照国外庭审规则，必须按照"几个 W"进行提问，演示如下：

问：王女士，情人节晚上 7 点发生了什么？

答：为老公准备了一桌饭。

问：什么饭？

答：满汉全席。

问：花了多长时间？

答：花了一整天。

问：汤呢？

答：汤我煲了三天。

问：7点半发生了什么？

答：我老公不回来，我非常着急。

问：你做了什么？

答：我打了电话。

问：电话里怎么说的？

答：老公，今天是情人节，你快回来吧！

问：你老公怎么说的？

答：我老公说烦死了，真烦人。

问：9点发生了什么？

答：又打电话。

问：他回你电话了吗？

答：没有，给我挂了。

问：你老公什么时候回来的？

答：夜里2点半。

问：他说了什么？

答：你这个不要脸的，打什么电话，让我没有脸面？

问：他做了什么？

答：他踢了我一脚。

问：然后呢？

答：打了我的鼻子。

问：你鼻子怎么样了？

答：骨折了。

问：你老公送你去医院了没有？

答：没有。

问：另外，那天是什么日子？

答：那天是我俩结婚15年的日子。

我演示的这个问答，你们脑子里肯定有生动的印象，裁判者又会是什么印象，这是不言而喻的。当然怎么设计问题，如何步步为营，让大家脑子里马上构想出这样一个画面，这就是律师的工作，律师的重要作用就是做到"说服"。

第三，最后一步是结案陈词，证实案件理论是成立的，斩钉截铁地要求裁判者作出裁判。

交叉询问其实很简单，我这里准备了140多张PPT，能讲到晚上12点，天花乱坠但没有实际作用。虽然看上去很过瘾，但没有真正学会，而且关键是课堂不是让你们"看戏"的，而是以你们为主。所以我们今天主要不是老师讲授，而是同学们在"做中学"，把同学们放在真实环境中演练、学习。

由于时间限制，我们按照两个案件理论分析今天的教学案例：申请人一方，王萍，是活泼的女孩，喜欢谈笑；被申请人一方，汉密尔顿，公司经理，解雇了王萍。

王萍认为，她被解雇的原因是她多次拒绝性骚扰，汉密尔顿利用职权公报私仇。王萍说汉密尔顿送她回家的时候亲过嘴、摸过腿，还给她送过内衣，也就是说，汉密尔顿对她垂涎三尺，采取这样的性骚扰行为。

汉密尔顿一方则对上述事实有另一种解读，称王萍所说的性骚扰是彻头彻尾的性幻想，王萍的热情不是用于工作，而是卖弄风情。汉密尔顿作为老板，离婚多年独身至今，说明他一心扑到工作上；他看到王萍工作不见起色，忧在心里，令她改正；为了鼓励王萍，以父辈对女儿的关爱送她内衣，当然现在看来不太合适。至于亲到嘴唇是因为光线黑暗，碰到腿是不小心，因为在众人面前有意触碰王萍的腿是不可能的，也是极为愚蠢的。如果汉密尔顿真的是报复王萍，为什么王萍一开始没有投诉呢？

这是两个理论，你们就按照这两个理论进行对抗。中国法学教育总讲证据的真实性、合法性和关联性，但没有考虑到，双方都认可的证据可以同时讲几个不同的故事。所以控制对方证人非常重要，因为他对你不友好，所以提问的时候必须要用"yes or no"把他（她）控制住，防止脱逃。还以上面列举的家暴案件为例，如果老婆指控老公家暴，老公的律师问老婆这样的问题："王女士，你说说为什么指控你老公，为什么说你老公如何如何……""2月14日是我和老公的纪念日，为他准备了一桌饭……"作为对方律师问王女士开放性问题简直是自掘坟墓，所以只能问"yes or no"，不要给她提供炮弹。

另外，交叉询问要问一些细节，通过烘托气氛让裁判者关注整个画面，整个证明过程很有意思。比如刚才所讲的案件理论，汉密尔顿对王萍进行亲嘴、摸腿、送内衣等行为，问很多细节也是为了烘托气氛。画工笔画要一层一层地涂，涂得越多越有立体感、效果越好。其实庭审过程也是一个慢慢涂抹的过程，一层一层地描，描得越多气氛越浓厚，越有感染力，越有冲击力。如果上来就问："汉密尔顿你摸了腿没有？""摸了。""亲了嘴没有？""亲了。""送内衣没有？""送了。""我的问题完了。"以上就只是"干货"，但没有赋予鲜活的表现力，不给"干货"加点水,"干货"就膨胀不起来。

我们的演练方法是,两个同学,一个扮演证人,一个扮演汉密尔顿或王萍的律师,交叉询问就是问对方的证人。针对某一个判断,这不是让你去演戏,表现得多么完美,而是在"做"的过程中,我通过点评让大家反思反馈、掌握体会。交叉询问的目的就是消除证人直接证言的不利影响,获取有利于交叉询问的信息,降低证人的可信度。

演练完以后,扮演律师的同学要自我点评,首先要对自己进行鼓励,要肯定自己,然后再说一说自己需要改进的地方。扮演证人的同学,讲讲律师哪儿做得好、鼓励他,再提一两点改进意见,这就叫团队精神,鼓励同伴。最后老师来点评,今天主角是你们,老师只是来指导的。

主办方已经事先将同学们分过组了,现在第一组出一个律师,第二组出一个证人。

(第一组演练)

律师:控方证人,我问你,你知道汉密尔顿送给王萍一件礼物吗?

证人:我知道。

律师:你知道这份礼物的内容是什么吗?

证人:知道。

律师:是什么?

证人:是女士的黑色内衣。

律师:所以你并没有亲眼看到汉密尔顿送给王萍礼物的过程,是吗?

证人:我是从玻璃窗里,看到汉密尔顿手上拿了一个礼物给王萍。

律师:具体礼物你亲眼看到了吗?

证人：是从玻璃窗里看到他拿了一个礼物。

律师：你亲眼看到汉密尔顿送给王萍礼物的时候，把礼物打开，而且那个礼物就是证物本身吗？

证人：没有。

律师：没有看到，你什么时候知道汉密尔顿送给王萍的礼物是内衣？是王萍从汉密尔顿的办公室出来之后？

证人：不是，是回家路上。

律师：所以你没有看到汉密尔顿送给王萍的礼物是一件内衣？

证人：你先听我说完，她从汉密尔顿的办公室出来以后，我们结伴回家，她在路上告诉我说，汉密尔顿送给她一个礼物，她打开，然后我才看到是一件女士内衣。

律师：所以你没有亲眼看到汉密尔顿送给王萍一件内衣？

证人：没有。

（演练完毕，进入评议环节）

许身健：律师，你哪里做得好？

律师：做得好的地方，就是引导控方证人承认她没有亲眼看到送内衣。做得不好的地方，就是导致证人的回答很分散。

许身健：你为什么让着对方？

律师：她可能记错了。

许身健：其实能够控制的地方，看你问什么问题。比如："你是不是男人？""是啊，还用说啊？"如果问开放性的问题，比如"你是一个什么样的女人？""我很小资。"关键看你问什么问题。

律师： 是不是应该换成这个问题：你是在王萍出来之后就知道是女士内衣，还是在回家路上知道是女士内衣？

许身健： 证人，你觉得他做得如何？

证人： 他应该有更多的时间准备。

许身健： 你要先表扬律师，觉得他哪里做得好？

证人： 我觉得开放式空间那个。

许身健： 在座的各位同学有什么点评，认为谁做得好，有没有什么需要改进的地方？

现场提问： 我有一个疑问，证人从玻璃窗里看到汉密尔顿把礼物送给王萍，后来她们一起回家打开礼物是黑色内衣，难道不能说明这个礼物就是黑色内衣吗，为什么还说她没有亲眼看到呢？

律师： 礼物是可以包装的，里面的东西是看不到的，而且又是过了几个小时才打开被证人看到，存在被调换的可能。

许身健： 这位同学问得非常好，别忘了，用什么样的问题去构造事实，效果是不一样的。比如，我问彭律师，你有多长时间没打过老婆了？

彭逸轩： 我从来没打过老婆。

许身健： 他非常聪明，知道我问得不怀好意。但如果他回答："我好几年没有打老婆。"那么潜台词就是，你以前是不是打过老婆。我觉得问题之间的逻辑顺序非常重要。要相信，不是每个裁判者都是法学家，他们的认知可能和法学家之间存在一定差异，要按照平均水准去说服别人。为什么看美国的法庭片要揣摩每一个陪审员，要知道他有什么样的心态。如果他对你不友好，别人认为这个陪审员没问题，但是你认为这个陪审员不行，这就是识人。同样的话，要想一想通过这样的问题，究竟能不能说服别人。

这位扮演律师的同学表现比较好，一是第一个站起来，勇气可嘉；二是攻击点非常集中、聚焦，讲了非常关键的问题，送的内衣是不是这个。他认为这是比较重要的问题。需要改进的地方是，扮演律师的同学要明确确认一点，交叉询问是"yes or no"，要控制证人，但你给了证人好多机会，让她有空间不断地发挥，事实上，让她回答是或者不是就已经达到效果了，不能让证人有机会反扑、形成挑衅。比如律师问的"内容是什么""什么时候"，就有点类似开放式的问题了。如果是针对汉密尔顿的话，就问"是不是送礼物了""是不是内衣""是不是黑色的"，只能让对方回答是或不是。总的来说还是不错的，谢谢你们二位，期待下面同学的表现。

（第二组演练）

律师：王萍，你是不是5月16日到公司上班的？

证人：是的。

律师：周一有没有收到一份书面意见书？

证人：有。

律师：为什么？

证人：因为我工作不积极。

律师：6月11日是不是又收到一份书面意见书。

证人：对。

律师：这次是因为什么？

证人：因为我迟到了。

律师：迟到多久了？

证人：十分钟。因为公交车抛锚才迟到。公交车也不是我让它抛锚的。

律师：6月27日你是不是又收到一份书面意见书？

证人：对。

律师：这次是为什么？

证人：也是因为我迟到了，说我衣着不整洁，但那次是因为和老板谈话才导致迟到。

律师：你刚才说衣着不整洁，你平时穿什么衣服上班？

证人：因为公司对员工的着装没有特别要求，我一般都和大家穿得差不多，牛仔裤、T恤。

律师：你不是和大家穿得差不多，大家都很热衷于评论你的着装。

证人：公司没有说不让穿这样的衣服。

律师：但是你穿的衣服已经超越常规了，在公司内部造成一些影响，员工工作会因为这个受到影响。

证人：他受到影响了吗？

律师：受到了。

证人：受到什么样的影响？

律师：我接着发问，6月30日你是否收到一份终止劳动合同的协议？

证人：对。

律师：这次是因为什么？

证人：总体而言对我的评价。

律师：总体而言是什么评价？

证人：老板觉得我迟到。

律师：你迟到几次？

证人：也就两次。

律师：两次，还有别的吗？

证人：我有一次迟到是因为老板找我谈话，我没有来得及。

律师：你迟到两次，一次是因为闹钟的问题。

证人：对。

律师：你妈没有叫你起床，第二次因为公交车抛锚迟到十分钟。后面领班觉得你几次着装比较不正规，引起员工私底下讨论？

证人：也就两次。

律师：你已经承认有两次了，你自己工作效率比较低下，完成不了工作。

证人：我基本完成了工作。

律师：公司一般一天休息两次，一共30分钟，一次是15分钟。你一次一般休息多久？

证人：我一般不超过20分钟。

律师：也就是可能超过15分钟？

证人：周围的人也都是这样。

律师：是不是有超过15分钟？

证人：对。

（演练完毕进入评议环节）

许身健：律师，你自己觉得哪里做得好？

律师：我意识到自己开始对局面失去控制的时候，就转移方向了。

许身健：应变能力比较强。

律师：我意识到自己对局面失去控制，她开始打乱我，这是不对的。

许身健：不是你不够聪明，是王萍太狡猾。

律师：我们都很优秀，因为我们是一批人。

许身健：非常自信，彪悍的人生都很自信。你除了应变能力比较强以外，哪里做得比较好？

律师：我自己之前不想这样设问。但我刚刚听了老师您讲，yes or no，把局面控制住，我就重新设计了一下自己的方案。

许身健：还是应变能力比较强，马上就改了，按照时间顺序来提问，逻辑比较清晰。我们不要假设每一个人的头脑都比较清楚。有本书叫《金字塔原理》，可以看一下，讲了如何有效地说服论证，说话、讲演、写论文，都要符合这个原则。那除了整个提问按照时间顺序，很有逻辑以外，你还有哪些其他做得好的地方呢？

律师：其他做得好的地方，就是也给了对方一些反应时间，不能让她太尴尬。

许身健：我理解了，你还是怜香惜玉。那改进的地方呢？

律师：自己不是很成熟，在问的过程中，有时会失去方向，忘记自己本来的目的。

许身健：你忘记了初心。王萍，你觉得他哪里做得比较好？

证人：我觉得他做得好的地方，是他抓住了对方的痛点提问，首先是确认证人违纪的原因，还有证人的着装确实有做得不对的地方，而且时间和逻辑也非常有序。我觉得他有的时候针对某一点，在证人回答之后继续往下追问，追问的过程中，反而给证人辩解的空间。有些点到为止，没有追问太深，下一个点再接着问证人。

许身健：说得很好。

证人：我自我总结，我们没有事先商量好，有些事实的细节我不太记得，比如第几次迟到违规。

许身健：证人是不能受训练的，但是律师至少要让证人了解案情。私下来讲，我相信对证人应该是有训练的，比如肯定要讲一讲对方会怎么问你，你有什么要注意的。另外证人看上去要特别诚实，回答问题不能对答如流，想一想，掉一掉眼泪等。要是证人学会抢答了，一看就受过训练；证人号啕大哭，一看就失去了理智，这些都是学问。

当然对律师来说，也不能穷追猛打。证人毕业时间不长，穿着稍微有点不合适，汉密尔顿又送内衣，又上下其手。对证人使劲提问，这种做法，在裁判者看来反而不好。不能痛下杀手，而要注意分寸。过分凶悍无礼，反正达不到效果，重要的是达到说服的效果。

律师做得好的地方就是，经过上几轮演练，学习比较快。一个是按照时间顺序提问，另一个是及时总结，比如迟到了几次，效率是不是比较低。像写一篇文章一样，论证的每一个东西都要总结，如这一节说的是迟到的问题，综上王萍迟到三次，接到三份意见书，效率比较低下，这不是一个好员工，所以开除是正当的，这就是一篇文章。

我觉得改进的地方在于，证人还是受害者的心态，强调我没有错。但事情是，本来让你跑，你不跑，你还跟着他；让你快跑，你不跑，只是说"求求你不要再打我"。能明白这种区别吗？你应该反击。律师问的这几个问题对一些细节抓得不够，我们之前强调细节、对细节进行深描。总的来讲，两位相当不错了，谢谢你们。

（第三组演练）

律师：对方证人你好，请先介绍一下自己。

证人：我是陈鹏，是公司的领班。

律师：你和王萍怎么认识的？

证人：王萍是经人介绍来公司上班后认识的。

律师：王萍收到的三份意见书，都是你出具的？

证人：都是我出具。

律师：三次分别是什么理由？

证人：第一次是因为效率低、休息时间较长。第二次和第三次是因为迟到。

律师：第一次效率低下，公司有具体的规定说效率低下到什么程度可以出具意见书吗？

证人：一般来说，她的效率低于工作水平，我们判断她效率低下。

律师：其他证人的证词说她与别的员工没有大的区别，你为什么认为她效率低下？

证人：嗯？

律师：好，下一个问题。第二份、第三份意见书都是关于迟到问题，公司有说迟到几次可以解雇吗？

证人：三次。

律师：她仅仅迟到了两次？

证人：她被解雇的原因不仅仅是迟到，还有效率低下以及着装不合适。

律师：公司员工在试用期内因迟到而没转正，她是唯一一个吗？

证人：她是唯一一个，难道我们就不能这样做吗？

律师：我差不多问完了。

（演练完毕进入评议环节）

许身健：律师，你哪里做得比较好？

律师：我没有什么做得比较好的，我觉得证人做得比较好。

许身健：大家要学会自我表扬、要肯定自己，哪里做得比较好？

律师：我对汉密尔顿的发问准备得更充分一些。很难从陈鹏的证言里找出对我方有利的要点，他的证言十分决绝。我想了半天，就想到这个，想把他往坑里拖，但他很机智，没有被我拖到坑里。

许身健：给你自我表扬的机会，你却表扬别人，你得先表扬自己。

律师：我之前有准备。

许身健：一方面是准备，准备庭审越充分越好。另外一方面，不太容易抓到点，越是不容易抓到的点，越证明做得比较好，无限风光在险峰。你从这当中挖掘出一个点，就是做得比较好。值得改进的地方呢？

律师：我提出的问题应该只需回答是或者不是就可以了，但我问"是不是唯一一次解雇"，给了对方反驳的空间，他说唯一一个不代表不可以这样做。

许身健：关键还是在于你设计什么问题，问题非常重要，可以获得信息。同样开放式的问题，比如两个人不认识，可以直接做一个游戏，相互问五个问题，再用获得的信息来介绍彼此。这样的练习能够反映你们获得信息、输出信息的能力。你要介绍对方，你的目标是什么，怎样设计问题，相互之间有什么联系。比如我问"你是男人吗"，这个问题没有回答的意义，可以换成"你描述一下你是一个什么样的人""你有什么爱好"。

律师：这是可以发挥的问题。

许身健：对，一经发挥就能说出很多东西，比如"你喜欢什么颜色""你是哪一个星座"。因为这个东西比较玄妙，能说很多。反之，我问你"是不是一月出生""是不是五月出生"。可能问你的五个问题就浪费了，最后问了半天也没问出什么信息。比如我让你介绍一下基本情况，但对基本情况的理解又不一样，不再展开。还有一个注意要点，庭审上是文明人的游戏，既要把对方套住，又不要和他争辩，上一个同学也有类似问题。另外问开放式的问题，以什么理由辞退王萍，回答了效率低、迟到、着装不合适。

律师：我觉得这些是事实。

许身健：即使是事实，你也不要这样问，说话的方式非常重要。我为什么先让大家说做得好的地方呢？因为先说好的地方，后面再给别人提出建议，别人听得进去，这种交流方式比较好。你和对方争辩，裁判者看了肯定认为律师没有风度，也达不到效果。另外一个问题就是要应变，比如我记得关于工作效率比较低下的问题，证人有所犹豫、答不上来的时候，你要马上转入下一个问题，不要迫不及待地穷追猛打。这个时候还有裁判者，只要规则允许，我们可以问各种各样的问题，前面很多问题好像有点回避，像拳击一样，先让他一句，让他降低防守。我刚才讲了，整个的攻防是这样，要用连环的问题，烘托气氛。我们现在模拟时特别想完成自己的任务，但不要忘记你的目标是要控制证人，通过停顿、与别人的眼神交流，暴露他是不可信的、撒谎的。

当然你们两位做得也非常好，谢谢。

（第四组演练）

律师： 您好，请先简单自我介绍一下。

证人： 我是李曼玉，是2004年进入这个公司工作的。陈鹏是我的直接上司，我们车间的经理是汉密尔顿。

律师： 从2004年到2008年这四年间，你一直在公司工作，对公司规章制度、上司满意吗？

证人： 比较满意。

律师： 你和王萍的关系怎么样？

证人： 关系一直很好，我们从高中开始就在一起。

律师： 王萍是经你介绍到公司来的吗？

证人： 对。

律师： 你知道王萍收到公司三次意见书的处罚吗？

证人： 我知道。

律师： 你知道她每次受到处罚的原因吗？

证人： 我通过别人知道，她是工作效率低下，不能完成流水线的工作。

律师： 意见书写道王萍有两次迟到、工作效率低下、工作时间不够长。这三个方面是否会导致她被公司辞退？

证人： 具体我不清楚，但据我所知，王萍在工作中的表现和其他人并没有太大差距。

律师： 如果没有差距，公司的人是否经常迟到？

证人： 这个我不知道，但她确实是唯一一个在试用期内因为被开具意见书辞退的。

律师：王萍在工作期间因为着装打扮受到过两次批评，你知道吗？

证人：对。

律师：作为王萍的朋友，你有没有提醒过王萍上班的时候要注意着装？

证人：我没有提醒她，因为我们公司对员工的着装没有硬性要求，大家都是这样穿着。

律师：我在你的证言里看到，有一次王萍的T恤衫湿透了，你有没有提醒她回去换衣服？

证人：我当时有告诉她。

律师：她有没有跟你讲，"如果让汉密尔顿见到我这样，可能还升职"？

证人：她有说过这句话，我觉得她当时只是开玩笑。

律师：如果一个员工因为经常迟到或者着装问题屡教不改，被公司辞退合适吗？

证人：我觉得她的行为没有完全遵守公司的规定，但这个严重程度还不至于被公司处分。

律师：你们公司规章制度是否规定，收到三次意见书将被辞退？

证人：没有明确的要求。

律师：还有一个问题，你们公司所有的决定是否均由陈鹏作出，然后报汉密尔顿批准？

证人：陈鹏是直接负责的，他向汉密尔顿汇报。

律师：辞退决定是陈鹏作出，汉密尔顿批准吗？

证人：具体我不清楚。

（演练结束进入评议阶段）

许身健： 律师还是先表扬一下自己吧。

律师： 我通过前面几个问题，证明她与王萍之间的关系比较密切；她在公司工作这么长时间，说明公司内部管理应该是比较规范的；至于王萍穿着打扮的问题，王萍在别人提醒她之后，还是按照自己的意愿，一直追求自己的个性。

许身健： 律师的逻辑特别地清晰，有这样的目标，去设计各种各样的问题。总的来讲，他做得比较好的，是整体上比较理性、不温不火。除了刚才说得比较清晰，叙事方式也比较好，特别是一开始的时候比较简明，是不是比较满意、关系怎样、三个意见书、原因，每个问题短而有力。另外，他也能活学活用，比如打扮着装问题，现场说的和当时的证言不一样，说明她有掩饰、不可信，这个地方用得也是比较好的。你觉得需要改进的地方呢？

律师： 紧张。

许身健： 紧张没有关系，适度的紧张有利于发挥。我觉得还不错，另外你可以通过问题，说明王萍这个人不太正派："你是不是告诉她了？""告诉她了，她怎么说的？"说明王萍这个人作风不检点，而且很有心机。千万别直接说她很有心机，要通过问问题进行说明。律师已经做得很好了，不点出来，通过问题：是不是迟到、是不是屡教不改，通过这些现象披露王萍的为人，证明她被开除非常正常。证人你觉得呢？

证人： 我们提前对了一下，但是他临场的问题，完全没按照之前的准备来。他临场发挥的时候，有逻辑层次。而且他问的问题很细，比如王萍说穿一件湿衣服，如果汉密尔顿看到会有升职的机会。他当场问这种问题，第三方自己就会判断王萍是什么样的人，而不是像双方证词里面说的，没有那么强的主观性。

许身健：改进的地方呢？

证人：改进的地方，我觉得留给我很多说话的时间。

许身健：比如说？

证人：很多问题我只要回答是或者不是，说得太多就不好。

许身健：不错，谢谢。

（第五组演练）

律师：请介绍一下自己。

证人：我叫王萍，是这个公司的员工，前一段时间我被公司开除了。

律师：我和您确认几个问题。第一个问题，陈鹏生日的时候，汉密尔顿先生把手放在你的膝盖上长达一两分钟时间，这段时间之内你没有拍开他的手或者对他说"不"这个字？

证人：嗯。

律师：第二个问题，当天晚上汉密尔顿先生送您回家到公寓楼下，他亲吻了你，你也没有把他直接推开？

证人：嗯。

律师：第三个问题，汉密尔顿送给你一件黑色的内衣，你没有把黑色内衣退还给他。

证人：嗯。

律师：根据你的朋友李曼玉的证言，你在衣服被打湿之后，对李曼玉说，如果汉密尔顿先生看到我这个样子，他一定会开心，有这件事吗？

证人：我不太记得说过这样的话。

律师：这件事情可以等李曼玉确认。下一个问题，曾经汉密尔顿先生的生日快到的时候，你单独去他办公室祝他生日快乐？

证人：对。

律师：第六个问题，汉密尔顿先生去车间检查工作时，你们经常聊天？

证人：都是工作上的事情。

律师：经常在一起聊天，不管内容是什么。曾经有一次汉密尔顿想送你下班回家，这个时候有一位异性来了，汉密尔顿先生询问这是不是你的男朋友，不管事实怎么样，你没有告诉他，这位是你男朋友？

证人：他是我的男性朋友。

律师：你可以以这个为借口，提供相反的信息。综上我们可以看出来，你对汉密尔顿的态度是比较暧昧的。我还有一组问题，你的领班陈鹏先生开出许多书面意见，并不是汉密尔顿开出的？

证人：对。

律师：书面意见上面有员工意见一栏，你都没有写任何反对意见？

证人：对。

律师：听说你这段时间去医院做了一个鉴定诊断，结果是轻度抑郁症。你的朋友李曼玉说你在这段时间有点咋咋呼呼，精神上敏感？

证人：是有一点不对。

律师：我们也看出来王萍女士在这段时间内，很有可能存在精神臆想情节，由于工作压力比较大，比较容易产生焦虑。我的问题结束。

(演练结束进入评议阶段)

许身健： 律师，你有什么做得比较好的点？

律师： 第一，我基本上把回答锁定在一个比较狭窄的空间，就是肯定和否定。第二，我把问题分成两组，第一组用来证明王萍对汉密尔顿先生的态度显得稍微有点暧昧。第二组用来证明王萍的心理状态本身有一些焦虑，事实有可能并不是她说的那样。

许身健： 需要改进的地方呢？

律师： 我觉得我问得有些长。

许身健： 对，特别是第一组。

律师： 我想要聚焦到第一点，问得太多了。证人你觉得呢？

证人： 律师把整个故事利于对方、不利于王萍的要点都筛选出来，对事实部分进行了确认，这个非常好，改进的地方我暂时没想出来。我自己考虑的是站在王萍的角度尽可能地辩解，但因为律师只是针对事实提问，主观因素问得不多，事实上王萍也是这么陈述的，所以我没有在法庭上作出特别强而有力的辩解。

许身健： 说得挺好，这位同学表现非常好，把提问分成两大块：第一个方面是针对酒吧里发生的事，对汉密尔顿的行为作了辩护，理由看得比较准，手放在膝盖上、亲吻王萍、送内衣、衣服湿了、去办公室，汉密尔顿做的每一件不好的事都抓到了。第二个方面是意见书的问题也看得比较准，提问题的方式比较好，比如是不是汉密尔顿亲自开出的。这些要点及提问题的方式都比较好。

至于改进的地方，我觉得只问问题就行，不要解释，"综上"这块是不是就不要了？经过问题的铺垫，结论不用说，是不言而喻的。大音希声，要注意空白。开庭说的话非常多，大家有点烦，你不说话，大家注意力反而全集中了。所以后面"综上"没有必要，一切尽在不言中。

前面几个点抓对了，但问题偏长是事实。要注意层次，注意吸引别人的注意。你应该这样问："是不是把手放在膝盖上，没有反抗？""往上移了，你没有反抗？""第一次你没有异议，第二次没有异议，第三次没有异议，你等什么呢，为什么现在有异议呢？"

包括抓的那个点，你是不是去汉密尔顿办公室了？你自己去的？别人不会注意到你关注的重点是"你自己去的"。一定要注意，提问要短，比如"是不是有男性朋友送你？"还有一个问题，子弹打出去才有效果，有时候要形成一种动态，不要仅仅说几件事。

谢谢你们两位，同时也祝贺大家，在这么短的时间内基本上掌握了要义，做得一组比一组好，不是后面的同学比前面的同学聪明，是因为后面的同学吸取了前面同学的经验，前面的同学更值得大家佩服和尊敬。这次课堂不是炫耀自己的能力，而是集体反思，集思广益，互相学习。

今天讲的只是一点皮毛，让大家有个概览，未来面对的刑事案件可能会非常复杂，希望大家回去后好好学习、揣摩体会，通过"做中学"，不断提高。今天晚上回去再多练习，明天再上一次课、再呈现一次，效果又会不一样。学无止境，任重而道远。改革开放40年，我们国家发展非常快速，大家从法学院毕业时不要忘了担负的责任，未来青年人要为我们的国家好好学习、善于学习，掌握一身本领！

第8讲 律师如何对鉴定意见进行质证

主讲 | 谷宗智[①]

整理 | 曹若愚[②]

一、寄语

在文章开始之初,说些对刚进入律师行业的年轻人的寄语。

新时代或者新时期的刑辩律师应该具备什么样的素质?我认为,刑辩律师有三大要素需要同时兼备,那就是:良知、勇气和法律技能。

放在最前面的重要素质是良知。一般意义上的良知,属于主观价值观的范畴。我这里所说的良知,是坚持法治的良知。中国社会发展两千年来,我们有很美好的传统道德,对于我们优秀的传统道德是一定要继承和发扬的。无论是法治文明,还是一种科技的文明,甚至是人性的光辉等,都是一种道德良知的范畴。法律人在刑辩领域要选择坚守良知道德,并与自己的执业相联系,与自己的人生坚守相联系。法律人在执业过程中,如

[①] 谷宗智,北京市炜衡(合肥)律师事务所高级合伙人,刑事业务部负责人。
[②] 曹若愚,炜衡大学生刑辩训练营第一期学员。

果忘记了坚守法治的良知，就会从律师变为一个商人，一个中介。所以良知亦是赤子之心，报考法学专业的大学生、研究生甚至博士生，一直到从事这个职业，都应当有这种坚定的选择。

关于法治，大家常常脱口而出。什么是法治，什么是依法治国？无论是面对行政管理、公权力的管理还是社会现象，按照依法治国的基本要求来衡量，作为一名法科生能否给出一个评判的标准和价值取向？这个法治是良知的法治，是良法善治。换用现在通用的语言、使用频率比较高的词语，良知就是初心。法律人的初心就是坚守法治良知。一系列优秀的法律思想、法律概念、法律原则已经被我们的法律纳入，或没有纳入但将来有可能纳入，这些都是我们所要努力的方面、坚守的地方。比如经典启蒙思想，改革开放以来我们所形成的一些著名辩护律师的成功案例，人民法院的经典判例，以及一些法律原则都成为法律良知的一部分。改革开放以来，中国法治建设所积累下来的点点滴滴的经验教训与收获，都应当由我们继续坚守下去。有了这种良知，做事情才无愧于心，才能目光炯炯地面对现实、面对他人，在面对一些影响律师执业的负面因素时，能够真正地善良而且自知，才能坚定地前行，否则只是空洞而又漫无目的地徘徊。

第二个重要素质——勇气，勇气就是担当。做律师，尤其是做刑辩律师，会根据不同的成长路径，产生不同的个人感悟，培养不同的文明修养等，从而在带来个性化的同时达到刑辩律师的共同目标。这是一种共同的法治价值观，即追求人的尊严和社会的公平正义。在执业过程中不能做精致的利己主义者，在困难和风险挑战面前要以法律人的修为不阿权贵、不畏强暴、坚守法律。我给大家提个醒，大家在选择这个职业的时候要坚守自己的良知，要逐渐训练自己的执业技能，做到艺高人胆大，这是相辅相成的。刑辩律师要有一定的担当，要有一定的牺牲精神，比如该提出非法证据排除的就要提出，即使做法律援助案件也应该站出来说话。

最后一点就是法律技能，可能一名律师经过十年或者十五年，执业技能才能随着阅历的增长和司法实践的增多得到逐步提高。而当下刑事法律实务工作中还存在律师介入难、会见难、沟通难、非法证据排除难、申请调取证据难等许多"难"，在刑辩律师执业的路上会屡屡遇到各种困难甚至是风险。如果不具备一身的技能，学懂、吃透法律，执业将会步履维艰、困难重重。

综上，我对大家的寄语是：要用刚直不阿的精神和精湛的法律技能塑造我们刑辩人的人格魅力。

二、鉴定在实践中的广泛应用及存在的问题

进入正题，关于律师如何对鉴定意见质证。在这个过程中，为了更好地办案，首先要解决对鉴定结论的评价问题以及对鉴定意见地位、作用的质证问题。比如关于鉴定意见的质证，我们要从被告人辩护的角度看，如果是有罪指控的强力证据，肯定要击碎它、弱化它，提出被告人无罪、罪轻的意见来反击。

同时，作为刑辩律师，需要促成鉴定、认可鉴定、认定鉴定，把鉴定作为认定事实的重要依据来保障被告人免遭冤情或危机，维护其法律权利，这其实是对立统一的。现在我就如何运用鉴定结论，结合案例谈谈自己的感悟，与大家分享。

司法鉴定是应司法审判工作的需要而产生，服务于审判工作，是审判工作的重要组成部分，对于审判工作有着非常重要的作用。没有司法鉴

定，审判工作无论是在证据材料的认定，还是裁判结果的依据方面都会有不小的麻烦。据国务院原法制办公室发布的数据，2017年，全国经司法行政机关登记管理的鉴定机构完成各类鉴定业务共计2273453件，其中公检法机关委托的共占63.14%，三大类诉讼占54.65%。[①]

鉴定，严格从刑辩角度来看，是由专门机构的专门人员对专业性的问题、专门性的问题给出专业性的意见、解决方案、答案。实践中，无论是民事审判活动、刑事审判活动还是民商事仲裁都大量利用鉴定。鉴定有助于认定案件事实、厘清相关法律责任，在经济、社会生活以及司法活动中发挥了巨大的作用，解决了一些司法实践中的难题。鉴定行业的发展会随着教育的推进、人才的细分、社会领域的不断重组越来越细化、越来越全面。

我国的司法鉴定制度近几年不断完善，取得了可喜的进步。但部分司法部门对鉴定的态度、做法仍然存在着一些不可取的现象。他们认为鉴定结论是科学证据，既然是"科学"的就应该相信。甚至有些迷信鉴定，在实践中以鉴代审，鉴定人员成为"法官背后的法官"。法官放弃了自己裁判的权力，对鉴定迷信、盲信，鉴定为王、动辄鉴定、过度依赖鉴定等，这都是不可取的。

无论是民事证据还是刑事证据，鉴定结论都仅是证据的一种。迷信鉴定，会导致鉴定本身出现问题。鉴定机构趋向市场化，或隶属于事业单位，可能会不遵照客观真实科学理性地作出判断，导致问题丛生。最近不

[①] 党凌云、张效礼：《2017年度全国司法鉴定情况统计》，载《中国司法鉴定》2018年第3期，第96页。

断爆出鉴定机构或鉴定人员的违规、违法甚至犯罪行为。

我国司法鉴定制度在不断完善的同时，依然存在着诸多弊端。鉴定过程缺乏透明度、控辩双方在鉴定程序中的权利失衡、法官对鉴定意见的审查形式化等问题依然是现行司法鉴定制度的窘境。在科学证据裁判主义的今日，对于鉴定意见本应适用健全而严格的审查机制来辨别真伪，但实践中由于司法鉴定活动极强的专业性和公诉人、法官对鉴定人的过分依赖，以及辩护人对鉴定意见的质证权与质证能力的缺失，导致审查机制和质证环节形同虚设，鉴定意见往往直接被采纳。

无论是民事还是刑事案件，律师永远不要放弃申请重新鉴定的权利，对任何鉴定都要保持质疑态度。回溯到1994年聂某某强奸杀人案件，警察到现场收集了物证并提取了一些东西进行鉴定，但是，当时DNA技术还不够普及，鉴定成本也过高。总之，在申诉时遗漏了这项关键证据，就连律师也没有拿出这项明显有利的证据。所以鉴定用好了是处理案件、查明真相以及认定事实甚至厘清责任的一个重要途径、方法、材料，用不好则可能在刑事上产生冤假错案。

我们办理的一个个案件，对于当事人来说都是关乎一生的大事，有的是关于人身自由，有的是关于罪与非罪，有的甚至是关于生命。尽管刑事诉讼法规定了公检法相互配合、制约的关系，但是这三类关系依然是配合有余，制约不足。如果刑事案件的处理没有按照刑事诉讼法规定的原则、方法和内在的规定去运行，其他因素和权重干扰了案件的审理，产生错案的几率就会大一些。

三、关于司法鉴定的法律渊源

首先，两大诉讼法对于鉴定有专门的法条规定。《民事诉讼法》第79条规定，当事人可以就查明事实的专门性问题向人民法院申请鉴定。当事人未申请鉴定，人民法院对专门性问题认为需要鉴定的，应当委托具备资格的鉴定人进行鉴定。《刑事诉讼法》第146条规定，为了查明案情，需要解决案件中某些专门性问题的时候，应当指派、聘请有专门知识的人进行鉴定。其他法规、规章或司法解释等也有部分细化规定，如1989年7月11日发布的《最高人民法院、最高人民检察院、公安部、司法部、卫生部关于颁发〈精神疾病司法鉴定暂行规定〉的通知》、2001年11月16日发布的《最高人民法院关于印发〈人民法院司法鉴定工作暂行规定〉的通知》、2005年10月1日发布的《全国人民代表大会常务委员会关于司法鉴定管理问题的决定》、2016年3月2日司法部发布的《司法鉴定程序通则》、公安部发布的七项司法鉴定新标准等。

司法鉴定是我们律师的武器。律师在运用之前首先要知道哪些法律规定了如何进行鉴定。无论是何种鉴定，只要违反了法律规定，那么这项鉴定就丧失了作为证据的证明能力。同时，有些学者或法律人说，"法律是用来遵从、执行，而不是用来质疑的"。这句话在成文法国家是有道理的，但针对这句话，我的理解是：依法治国就是善法、良法之治，随着社会的发展、人类文明的进步，总有一些法律规范是落后于时代的，有一些标准是有悖于社会生活常理的，所以律师也必须大胆质疑，为自己的当事人辩护，以个案推动法治的进步、立法的完善。这是刑辩律师的职责，也是每一个公民的职责。我们尊重法律的效力，但是在法律实施的过程中，如果出现的问题，一定要敢于辩驳，不能僵化执法、机械执法。

举一个例子，2016年有一个天津大妈在公园空地上摆了一个拿枪打小气球的摊位（这在十几年前是娱乐大众的小游戏）。2017年，这起案件里的"用于摆摊经营的枪形物"经过司法鉴定认为符合法律意义上的枪械标准，后法院按照非法持有枪支罪定罪，引起社会关注。这起案件非法买卖、持有枪支数量巨大，已经达到或者超过公安部规定的标准，足够定罪量刑，所以被判了无期徒刑。后当事人选择申诉，从无期徒刑改判为九年有期徒刑，按照刑法规定已经大大减少了刑期，但判处九年有期徒刑是否合适？后来最高人民法院根据这两个案例出台了司法解释，明确了相关定罪量刑的标准。

四、刑事司法鉴定的定义、种类、特征

刑事司法鉴定是办案机关为了查明案情，指派或者聘请具有鉴定资质的有专门知识的人，就案件中某些专门性问题进行科学鉴别和判断，并出具相应专业意见的行为。在刑事诉讼活动中，司法鉴定是查明案件事实的一种重要方法和手段，随着科学技术的不断进步，其在诉讼中也发挥着越来越重要的作用。

根据不同的标准，可以对刑事司法鉴定进行不同的分类。不同类型的鉴定意见具有不同的特征，质证时所要注意的事项也不相同。刑事司法鉴定基本分为法医类鉴定、物证类鉴定、声像资料鉴定、环境损害鉴定以及其他类鉴定。法医类鉴定是指鉴定人运用法医学专门知识，对尸体与活体及其分泌物、排泄物等有关问题所作的鉴别与判断，包括法医病理鉴定、法医临床鉴定、法医精神病鉴定、法医物证鉴定、法医毒物鉴定。刑事诉

讼中常见的有基因鉴定、死因鉴定、人身损害鉴定、血型鉴定等。物证类鉴定包括文书鉴定、痕迹鉴定和微量鉴定。物证类鉴定涵盖范围比较广，例如对与案件有关的指纹、脚印、交通工具印痕、弹头及枪支膛线等，与嫌疑人和嫌疑物的相应部位进行对比，作出是否同一的鉴定意见，以确定犯罪人和作案工具等。还有笔迹鉴定、毒物和司法化学鉴定等，都属于物证类鉴定。声像资料类鉴定包括对录音带、录像带、磁盘、光盘、图片等载体上记录的声音、图像信息的真实性、完整性及其所反映的情况过程进行的鉴定，包括对记录的声音、图像中的语言、人体、物体作出种类或者同一认定等。刑事诉讼中常见的其他鉴定还有：计算机司法鉴定、产品质量司法鉴定、司法会计鉴定、资产评估司法鉴定、建筑工程司法鉴定等。这类鉴定随机性强，对象复杂，难以详细归类，故统称为其他鉴定。

在前几年发生的一起雷某涉嫖死亡案中，警方通报称，警方查处足疗店过程中，将"涉嫌嫖娼"的雷某控制并带回审查，此间雷某抗拒执法并企图逃走，后因突发心脏病抢救无效身亡。家属向警方要法医的死亡鉴定，警方直接拿出了心脏病法医鉴定。因为家属认为警方指派的法医鉴定没有第三方制约，加之认为雷某的身体状况很好，所以家属的委托律师依据2012年刑事诉讼法新增加的专家辅助人制度，要求现场进行解剖，对法医鉴定进行质证。让我们来讨论一下，这个质证带来了什么样的效果？首先会产生公开公正的效果；其次会作为一种监督，对每一道程序进行审查；最后，对于维护被害人的合法权益也是极为重要的。

五、对鉴定意见的证据能力和证明力的审查

随着以审判为中心诉讼制度改革的推进，能否对鉴定意见进行有效的

审查认定，成为诉讼成功与否的关键。基于此，审查鉴定意见这一证据形式，应从审查其证据能力及证明力两方面进行。

证据能力审查主要从鉴定机构和鉴定人的资格审查、鉴定方法和设备的审查、鉴定文书形式要件的审查、鉴定材料的审查、对检材提取过程的审查这几方面进行。证明力审查则是从被鉴定的内容与待证案件事实之间的关系，鉴定意见所证明的内容与其他在案证据有无矛盾，被鉴定人、被鉴定内容、鉴定意见的对应关系三个方面进行审查。在法律界被反复引证的辛普森杀人案中，辛普森是否真的杀人，我们无从得知，但是判决结果是辛普森不构成杀人罪，其从法律角度上是无罪。在这起案件中，在疑罪从无这一刑事诉讼法大原则的指导下，采取了非法证据排除原则。只要警察在侦查阶段出现程序错误、失误、手法不当、违法违规等情况，则此证据就不能作为法庭上的合法证据予以使用。对于辛普森案中提取到的血液，最后被证明成分中含有清洗剂、洗涤剂。因此，这个血液样本的来源、提取过程会受到质疑。虽然最后鉴定血液样本中的DNA属于辛普森，但是也可以从其他角度作出解释，比如可能是生活中运动或是做家务受伤所致。至于这个血液样本的来源，最后警察不能证明是采用正当程序所提取，所以最终在法庭上作为非法证据被排除了。这就是最终判定辛普森刑事无罪的重要因素之一。在对鉴定进行质证的过程中，要用好刑事诉讼法，用好证据规则，用好证据学理论。

（一）证据能力审查

1.鉴定机构和鉴定人的资格审查。

以微信语音鉴定意见为例，首先，要对是否超出鉴定范围进行审查。

如果鉴定人只具有电子数据鉴定资格，但是其既出具了微信内容的电子数据检验报告，又出具了语音同一认定的鉴定意见，由于鉴定人不具备声像资料类的鉴定资格，其超出鉴定范围的语音同一认定鉴定意见应该予以排除。其次，鉴定人的专业技术能力也需要重点关注。在重大、疑难案件中，对鉴定人专业技术能力的审查也是关注的重点。因为语音鉴定相对来说数量较少，大多数鉴定人不具备长期接触此类案件的条件，故对于虽具备鉴定资格，但长期不参与此类办案工作的鉴定人出具的鉴定意见的证明力也应谨慎对待。

依据《全国人民代表大会常务委员会关于司法鉴定管理问题的决定》《司法鉴定人登记管理办法》等相关规定，鉴定机构和鉴定人不具备法定资格时，无论鉴定意见是否科学、可靠都应被排除，只有具备法定资格和条件才能依法从事相关鉴定业务。

2.鉴定方法和设备的审查。

在审查鉴定方法和设备时，首先应审查检验方法是否符合相关标准，鉴定过程是否细致、全面，是否采取多种方法进行对照检验，所用的检验方法是否被科学界普遍认可。在鉴定依据方面，可以以国家标准和技术规范、司法鉴定主管部门制定的行业标准和技术规范、专业领域多数专家认可的技术标准和技术规范等不同层次的规范作为鉴定依据。实践中有分门别类的鉴定标准，对所依据标准的层次甚至立法层次都可以进行质证。进行审查时，有法律的依法律，有习惯的依习惯，有法学理论的依法学理论。

3.鉴定文书形式要件的审查。

相关法律法规和司法解释对于鉴定意见法律文书的制作提出了明确的技术要求，这些要求构成了鉴定意见的形式要件。因此，对于鉴定文书的形式审查就应当从以下形式要件着手：委托人、鉴定机构、鉴定时间、鉴定委托要求、检材和样本情况、简要案情、鉴定过程、鉴定方法、鉴定机构和鉴定人签章等。鉴定文书的形式要件是基本性的规定。

根据《刑事诉讼法》第147条，鉴定人进行鉴定后，应当写出鉴定意见，并签名。同时《最高人民法院关于适用〈中华人民共和国刑事诉讼法〉的解释》第97条规定："对鉴定意见应当着重审查以下内容：……（四）鉴定意见的形式要件是否完备，是否注明提起鉴定的事由、鉴定委托人、鉴定机构、鉴定要求、鉴定过程、鉴定方法、鉴定日期等相关内容，是否由鉴定机构盖章并由鉴定人签名……"需要注意的是，如果鉴定文书缺少签名、盖章，不能视为"瑕疵证据"，而应绝对排除。

另外，一些部门规章也有相应规定。如国家市场监督管理总局发布的《检验检测机构资质认定管理办法》第21条规定："检验检测机构向社会出具具有证明作用的检验检测数据、结果的，应当在其检验检测报告上标注资质认定标志。"因此，如果鉴定意见书没有加盖CMA红色印章，律师也可以申请排除。

4.鉴定材料的审查。

同样，继续以微信语音鉴定为例。对于鉴定材料的审查可谓审查鉴定意见的重点，实践中应着重抓住如下问题：（1）多长时间的微信语音可以进行检验鉴定。语音长短并没有明确的规定，具体由鉴定人根据微信语音反映的声音特征予以综合考量。依据经验，通常需五个以上清晰、可供检验的词组才可以进行鉴定。（2）多个短句的语音对话能否合并成一个长对话进行鉴定。不能将各段语音内容进行合并或从中挑选词组进行同一认定，也不能从多个语句中选取词组进行鉴定。如果要对多段语音进行鉴定，应分别委托，而不应将各段语音拼接后作一次性鉴定。

5.对检材提取过程的审查。

对于检材提取过程的审查，主要关注两点：第一，检材是否受污染；第二，是否是原载体、原文件。

虽然非法证据排除侧重于被告人的供述、证人证言、被害人陈述，但是也适用于物证和书证。非法搜查、非法扣押等程序上的不规范会使证据受到污染，这些检材如果提取过程有问题，即使得出来的结论是正确的，也会成为非法证据被排除作为证据使用。

（1）检材是否受污染。举个例子，毒品检材在送检之前，一直处于侦查人员的保管控制之下，是否保持原有状态未受污染，饱受质疑。实践中有些案件毒品的搜查、扣押手续仅仅简单描述毒品的样态、外包装，这种描述难以做到毒品检材的唯一性识别。

（2）是否是原载体、原文件。例如，从手机中提取电子数据，应重视对原手机载体和提取原文件、存放路径等的审查。笔迹鉴定中，如委托申请人所提交的比较样本为复印件，虽然运笔特征中的行笔特征和连笔特征能够得到保留，但会失去原有笔迹固有的层次感，也会给笔迹鉴定带来不良影响。

以上是关于证明能力的审查，主要涉及人员、机构、设备、方法、文件形式、检材等关于物证的提取方面。

（二）证明力审查

对鉴定意见证明力的审查，应着重把握以下几点：第一，被鉴定的内容与待证案件事实之间的关系。以微信语音鉴定为例，由于微信语音自身的特点，所鉴定的语音内容在60秒之内，在有限的时间内往往不能完整表达待证事实，或者有的被鉴定语音内容与案件事实并无"显性"关联，需要结合其他形式的证据及案件事实进行综合分析。第二，鉴定意见所证明的内容与其他在案证据有无矛盾。同样以微信语音鉴定为例，因微信语音所反映的内容只是微信聊天内容的一个片段，证明的内容与上下文具有密切联系，应避免单独依赖语音鉴定意见进行判断。第三，可以申请鉴定人出庭，接受询问和质询。

六、专家辅助人制度的适用

我国的刑事诉讼法规定了专家辅助人制度。《刑事诉讼法》第197条第2款规定："公诉人、当事人和辩护人、诉讼代理人可以申请法庭通知有专门知识的人出庭，就鉴定人作出的鉴定意见提出意见。"这一规定构建了刑事诉讼专家辅助人制度的雏形。

鉴定的种类很多，不同的种类是根据其特征加以划分。我们不可能成为每一个行业的专家，律师要会"借力"。刑事诉讼法给大家提供了方法，律师对鉴定的种类要能予以辨别，做到迅速介入案件，并合理引入专家辅助人制度。律师不应放弃质疑的权利，质疑是权利，也是义务。

以多年前我办理的一个案件为例，当时的刑事诉讼法还没有设立专家辅助人制度，我作为律师在办案中就借助了专家的作用。在这起案件中，丈夫是农村卫生室的医生，有行医资格，妻子会帮忙消毒、清理垃圾等。某天，丈夫因事到外地，某村民之前一直在这里看病，当天因为胃不好去拿药。妻子打电话给丈夫，说某某来了，丈夫对这个村民很熟悉，就告诉妻子按照上次拿的药给某村民。该村民也是这么告知妻子的，说就按照医生之前开的药拿药就行了。在村里行医，不像城市的社区诊所，人口流动性大。村民之间都很熟悉，妻子帮忙拿了药，某村民就拿回家吃了，吃了之后不到一天就去世了。报警后警方予以刑事立案，并做了法医鉴定。最终认定为非法行医，由于民事赔偿没有达成协议，法院以非法行医致死判处妻子十二年有期徒刑。

当事人二审委托我办理，我通过法医鉴定的描述尝试进行判断，死因是心脏病心源性猝死，对于心脏病描述得很清楚，而某村民吃的胃药对心脏并没有影响。非法行医致人死亡，这个"致"是一种直接因果关系，即应该是重大原因、重要条件。本案中，这名病人在诊所长期服用胃药。我认为法医鉴定有问题，与二审法院的法官进行沟通。法官认为需要提供鉴定错误的依据。我找到了省高院当时的法医主任、某大学病理专家及心血管医生，都认为吃胃药不构成死亡原因。我将专家的姓名、联系电话、意见整理出来交给法院，法官打电话进行了核实。通过这种形式，否定了原先的法医鉴定结论的证明力，动摇了法官对鉴定结论的认定，二审撤销原判、发回重审。重审时考虑到案件的具体情况，在法院主持下达成民事赔偿协议，判处被告人缓刑。本案就很好地运用了专家意见。

（一）专家辅助人的诉讼地位和作用

专家辅助人因其工作的辅助性和专家身份的独立性，从其功能和地位来分析，应定位为独立的诉讼参与人。专家辅助人的作用并不是向法庭提供证据，而是通过对鉴定意见提出意见，为控辩双方提供质证途径，帮助法官准确认定案件事实。鉴定意见经专家辅助人质证后，由法官依据证据规则和自由心证决定是否予以采信。专家辅助人制度专门用于刑事诉讼过程中，刑事立案启动之后，当事人以及辩护律师，甚至是办案机关都可以利用专家辅助人制度，这是刑事诉讼法规定的。专家辅助人制度是对于鉴定结论的判断、对于案件事实的认定、对于法院的审理提供帮助的一种制度。以上是专家辅助人的地位、作用，是来源于法律规定。

（二）专家辅助人的权利、义务

刑事诉讼法关于专家辅助人的权利、义务的规定仅包括出庭、就鉴定意见提出意见。依据立法精神和总结司法实践，专家辅助人的权利包括提供咨询和建议权、出庭质证权，义务应当包括保密义务，科学、客观义务。（1）提供咨询和建议权。专家辅助人有权就鉴定事项向委托人进行解释说明，并对是否提出、如何提出重新鉴定和补充鉴定提出建议。（2）出庭质证权。专家辅助人有权就鉴定事项代表己方当事人出庭作证，与鉴定人和对方专家辅助人进行对质和辩论。（3）保密义务。专家辅助人应当保守在工作过程中获悉的国家秘密、商业秘密和个人隐私。（4）科学、客观义务。专家辅助人必须保持必要的中立性，不能违背尊重科学规律和客观事实、维护司法公正的基本义务。

（三）专家辅助人进入刑事诉讼的时间

根据委托人的不同，专家辅助人进入刑事诉讼的时间也有所区别。（1）对于检察机关，自案件移送审查起诉之日起，检察机关有权委托专家辅助人。（2）对于犯罪嫌疑人或被告人，委托专家辅助人的时间与其有权委托辩护人的时间一致。（3）对于自诉案件的原告人，其有权随时委托专家辅助人。

（四）专家辅助人与专家意见书的区别

专家辅助人和专家意见是两个概念。专家辅助人的地位和作用，其意见和表述来源于法律规定，具有刑事诉讼法上的地位。详细内容如上文介绍，在此不再赘述。

在市场经济发展、司法民主化的进程中，出现过专家意见书，而且使用的频率很高。特别是民事案件中，同一批专家前后一两个月可能会出具相反、相矛盾甚至是相排斥的意见。

专家意见书前几年运用得比较多，从司法审判的原则的角度，专家意见书既不是案件的证据材料，也不是案件当事人、代理人发表的材料。对于法官而言，从审判角度来说，甚至可以不产生作用，这在法律上是理所当然的。如果律师或者当事人的近亲属委托制作了专家意见书，如果客观真实、逻辑严密，而且对于案情的把握更准确，可能会对辩护效果有正向影响。但不宜夸大专家意见书的作用，因为律师本身就是案件的主办人，应当熟悉案件、审慎履职。我们作为法律从业者，应当从法律的角度正确看待专家意见书的作用和地位。

七、结语

刑辩律师对案件的所有证据都要保持质疑的精神，并用质疑的精神作为解决问题的引领。刑事诉讼法赋予了当事人及辩护律师对于鉴定提出异议或者申请重新鉴定的权利。无论是对于受害人还是被告人，每一个案件都可能影响一个家庭、一个人的一辈子。因此律师不应放弃对刑事案件鉴定的质疑、质证，不要神化、迷信鉴定，而要从全案卷宗材料入手，认真阅卷，吃透案情，细致地寻找其中的蛛丝马迹，包括证据的关联性、证据的连接是否严密、证据是否存在矛盾之处。如果律师能提出鉴定结论存在的问题，司法审判会有所考量，即使不能彻底推翻鉴定结论，但也会达到大大削弱其证明力的效果。总之，对各类鉴定结论或意见的质证是刑辩律师有效辩护的重要内容，要认真学习掌握。

第 9 讲 刑事庭审的质证问题

主讲 | 李奋飞[1]

整理 | 王丹妮[2]

介　绍

彭逸轩： 前一段时间，李教授以认罪认罚从宽作为切入点发表了"交涉型辩护"的观点，在实务界引起很大反响。他指出，与不认罪认罚案件中控辩双方在法庭上进行"唇枪舌剑""你来我往"式的平等对抗有所不同，认罪认罚案件的辩护则更多地体现在审前程序，尤其是审查起诉环节中与检察机关的沟通、协商、对话。如果说不认罪认罚案件中的辩护样态可被概括为"对抗型辩护"，则认罪认罚案件中的辩护样态可被称为"交涉型辩护"。作为一种较新的辩护样态，"交涉型辩护"所追求的诉讼目标是，通过与检察机关积极地沟通、协商和对话，说服其在被追诉人自愿认罪认罚后及时终结诉讼，或在提起公诉的情况下向法庭提出较为轻缓的量

---

[1]　李奋飞，中国人民大学法学院教授、博士生导师。
[2]　王丹妮，北京市炜衡律师事务所律师。

刑建议，从而让被告人获得更为有利的诉讼结果。他对认罪认罚案件辩护形态的提炼给了我们很多启发。我之所以补充这一点是想跟大家讲，一节课不足以表达李教授对当前热点刑事程序法问题的理解和观点，欢迎大家搜索更多李教授的学术观点进行补充和学习。下面我把话筒交给李教授，由他就"庭审如何运用证据规则"的话题给大家进行讲解。

谢谢彭逸轩主任的邀请和主持！很高兴能与各位同学以及部分律师朋友进行交流。不过，彭逸轩律师给我定的这个题目可以说是内容博大精深。时间有限，我想对这个话题进行限缩，主要讲下刑事庭审的质证问题。

彭逸轩律师刚才介绍的时候谈到了"交涉型辩护"，我想在正式展开质证问题之前先简要谈谈"唯庭审主义"的辩护模式问题。长期以来，在中国的刑事辩护实践中，始终存在一种"唯庭审主义"的辩护模式。其主要特征是，律师把庭审环节当成辩护的主要场域，甚至唯一场域，而忽视庭审外尤其是庭审前的辩护活动。审前既不与检警机关设法沟通，也未能说服其作出任何有利于己方的决定；庭审辩护又以宣读根据卷宗撰写的辩护词为中心。这一模式的形成，与审前制度空间的局限、刑事辩护理念的偏差、审前辩护技能的欠缺有着紧密的关系，并导致了诸多消极的后果，尤其是辩护效果不佳，无法有效保障被追诉人的利益，也难以及时促使检警机关自我纠偏。2012年《刑事诉讼法》赋予了律师在审前程序的辩护人地位，使得部分律师日益重视"辩护前移"，并取得了初步成效。此外，随着认罪认罚从宽制度等相关司法改革的深入推进，使得认罪认罚从宽案件的办理呈现出"以审查起诉为重心"的程序格局。其核心要旨在于有效的量刑协商，且作为控辩协商一致之产物的量刑建议一般应当被法院采纳。这意味着，80%以上的认罪认罚案件中的辩护将会更多地以审查起诉环节为重要依托。因此今天我们讲的这个话题，可能在认罪认罚案件的庭审中并没有多少用武之地。

言归正传。围绕今天要讲授的主题，首先我将谈谈为什么要认真对待刑事庭审的质证问题；其次我将结合印证规则和鉴真规则的运用，对言词证据的质证和实物证据的质证重点展开讨论。

一、为什么要认真对待刑事庭审的质证问题

这里有四个方面的小问题：一是质证在刑事辩护中的重要意义。之所以说质证在刑事辩护中具有十分重要的意义，是因为根据证据裁判原则的要求，认定案件事实不仅要依靠证据，而且所依靠的证据还必须在经过合法的质证程序后被鉴别确认为具有证据能力和证明力。要确保法庭能够对证据能力和证明力作出正确的鉴别，就需要律师在控方举证之后，能够根据证据规则对证据的合法性、真实性和相关性提出异议。

二是影响质证技术发展的主要因素。纵观中国刑事审判制度的演进历史就不难发现，从1996年刑事诉讼法修改到2017年最高人民法院印发"三项规程"的二十多年时间里，庭审实质化程度确实得到了持续提高，但是庭审"形式化"的问题并未完全解决。所谓庭审的"形式化"，是指"法官对案件事实的认定和对法律的适用主要不是通过法庭调查和辩论来完成的，而是通过庭审之前或之后对案卷的审查来完成的，或者说，法院的判决主要不是由主持庭审的法官作出的，而是由'法官背后的法官'作出的，即庭审在刑事诉讼过程中没有起到实质性作用，法院不经过庭审程

序也照样可以作出判决"。庭审"形式化"带来的直接后果就是刑事辩护的"表演化",很多律师把当庭发表辩护意见或宣读辩护词,作为法庭辩护的高潮。但是,在法庭调查阶段上用力不够,甚至很不足,质证环节几乎没有发挥作用,整个法庭基本上为控方所主宰。

三是律师要未雨绸缪提高质证能力。"以审判为中心"的诉讼制度改革,为中国刑事诉讼模式的理性转型提供了新的契机。而对于以审判为中心的诉讼制度改革而言,庭审机制的建构又无疑居于核心地位。庭审实质化改革的持续推进,必然要求法庭通过接触证据的最原始形式,尤其要通过亲自听取控辩双方对证人、鉴定人的交叉询问,确保裁判者从当庭的言词陈述和辩论中形成对案件事实的内心确信。这无疑对律师的质证能力特别是交叉询问技巧提出了新的更高要求。

四是律师如何做好质证的准备工作。俗话说,"不打无准备之仗"。律师要做好开庭前的准备工作。为此律师必须认真研读案卷材料、积极调查取证、学习和了解与案件有关的知识等。此外,还应通过开庭前的会见,积极与被告人进行沟通,说服委托人接受自己的辩护方案,最大限度地支持和配合自己的辩护工作,从而形成辩护合力。这种律师与委托人之间的协同,是案件取得好的辩护效果的基础所在。

二、如何对言词证据进行质证

言词证据在司法实践中运用非常广泛,甚至可以说,几乎每个案件都离不开言词证据的运用。言词证据有四类:证人证言、被害人陈述、被告人供述以及辩解和鉴定意见。

（一）关于证人证言的质证问题

作为一种法定证据形式，证人证言对于刑事案件的事实认定无疑具有非常重要的作用。同时，作为一种主观性很强的证据，证人证言的准确性和可靠性又受多种因素的影响。有研究显示，"目击证人的证言在教室实验中被证明是不可信赖的。在一项研究中，141名学生目睹了对一名教授的表演性攻击。7周以后，学生们被要求从6张照片中辨认出攻击者。尽管事件的发生具有高度的戏剧性，仍然有60%的目击者——包括教授本人——认错了人。不仅如此，25%的学生还将'犯罪'现场的一名无辜的旁观者误认为攻击者"。尤其是在中国，刑事侦查程序带有明显的封闭性、秘密性与单方性特征，证人在向刑事追诉官员提供证言时，并不存在控辩双方的质证程序，也没有中立司法机关的居中裁判，因此，其完全有可能作出不可靠的陈述。而且，证人的可信度应该随着他与被告人间存在的仇恨、友谊和其他密切关系而降低。这意味着，亲属证人（很多情况下也是污点证人）由于与被告人或者案件的处理结果存在特殊关系，很可能人为地作出偏袒被告人的证言，或者故意提供不利于被告人的证言。因此，对证人在审前向控方作的书面证言必须进行认真的审查。相对于其他证词的检验方法而言，让证人出庭接受控辩双方的交叉询问是最为有效的方法。如果证人不出庭作证，而任由控方在法庭上宣读其单方面制作的证言笔录，并由法庭靠证据相互印证的证明方法，是难以甚至根本无法辨别和判断证人的诚实性、证人感知和记忆的准确性等内容的。证据相互印证规则强调根据两个以上具有独立信息源的证据对事实加以认定，注重证据信息的相互验证，避免仅凭孤证定案，从而有利于防止伪证，避免事实误判的发生。然而，证据相互印证规则的适用也会带来一些负面的效果，尤其是在证据虚假的情况下,相互印证的证据越多,事实认定错误的可能性就越大。此时,证据能够相互印证的结果不仅使法官难以发现证据的虚假成分,反而增强了虚假证据的证明力,导致法官产生错误的心证。

但是,证人出庭作证难一直以来是中国刑事司法实践中的痼疾。这既是因为《刑事诉讼法》关于证人出庭的制度设计并未触及证人出庭作证难的深层次原因,也是因为《刑事诉讼法》将"法院认为证人有必要出庭"设计成为证人出庭作证的要件之一。《刑事诉讼法》第192条规定,证人应当出庭作证通常被认为需要满足三个条件:一是证人证言"对案件定罪量刑有重大影响";二是公诉人、当事人或者辩护人、诉讼代理人"对证人证言有异议";三是"法院认为证人有必要出庭作证"。在上述前两项条件(即控辩双方提出实质异议)具备之后,法院仍应审查证人出庭作证的必要性。但是,对于何谓"有必要",《刑事诉讼法》则语焉不详,司法解释亦保持了沉默。在司法实践中,法院对证人是否有必要出庭的解释基本上是以"事实认定"为中心的,即主要关注审判结果的正确,而未对被告人的诉讼权利给予应有的关照,即轻视审判程序的公正。这种视角只是一种裁判者视角,要全面发挥刑事审判的功能作用,仅仅具有该视角是远远不够的。我们认为,证人出庭作证的价值,除了在很多时候有利于帮助法庭发现"真相"外,在普遍意义上还需具有维护审判程序公正(公正审判)的作用。尽管程序公正的内涵极为丰富,但可以肯定的是,在被告方已提出实质异议的情况下,让"必要证人"出庭接受质证是程序公正(公正审判)的基本要求。另外,证人出庭与否还直接关系到被告人的辩护权利能否获得应有的尊重和保障。因此,在控辩双方对证人证言提出实质异议的情况下,法官原则上应当允许证人出庭,即使在例外情况下认为"没有必要出庭"，也应提供令人信服的理由。至于何种理由才能令人信服，则需要法院从"法益平衡"的视角入手，以比例原则作为判断尺度。但作为辩护律师，则要努力通过专业的申请促使关键证人出庭作证。如果证人最终仍然无法到庭，律师则只能根据证据规则，对庭前形成的证人证言笔录的证据能力和证明力提出质疑和挑战，说服法官对那些存在漏洞的证据持怀疑态度，或者将其排除在定案根据之外。如果证人能够出庭作证，则律师可以对其发问。不过，欲使发问取得好的效果，律师除了应进行充分的准备以外，还需要掌握必要的技巧。例如，发问应简明扼要、抓住要害。又如，应把自己的意图隐藏在发问当中。再如，通过问题的设计，让证人证言前后矛盾。还如，发问都要适可而止，不要穷追不舍，免得画蛇添足、影响发问效果等。证人当庭所作的证言与其庭前的证言发生矛盾的，辩护律师应当运用证据相互印证规则，对那些得不到其他证据印证的证人证言笔录，申请法院予以排除。

（二）关于被告人供述的质证问题

对被告人供述的质证也可以从两个方面来进行：

一是对于被告人供述，具有以下情形之一的，辩护律师可以申请法院对其予以排除，即不得作为定案的根据：（1）讯问笔录没有经被告人核对确认的；（2）讯问聋、哑人，应当提供通晓聋、哑手势的人员而未提供的；（3）讯问不通晓当地通用语言、文字的被告人，应当提供翻译人员而未提供的；（4）讯问未成年人，其法定代理人或者合适成年人不在场的；（5）采用殴打、违法使用戒具等暴力方法或者变相肉刑的恶劣手段，使被告人遭受难以忍受的痛苦而违背意愿作出的供述；（6）采用以暴力或者严重损害本人及其近亲属合法权益等相威胁的方法，使被告人遭受难以忍受的痛苦而违背意愿作出的供述；（7）采用非法拘禁等非法限制人身自由的方法收集的被告人供述；（8）采用刑讯逼供方法使被告人作出供述，之后被告人受该刑讯逼供行为影响而作出的与该供述相同的重复性供述；（9）对于法律规定应当对讯问过程录音录像的案件，公诉人没有提供讯问录音录像，或者讯问录音录像存在选择性录制、剪接、删改等情形，现有证据不能排除以非法方法收集证据情形的；（10）侦查机关除紧急情况外没有在规定的办案场所讯问，现有证据不能排除以非法方法收集证据的；（11）讯问笔录填写的讯问时间、讯问地点、讯问人、记录人、法定代理人等有误或者存在矛盾的，讯问人没有签名的，以及首次讯问笔录没有记录告知被讯问人有关权利和法律规定，不能补正或者作出合理解释的。

　　二是通过交叉询问技巧，对被告人进行当庭发问，以把那些有利于被告人的事实信息给挖掘出来，此时质证工作将由公诉人来完成。不过，目前的当庭讯问时序安排（《刑事诉讼法》将公诉人讯问被告人作为法庭调查的开始，律师向被告人发问一般在控方发问之后，甚至有的案件在法官发问之后），既容易使当庭讯问占据庭审过多时间，从而对举证、质证环节造成"喧宾夺主"的影响，也给辩护律师的发问带来不小的挑战。在法庭审理过程中，公诉人很少将被告人视作能够和自身进行平等对话的诉讼主体。在一些颇具代表性的刑事庭审范例中，公诉人对于被告人的讯问有时显得过于繁琐，甚至可以说是事无巨细，似是为了让被告人供认全部犯罪事实，且有不达目标绝不善罢甘休之势，法官并未加以必要的节制，而是任由公诉人漫无边际地细致发问。某种程度上，讯问似乎也成了法官了解案件全貌的重要渠道。可以说，当公诉人撇开其他证据向被告人盘诘时，法官就是其背后的支持者。如果公诉人的提问不能令其满意，法官就会直接跳出中立裁判者的条框，自行展开讯问。在笔者访谈了解到的部分案件中，讯问被告人的时长甚至多过法庭辩论，有的已然接近于整个举证、质证。庭审实质化改革所要求的重心，应当是法庭调查中的举证、质证环节，如果过分着力于当庭讯问，极容易危及不得强迫自证其罪原则的实现。因此，调整当庭讯问的程序安排和方式，或可作为未来提高实质化庭审效率的点睛之笔。

三、如何对实物证据进行质证

所谓实物证据，指的是以物品、痕迹、文件等客观实在物来记载案件事实的证据。从证据法理上讲，物证、书证、视听资料、电子数据等均可归入实物证据的范畴。至于勘验、检查、辨认、侦查实验笔录是否属于实物证据，理论上则存在不同的认识。有观点认为，尽管其表现为书面笔录的形式，却属于侦查人员对其侦查过程和相关证据线索的记录，体现了侦查人员的主观认识和判断，因此不应被归入实物证据的范围。作为一种伴随着案件事实的发生所形成的证据形式，实物证据所记录的是案件事实的某一环节或者片段。在刑事庭审过程中，辩护律师该如何针对控方提交的实物证据，提出有理有据的质证意见呢？在过去的刑事辩护实践中，律师较为重视与相关鉴定一起加以质证。由于辩护律师通常并非相关领域的专家，难以对鉴定所涉及的科学技术知识作出专业性的判断，好在2012年修正后的《刑事诉讼法》新增了第192条第2款（2018年《刑事诉讼法》修正后，为第197条第2款）规定"公诉人、当事人和辩护人、诉讼代理人可以申请法庭通知有专门知识的人出庭"。在一些案件中，辩护律师通过聘请有专门知识的人辅助质疑科学证据，取得了较为理想的效果。在念斌案中，一些具有专门知识的人在进行勘验、检查和鉴定后，出具了现场勘验检查笔录、理化检验报告、法医学鉴定意见等涉及专业问题的科学证据，以证明本案的中毒原因系氟乙酸盐鼠药中毒、投毒方式为念斌将鼠药投放在被害人家厨房的铝壶水中、毒物来源于摆地摊卖鼠药的杨某处，从而形成证明念斌投毒的完整证据链条。对于这些笼罩着"科学"光环的证据，如果不是找到权威得力的专家辅助人，律师是难以对控方证据体系中最具"杀伤力"的理化检验报告等科学证据提出有效质证意见的。

近年来，随着一系列有关实物证据来源和保管链条的审查规则的出台，越来越多的辩护律师开始从实物证据的来源、收集、提取、保管、出示等证据保管链条的角度，对某一实物证据的真实性和同一性提出质疑，以论证其不具有证明力，无法被转化为定案的根据。例如，在"快播涉黄案"[①]中，控辩双方的争议主要围绕服务器和淫秽视频这两项关键证据的取证和保管环节展开，其核心是电子证据的鉴真问题。对于控方提交的由快播公司维护和管理的四台服务器以及21251部淫秽视频，辩护方发表了"服务器内容存在被污染的可能性"等意见，具体包括：行政扣押期间，没有任何证据证明开启服务器时有行政人员监督，硬盘内容是否存在被污染、被替换的情况不得而知；侦查阶段，文创公司提供了技术支持，而该公司无鉴定资质且与本案存在利害关系。同样，没有证据证明转码提取数据时有执法或司法人员在场；电子数据的解码应当在复制件内进行，而审

---

① 北京市海淀区人民法院（2015）海刑初字第512号判决书。

验鉴定前有两台服务器是直接转码，原始数据遭到了破坏；目前仅在缓存服务器内查找到涉案视频，无法证明该视频内容与快播公司软件的抓取、存储、下载等行为有关；硬盘中部分数据在文件生成时间方面存在疑点；公安机关先后出具了三份淫秽物品审查鉴定书，三份鉴定书关于淫秽视频的数量不一致，鉴定人却同一，明显违反重新鉴定应当由不同鉴定人实施的规定。上述意见的核心指向就是对该电子数据的证明力和证据能力提出挑战，目的是提请法庭注意这些证据存在着被伪造、变造、偷换、污染的可能性，在鉴定所依据的检材来源不明或者无法证明其同一性的情况下，鉴定意见也就失去了应有的价值，最终说服法庭不将其作为认定被告人有罪的证据。按照陈瑞华教授的看法，该案是将鉴真理论运用到实战之中的典型案例。至于如何运用鉴真理论展开有效质证，首先要区分实物证据是单一实物证据，还是双重实物证据。在实物证据形式中，物证属于单一载体的证据形式；而书证、视听资料、电子数据则是具有双重载体的证据形式。因此，物证的鉴真通常要依靠证据保管链条的完整性加以完成，而对于书证、视听资料、电子数据则需要进行双重鉴真，既要进行外部载体的鉴真，也要对其内部载体的真实性和同一性加以鉴别。外部鉴真所采用的方法与物证较为相似，也是要通过证据保管链条的完整性加以说明。在辩护过程中，律师可以采用这种"外部鉴真"的方法，对证据的真实性和同一性提出质疑。至于"内部鉴真"，则主要依靠的是司法鉴定方法，也就是通过专业化的鉴定来对书证所记录的文字、图形、符号，对视听资料所记载的声音、图像、画面、视频，对电子数据所记录的数字信息等实物证据内容的真实性和同一性作出判断，即是否真实反映了案件事实的本来面目。遇有符合排除规则适用条件的实物证据的，辩护律师应当及时向法院申请不再将其作为定案的根据。例如，物证的照片、录像、复制品，不能反映原物的外形和特征的，不得作为定案的根据；对书证的更改或者更改迹象不能作出合理解释，或者书证的副本、复制件不能反映原件及其内容的，不得作为定案的根据；在勘验、检查、搜查过程中提取、扣押的物证、书证，未附笔录或者清单，不能证明物证、书证来源的，不得作为定案的根据；视听资料系篡改、伪造或者无法确定真伪的，或者制作、取得的时间、地点、方式等有疑问，不能作出合理解释的，不得作为定案的根据。

第10讲　有效辩护的方法和思路

主讲 | 石宇辰[①]

整理 | 何志伟[②]

主持人：欢迎大家来到炜衡刑事辩护十二讲的实务课堂，本讲的主题是"有效辩护的方法和思路"，主讲人是石宇辰律师。

石宇辰：今天很晚了，大家白天已经学习了一天，很辛苦，所以我希望晚上能过得更轻松一点。我就以一种聊天的方式，给大家讲讲"无字的书"，我们一起读一读，一起聊一聊，像围炉夜话一样，可能会更有味道。我做刑事辩护12年了，时间过得比较快，如白驹过隙。我是2007年离开检察院的，在检察院工作的时间是1997年至2007年。刚才介绍的时候说我"十年反贪"，其实中间有两年是做调研工作，那两年调研的内容主要是反贪侦查，所以都算成了反贪。我心底是有检察官情结的，虽然穿着西装、打着领带，是一名执业律师，但我有一颗检察心。我觉得作为法律人

---

① 石宇辰，北京市炜衡律师事务所高级合伙人、刑事法律风险防控部主任，北京市律师协会刑法专业委员会副秘书长。

② 何志伟，北京市炜衡律师事务所律师。

要有公平正义的心，心中要有正义之剑，可以仗剑走天涯，凭着我们的一腔热血，凭着我们对法律的信仰、我们内心深处追寻的理想和抱负，去实现自己的人生理想和价值。也许经过一段时间你会发现，有时候刑事辩护就像堂吉诃德大战风车一样，表面上看是有些滑稽，但实质上来说确实是在战斗。也许非常偶然的机会，某一场战役你不小心落败了，这不要紧，关键是你用什么技巧、用什么方式方法、用什么战略战术。我今天要讲的就是有效辩护的思路和方法。

思路，我理解就是战略问题、方向问题。方法就是手段。比如过河，可以游泳、坐船，甚至可以修桥，这是手段问题，是战术问题。我不知道大家对战略、战术是怎么理解的，谁能够解释一下战略和战术的区别？

学员： 战略是大方面的，战术是战略中很小的一个部分。

石宇辰： 大和小的问题。

学员： 我补充一点，我觉得用英文来形容，战略是 tactics，战术是 strategy，这就像中国传统中所说的道、术、士，意思是一样的。大的方向上，我们做无罪辩护的同时做罪轻辩护，这是战略。战术方面就是采取各种手段，比如针对公诉人提出的证据，我们具体采取哪些措施进行辩驳，或者制定相应的战术，要预想对方会出哪些难题给我们。

学员： 我觉得战略是一种思想性的布局，战术强调手段和技术性的东西。

石宇辰： 你们从不同侧面解释了这个问题。我的看法是：战略是方向性的问题，是大的全局观，是对一个问题的看法、对一个问题怎么样定性。具体到案件中，辩护是做有罪、罪轻还是无罪辩护，这是一个大的方向性问题，是一个战略问题。战术问题涉及具体的细节，是用什么样的方式方法、用什么样的技巧具体来达到目标。也就是说，具体是通过程序辩护还是实体辩护，通过证据的分析、非法证据排除，还是通过其他的方式达到目的，是一些细节的问题。这些可能需要综合性的手段运用，不一定只用某一种方法。像兵法上所讲的，兵无常势，水无常形。我自己对军事很感兴趣，如果各位对军事也感兴趣，希望以后有机会多探讨探讨。

前几天我看了一本书，书名叫《亚历山大》，讲的是亚历山大征服世界、征服波斯的故事，里面讲了亚历山大的战斗思想。当时战场上的形势是：左翼由亚历山大派一员老将带领少部分军队固守，吸引对方的主力来进攻。右翼则由亚历山大自己带着强硬的骑兵部队和长枪兵部队作为主力突击对方，主要的攻击方向是对方国王的中心阵地，对方的骑兵也向左翼和右翼的中间位置突袭。于是，对方的骑兵向亚历山大部队的中间位置进攻，骑兵突袭，亚历山大的骑兵也是向对方中心阵营狂飙突进，双方的骑兵实际上是互相交错的。但是对方骑兵进入亚历山大部队的后营之后就开始不停地抢夺财富、斩杀后勤部队，直接从中间冲过去了，没有再返回战场。而亚历山大的这部分骑兵突破了对方阵线之后，反过来从背后穿插，返回来继续攻击波斯军队的后方。也就是说，从天上看下面对峙的阵形，是一个回旋的阵形。通过这样的战术，亚历山大把比他的军队强大一倍力量的波斯军队消灭了。他的军队在突破阵线之后没有去抢夺战利品，反而是继续回来战斗。同时，之前防守的老将用很少的兵力抵抗对方相当强大的兵力，虽然快要被攻破了，但还是守住了阵地，这样两面夹击，最终把波斯军队彻底打垮。

迦太基人战胜罗马人的一场战役也很有意思。他们把最薄弱的兵力放到中间，面对的方向是背后风沙吹去的方向。根据当地的气候，背后有很多风沙，风沙吹来，布阵的时候正好是对方睁不开眼睛的时候，中间放的是最薄弱兵力，两翼放的是最强大的兵力。当罗马人进攻的时候，中间实力很强大，迦太基人中间实力很弱。但风起之时，迦太基人中间最弱的兵力不断往后撤，两翼骑兵往前，构成弯月的形状，最后形成一个包围圈，把对方巨大的兵力包围在中间。此时，对方所有的兵力面对着风沙全都睁不开眼睛，包围圈内的士兵面临的就是被屠杀。迦太基人用这种办法取得了胜利。我为什么举这两个例子？实际上这就是战略、战术的考虑，里面有智慧的运用问题。

举这两个例子作为今天讲座的引子，是为了启发大家，怎样做刑事辩护，我们通过什么样的方式、通过什么样的智慧去战胜强大的对手。我曾和朋友开玩笑地形容自己以前在检察院反贪局工作时候的职责，好像一个做饭的厨师，做完饭移送给公诉部门。公诉部门是"送饭"的，送到法官面前让法官"吃"。这顿饭里最有技术含量的是厨师，从举报信几页纸反映的几十条举报线索中，用智慧的大脑大胆假设、小心求证，不断地分析是用什么样的犯罪手段、犯罪方式去实施犯罪行为，仔细地通过十八般兵器的侦查手段把这些固定成为证据，成为一页一页的书证，成为一份一份的调查笔录、讯问笔录。比如通过去银行调取相关的交易记录，查找资金的流向，通过资金账目在银行之间的流转看资金在不同的公司、不同的账户之间流转的过程，通过资金流转的方向判断具体是挪用、贪污还是其他性质，通过主体判断到底是贪污还是职务侵占。我的目的是做一份香喷喷的饭菜。也可能不太香，缺少点这个，缺少点那个，检察官给打回去，让加点盐、加点醋或者加点什么佐料。如果两次退回补充侦查还是不行，还缺少最关键的元素，就不能提起公诉。如果什么都齐备，但是里面有个

"臭鸡蛋"，那份饭也就做坏了。做饭的厨师心里肯定是惴惴不安的，这盘菜是不是真的有质量问题，法官吃了会不会闹肚子。

作为检察官可能会有这样的顾虑，我觉得作为律师在这个过程之中也是惴惴不安的。因为律师要面对的是检察官。我曾和一位老检察官聊天，他说自己曾经面对一个诉讼案件，起诉之前特别害怕律师挑毛病。但他想了一个办法，用排炮、以攻为守的战术，一上来就发动进攻，打出所有证据，不让对方有机会发现弱点，实际上就是用以攻为守的手段掩盖了自己真正薄弱的环节。作为真正的律师，一定要像亚历山大一样，你用骑兵攻我，我也用骑兵攻你，而不是你一攻击我就围着你转。《孙子兵法》讲制人而不制于人。我们要调动敌人，不能跟着别人、让别人牵着鼻子走。如果跟着对方辩手的思路跑了，那么最后的辩论结果是必败无疑的。因为对方预设了一个包围圈，诱敌深入，三面包围，留开一面。如果钻到对方的伏击圈里，就会被一举消灭。这是我军野战军非常有名的战略战术，围城打援、攻城打援、杀城打援，很多的战略战术都可以用在我们的刑事辩护之中。老检察官用排炮战术和不停进攻的战术吸引辩护律师的注意力，辩护律师在庭上都忘记了该怎样去进攻，该怎样去拿下这场战役。这是一件很可悲的事情，作为辩护律师要时刻记住我们自己所处的位置、自己的战略方向，包括做有罪还是无罪辩护，己方的理由、事实、依据，主攻方向是对方的证据还是对方的事实，攻击对方的程序性问题还是攻击对方的法律依据，一定要有自己的规划，要有自己的谱，不能轻易地为对方所调动。如果总是跟着对方的方向跑，一定会输掉这场战争。

有效辩护的概念没必要讲太多。作战应基于效果进行统筹。怎么样达到最好的效果，需要什么样的兵力、兵种和什么样的装备，需要什么样的配置。对于辩护，也要基于效果进行，即怎么样能够达到自己预设的效果。如果只是走形式的辩护，仅仅是开庭的时候有一个人坐在辩护席上充当辩护角色，是不能从本质上进攻的，达不到辩护的目的。形式意义上的辩护不是我讲的有效的辩护。

接下来给大家分享一个小案例。这起案件是一名18岁的高中生，在一天之内知道自己失恋了，女友又有了新的男朋友，失去理智杀人复仇。一审律师做的是无罪辩护，最后判了死刑立即执行。二审的时候，我的策略是必须认罪认罚，而且要赔偿被害人，求得被害人的谅解。我们知道类似故意杀人的案件，如果没有得到被害人的谅解，处罚肯定相对较重。这类案件的大的思路是必须认罪认罚，关键是要进行赔偿。曾经有一个细节：春节前，被告人的父母到被害人家去赔礼道歉，被害人父母并没有将他们拒之门外，而是哭诉失去儿子的痛苦。后来，我们就赔偿问题反复商量、沟通，积极促成谅解，最终谈妥赔偿，换取了和解。公诉人也作出了一些让步，二审这个案件改判死缓，没有限制减刑。

另一个案例也是我办理的，一起发生在山东某县的国内某知名数据公司首席运营官涉嫌侵犯公民个人信息案。对于此案，当地的办案机关先是通过当地公民购买信息数据并举报的方式对此案实现管辖。后在侦办过程中，又将涉案公司包括实际控制人和首席运营官在内的多名工作人员拘留到了当地。随后，实际控制人因故被取保，单位犯罪的主体责任也在公诉阶段被撤销。由此，结合具体案情，此案的刑事责任便不合理地都落到了我们的当事人首席运营官和其他职员身上，换言之，他们成了本案某种程度上的"替罪羊"。我在介入后，与承办检察院交涉过程中，便结合案情提出了质疑：为何不追究单位犯罪？追究单位犯罪的情况下，我的当事人仅仅是一名直接主管人员，他的责任相对公司实际控制人应该轻很多，为何不追究排在前面的实际控制人及其他管理人的刑事责任？他们都不构成犯罪，我们的当事人为何构成犯罪呢？如果单位不构成犯罪，为何个人构成犯罪？此后案件进入一审审判程序，在开庭时，我当庭直接申请了公诉人回避，我认为该公诉的内容没有提起公诉，不合理地漏掉了单位主体责任和公司实际控制人的责任。

现场： 具体是以什么理由提出的回避申请呢？

石宇辰： 是依据《刑事诉讼法》第29条第4项，即存在其他可能影响公正处理案件的情形。我们认为，承办公诉人在审查起诉过程中，其行为明显不合理地影响了当事人的利益，存在影响案件公正处理的情形。法官当场决定休庭。随后，就这一回避问题，检察院内部进行了充分研究，并与我进行了反复交涉。最后，在征得了我方同意之后庭审才得以继续进行。我认为，就这个案例而言，我在第一阵就先要把公诉人的气焰打掉，最起码我们要为了荣誉而战。如果该说的不说，可能就没有尽到我作为辩护律师的职责。此案庭审时也有其他几位律师同仁在场，我作为第一被告的辩护律师，自认为在当时的情况下尽到了辩护律师的职责。在我看来，在座的各位是明天的太阳。我相信未来你们将照耀大地，扫除阴霾，把每一个阴暗的角落照亮，实现公平和正义，这个重任在诸位的肩上，未来早晚是要交到你们手中的。

我曾经和钱列阳律师聊天，他说我们这一代人（当时他四十多岁，我三十多岁）很快就要老了，你们这一代人很快就会成长起来，会接替我们，像接力棒一样。当然，你到底能不能接起来，得看你的骨头是硬还是软，你的精神是不屈的，是"刑天舞干戚，猛志固常在"，还是投降的，这是关键。昨天让我们选带徒弟，我是凭自己的直觉，一种感觉在选，谁能接替我呢？薪火相传的火炬，我也常反思自己能不能接下老一辈田文昌、顾永忠等律师的火炬，把它们点得更亮。但我是心中有一颗检察心的律师，我对检察事业有无限的感情，不管我曾经走过的道路有多少曲折、流过多少泪和汗，我感谢我曾经经历过的十年检察生涯。我经常回忆起我们十几个人灯火通明地加班，一起像打狼似的开着车去搜查，晚上彻夜通宵地进行讯问，拿下犯罪嫌疑人的口供。那时候我们的加班费才20元，待遇较为低薄，经常完成工作都凌晨了，但是我们热爱这份工作，用青春和热血去铸就，我们做的是青春无悔的选择，所以到今天还能够坚持做刑事辩护。我很佩服今天上午李肖霖大律师给大家讲的张燕生大律师，一位像撒切尔夫人一样的律师、一位女侠，将来诸位中也会产生像撒切尔夫人这样的铁娘子，用一生的时间作为墨汁去谱写最美的华章乐曲。我相信诸位一定会有这样的一天，一定会有能够坚持到最后的人，尽管跑得很慢，但是能够坚持到最后，这就是中华民族的脊梁，这是鲁迅先生说的，与诸位共勉。

我今天之所以带着感情和各位聊这些，是因为我受过伤、流过血，也流过泪，有过委屈，有过伤心、痛苦，但我热爱辩护事业。前天我们举办了一个合规的研讨会，我说我作为一名刑辩律师，作为一名老检察官，能够做到合规，我在庭上发言的每一句话都能够经得起考验，不说出格的话。我可以保证，我在法庭上所作的每一句辩护都是合规的。所以我给大家的建议是，要想战胜别人，就要先战胜自己，要想自己取得胜利，就要先让自己立于不败之地。如果要想别人永远无法战胜你，那么请把你的"阿喀琉斯之踵"站稳。为什么我要提到"合规"？我们组建了一个部门叫刑事法律风险防控部,想在刑事案件非诉化方面做一些尝试,就是对公司、企业、相关人员,在事前、事中、事后做出我们律师应该做的一些工作。为什么提到作为律师的合规?我觉得每个人的一言一行,都应该考虑能不能做到符合相应的规程、规章、法律制度、原则、政策等。

再谈谈一起金融案件。这起案件中,我是几十个辩护人中仅有的几个做无罪辩护的律师之一,当然我不是做形式意义上的辩护。我的当事人是一个负责人力资源的副总,她实际工作才两个月,主要负责人员招聘工作,但是她被以非法吸收公众存款罪指控,我为她辩护。我的当事人认罪认罚,表现出了一个好的态度,争取较轻的量刑。但是我认为她是无罪的,我作为律师有责任、有义务作为她的嘴去说,去为她辩护。我们在庭上作出了非常有力度的无罪辩护,当时在庭上效果非常好,以至于公诉人说:"请法官同志注意,他们的当事人自己作了认罪认罚的表示,但是他们的律师却作了无罪辩护。"但是当事人自己是认罪的,该从轻的还是要从轻,我作为律师,讲出了她自己心中所说的无罪理由,就是想让她能够得到大家的同情,让大家知道她情有可原。法官最后也确实从轻量刑。所以我的策略是,如果当事人自己非常想做无罪辩护,我们作为律师看了案卷之后,可以在战略的方向上选择无罪辩护,但是让当事人自己做认罪认罚的表示。这样的一个配置就是我刚才所提到的亚历山大的战术。

提问: 被告人认罪认罚的时候,我们可不可以同时做罪轻和无罪辩护?

石宇辰: 定性问题上可以做无罪辩护,即可以就事实、证据问题做无罪辩护,但是在量刑的时候,可以就量刑的问题单独提出量刑建议。如果认定有罪,但具有自首、立功等量刑情节,不能因为做了无罪辩护就将这些量刑情节都抹杀掉。退一步讲，还是要有利于我们更好地去实现最终的战略目标，保障当事人获得更好的机会和结果。

提问：就我对认罪认罚制度的学习和理解，实践中既然认罪认罚，那法官和检察官是最反感律师再去做无罪辩护的。因为涉及独立辩护与委托辩护性质上的差异，独立辩护中，被告人当然是可以认罪的，辩护人可以做无罪辩护。但是委托辩护还是要基于被告人在程序上的选择，他的自由意志已经实现了，与法官、检察官争论程序辩护的权利、实体辩护的权利，这些已经在开庭之前就实现了。这是一个疑问。

石宇辰：你提的问题是一个很好的问题。往往被告人之所以让律师做无罪辩护，是因为他有很多无罪辩护的理由，但基于认罪认罚的基本立场，不能再按照这样的思路为自己提出无罪辩护。也就是说被告人如果要想达到他的目的，就只能通过律师之口。作为认罪认罚的人，也还有无罪的可能性，哪怕是10%、20%的可能性，这种可能性也是有可能实现的。也就是说，尽管被告人作了认罪认罚的表示，这个案子也有可能是判无罪的。如果有这种可能性，作为辩护律师还是要竭尽全力为被告人争取，这是我的观点，可能和你的理论不太相符。

提问：我国的认罪认罚制度与美国的辩诉交易存在差别，最根本的是我国追求实体真实，美国更注重程序正义。您说的10%、20%的可能性，我觉得在实践中很少存在。

石宇辰：不，现在这种可能性非常大，我们在现实之中就遇到过这种案件，一会儿可以讲。

彭逸轩：我简单说一点，我理解提问所讲的是无罪辩护的概率在整体案件中能达到10%、20%，这种情况是不现实的。因为个案当中可能会出现无罪情形，但实际上全国案件放在一起来讲，这个比率是非常低的。还有一点，刚才所讲的问题涉及认罪认罚与律师辩护的问题。认罪认罚制度在施行过程中，还存在一些争议。认罪认罚制度和美国的辩诉交易制度可比性不是很大，为什么这么讲？我旁听过美国刑事庭审的整个过程，法官会花费很长时间告诉被告人，如果认罪会有什么结果，另外还有律师的参与。但我国律师在值班的时候是看不到卷宗材料的[①]，如果当事人问应不应该认罪，律师没有办法给他一个合理化的建议。如果被告人或嫌疑人处于被羁押的状态，有时候可能检察官或者公安机关给他讲量刑的优惠或者量刑的幅度，他并不能完全理解。另外，如果认罪认罚，一审判决结果不理想，被告人没有议价权。如后来被告人发现自己并没有获得量刑上的优惠，有没有上诉的权利，上诉之后二审法院应怎么认定，这些都是存在的一些问题。正好谈到这个问题，我也谈一下我的看法。

石宇辰： 我再继续讲几个案件。我国台湾地区电信诈骗案也是一个比较受关注的案件。我们是以律师的职业操守、职业责任、职业敏感度去做这件事情，实实在在地进行辩护。通过我们对诉讼策略的选择，给当事人做了有效的辩护，提出了我们相应的观点。最终这起案件电信诈骗2000多万元，判了15年有期徒刑，我觉得很成功。

郭某某单位行贿案，这是我刚才想回应提问的案例。在这起案件中，被告人郭某某一直坚持做无罪辩护，一直不认罪，但是我们还是劝说他认罪认罚。因为这起案件的证据对他非常不利，如果一味地顽固坚持无罪辩

[①] 直到2019年10月24日，《关于适用认罪认罚制度的指导意见》才明确规定了值班律师享有阅卷权。

护，最终的判决结果对他是非常不利的，后来他接受了我们的意见。但是我们作为律师，还是给他做了事实不清、证据不足的无罪辩护，最终二审法院支持了我们的观点，撤销原判，把这个案件发回重审，我们的辩护取得了比较好的效果。在辩护过程中，当事人有很多时候可能不理解你，但是我们作为辩护律师还是要坚持，永远把当事人的利益放在最高位。有些律师喜欢在一个案件结束之后，把自己炒作成名律师，但是被告人却被判了重刑，这种做法我不能苟同。我们始终应当把被告人最终能不能获得较轻的量刑结果作为辩护律师追求的主要的，也是绝对性的目标。

还有一起某电视台台长王某贪污、受贿案，我们做了部分事实不清、证据不足的无罪辩护，让王某本人认罪认罚，他的态度非常诚恳。庭审上的辩护观点实际上就是王某自己内心深处最想说的、为自己辩护的事实不清、证据不足的部分。当时在法庭上就这个问题进行辩护的时候很激烈，主要是关于部分事实和证据，关于定性到底是借款还是受贿，相应的事实到底是怎样发生的，有哪些证据等。我们基于这样的一个基本立场去为当事人做了部分事实不清、证据不足的辩护。虽然由于种种原因没有得到法庭的认可，但我相信以后会"翻盘"，我觉得对一个事实和证据的认识，有的时候需要一定的时间。

苏某聚众扰乱社会秩序案是我们去年代理的案件，我们做的无罪辩护。苏某的公司被暴力拆迁后，苏某请社会人士保护现场和被掩盖在废墟底下的账本、其他证据材料，在这个过程中与拆迁方发生一些冲突，被定性为聚众扰乱社会秩序。我们当时做无罪辩护，二审取得了很好的辩护效果，案件被发回重审。

莫某敲诈勒索案，我和助手两人都做的无罪辩护。莫某和公司之间有劳动纠纷，后去税务机关举报，公司被税务机关查处。莫某向公司提出了精神损害赔偿，从公司拿到损害赔偿金50万元，但是她丈夫后来私自领取的。我们作为律师觉得莫某就是无罪的，坚决给她做无罪辩护，这也是她和家属的坚决要求，但是让她自己做了认罪认罚的表示。我们认为尽管被告人自己认罪认罚，但如果这个事实对她来说是一个"冤案"，即使证据上对被告人不利，作为律师也有责任、有义务给她做无罪辩护，不管中间有多大矛盾。这是我的基本观点，也愿意和大家共同商榷。后来莫某被判缓刑。

这是我办案的一些经历。我认为辩护律师要围绕事实进行辩护，在事实的基础之上进行证据的研究，发现证据的矛盾，排除非法证据，穷追猛打，围绕证据掀翻对方城墙的一砖一石，掏空它的基础，然后就法律定性到底是此罪还是彼罪，是重罪还是轻罪拿出我们的意见。从程序上发现问题，也可有效地推动辩护，虽然不一定能从根本上扭转，但毕竟程序正义相对来说比实体正义、实质正义更提前一些，如果没有这个前提就没有实质的结果。

我觉得有效的辩护一定是有策略的辩护。大家在辩护过程中一定要思维开阔、头脑灵活，要有创造性思维，要有各种各样解决问题的办法。孙子兵法、三十六计都要用一用，我建议有机会大家也要看一看《苏秦列传》《张仪列传》《鬼谷子·揣篇》等。我觉得《鬼谷子·揣篇》道出了侦查员进行讯问的真谛。鬼谷子不愧是庞涓、孙膑的老师，大家一定要学习、运用古人的智慧，从中吸取营养，在不断重演的历史当中，古人的钥匙往往能够解决今天的很多问题。因为历史在不断地重演，很多问题本质上没有发生变化，解决问题的钥匙往往就在历史的篇章中，也许就在《资治通鉴》中，也许就在《史记》中。大家还要多看看历史中记载的那些统帅们对士兵们的演讲，看看拿破仑的演讲和其他人的演讲，对于我们刑事辩护律师进行庭审演说打动法官有很大的借鉴意义，用情理法相结合的方式让法官接受我们的观点，实现我们的战略目标，达到出奇制胜的效果。我这个人特别习惯出奇制胜，但我的基本观点是一定要守正出奇。"守正"是自己一定要有一个基本战略，自己要胸有成竹，在这个基础上才能够出奇制胜。如果不能先守正就不能出奇制胜，尤其是不要超出法律和规则的范围去做一些违反原则的事情，这就是合规的问题。再一次提到合规，合规是将来刑事律师要拓展的方向，我希望律师在辩而优则师的道路上，更多地帮助当事人在事前预防犯罪、事中解决刑事犯罪风险，把所有犯罪消灭在萌芽状态，这个是我们非常重要的一个目标。

我提倡的是专业的辩护风格，尽量拒绝"死磕"。最后我借用《简·爱》中一段话："我希望阳光下，鲜花里有更多的简·爱走出来，不管是贫穷，还是富有；不管是美貌，还是相貌平庸，都有美好的心灵和充实的心胸，都能以独立的人格和坚强的个性生活。"谢谢大家。

主持人：非常感谢石宇辰律师给大家带来的分享，先用一个亚历山大的例子给大家非常生动形象的代入，让大家理解了方法和思路之间的关系，紧接着用典型案例告诉我们针对不同案件的具体情况如何最大限度地维护当事人的利益，据此构建出一个最优的刑辩策略，这都非常值得我们学习。在石律师的分享过程中，也几度表现出非常崇高的、令人非常敬佩的职业道德感，这也是非常让人钦佩的一种精神。

提问：谢谢石律师。提三个问题：第一个问题，如何取舍？刚才石律师给我们分享这么多，主要是通过分毫必争维护当事人权利。但刑事辩护当中是不是存在先舍后得的情况，如舍弃一部分权利得到更多的权利？石律师是一名经验丰富的律师，是一个巨大的案例库，能不能简短地给我们举两个例子。

第二个问题，如何均衡？律师处理案件过程中可能游走于各种力量之间，律师在多种影响之间应如何取舍？

第三个问题，怎么坚持？石律师举了认罪认罚的例子。认罪认罚案件当中当事人已经认了罪，这个时候如果律师还是替他做无罪辩护，是不是违背了作为一名律师的职业道德素养和职业操守？如果没有违背，怎么坚持下去？

石宇辰：从最后一个问题开始，关于职业道德的问题。我们做无罪辩护并不是为了展现自己，为了表现而表现，恰恰相反，这是当事人自己内心的需要，是当事人面对可能出现的犯罪处罚最后所作出的无奈选择。如果真的事实清楚、证据确实充分，事实上绝无任何被冤枉的可能性，我想无论是律师还是当事人都应该有一个基本的判断。也就是说，之所以让律师去做这样一个无罪的辩护，是尊重被告人自己可能要承担的判决结果，然后有律师去为他担当，去为他遮风挡雨，避免走上歧途。这恰恰反映了律师的职业操守和责任，是我们应该做的。这是第一个问题。

第二个关于取舍的问题，和下棋一样，下象棋有丢车保帅的做法，在暂时不利的情况下舍弃掉局面的利益，赢得背后长远的战局，舍弃目前的利益得到长远的利益。这种情况下还是一种策略选择，大舍大得、小舍小得、不舍不得，这往往是一种策略。

提到各种力量均衡博弈的情况，律师如何游刃自如的问题，最好的办法是不要让自己陷入漩涡。我们应该是"工匠"，用我们的专业能力、用我们的技术为当事人辩护，用我们坚持的精神和毅力走完辩护的路，而不是投机取巧，投机取巧有时候不但不能走捷径，还可能得到相反的结果。当你认准了一个前途、一个方向、一个目标，请你坚守。

主持人：感谢石律师非常精彩的回答，学员还有其他问题吗？

提问：石律师您好，因为您多次提到正义，我想问一下您认为的正义是什么？我最近遇到一个案例，我的一个同学被她的追求者追求无果，该男子尾随她想把她和她男友都杀死。6月30日晚上，该男子在公共场合拿刀砍我的同学4刀，这种情况下，家属认为判凶手死刑才是正义的。从法律上要为这样一个凶手来辩护，我觉得这个正义有时候是矛盾的，每个人看法不一样，您对这个问题怎么看？

石宇辰：这个问题是个好问题，矛很尖锐，盾也很坚固，以子之矛攻子之盾，若何？你有机会可以看看罗尔斯的《正义论》。我觉得认清自己内心深处所追求的公平、正义，最后真正让它实现，这就是我们的目标、我们的追求。你刚才提到的案例，判死刑是有争议的。但每个人有自己的正义观，或许被告人本身也有各种各样的情有可原、期待可能性。但所有的一切都因为一个生命的逝去，必须让社会矛盾进入平和、进入和解，通过刑事和解重新平复社会的伤痛，这也是一种正义。让被害人家属得到赔偿，让被告人家属作出赔偿抚慰被害人家属，这也是另外一种形式正义的实现。让整个社会重新进入正常状态，这是律师的责任，也是实现正义的一种方式和目标。不知道我这种解释是否合适，也许有点诡辩。

第11讲 优秀辩护词如何炼成

主讲 | 袁 志[①]

整理 | 华荣荣[②]

和大家分享"优秀辩护词如何炼成"这个话题，不单是组委会的安排，我个人也觉得很重要。一是辩护词是律师和法官、检察官沟通交流的媒介，法官、检察官主要是通过律师的辩护词来了解律师的意见和理由；二是辩护词不仅是律师整个辩护工作的集大成，而且最能体现律师的综合素质、专业能力以及是否认真负责；三是社会公众是通过辩护词来了解和评价律师，好的辩护词有助于提升律师的社会地位和形象。因此，写辩护词以及写好辩护词是对刑事辩护律师最基本的要求。

要想把辩护词写得漂亮、有文采，这与律师的文字功底有关，这种文字功底的提高需要循序渐进的积累。记得有一位教授在我读博士时这样和我说，写东西就像编草帽，材料都是一样的，手艺不一样，编出来就完

[①] 袁志，北京市炜衡（成都）律师事务所高级合伙人，四川省律师协会常务理事、副会长。

[②] 华荣荣，炜衡大学生刑辩训练营第一期学员。

全不同。但今天我和大家分享的不是如何编，而是在写辩护词时该有的思路。基本功和文字能力是要靠大家在工作中积累，不是一次或两次课能解决的。但思路可以通过我们这些老律师的分享得以打开，以免在以后工作中找不到方向。

一、写好辩护词的三个基础

（一）吃透案件

只有真正吃透案件后，才能写出好的辩护词。这个道理我想大家都明白。但关键是我们怎样才能吃透案件？因为后面有专题要讲这个问题，我在此不多说，只简单谈谈审查案件事实和证据的两种不同思维方式。

一种是我们在学校读书时，老师常讲的顺向思维方式。即从证据到事实然后到法律。具体而言，是先看案件有什么样的证据，然后通过证据形成案件事实，有了对案件事实的初步认识后，再考虑法律的适用。

一种是有经验的律师、法官办案中的逆向思维方式。即先对案件性质以及事实有个初步的判断，然后再去看证据，并在审查判断证据的过程中不断检验自己最初的判断是否正确。换一句话说，是有指向性、选择性和目的性地去审查案件事实和证据。

两种思维方式相比，后一种思维方式能迅速从杂乱无章的案件事实和证据中找到律师辩护所需要的东西，在审查案件事实和证据过程中，有很强的目的性和针对性。当然要有这种思维方式并能熟练运用，前提是要有经验，就像老师傅一样，粗略一看就大概知道是怎么回事。希望各位学员在以后的工作中学会总结和积累经验，让自己有能力更快更好地吃透案件事实。

（二）形成辩护思路

写辩护词肯定先要有辩护思路。辩护思路是指律师准备如何打这个官司以及通过什么样的路径具体展开。

1. 辩护思路要围绕控方指控逻辑展开。

公诉人和法官，不论是指控一个犯罪或是作出一个判决，都一定会有自己认定事实、审查判断证据的逻辑思路。律师要做好辩护工作，一定要搞清楚他们是怎么想的，这就是我们常说的知己知彼，百战不殆。如果连对手是怎么考虑的都没有想明白或者想错了，就无法做到有效反驳，无法抓住其中存在的漏洞或薄弱环节。辩护不是自说自话，不在于说得有多漂亮，而在于要有针对性。

我曾经办理的一起二审案件，原一审律师在辩护时没有想清楚检察机关的指控逻辑和思路，导致未针对检察官的指控逻辑和思路展开辩护，自然辩护也就没有起到该有的作用。其中，最主要的问题是是否构成共犯。这是一起贩毒案，我按照时间顺序给大家简单介绍下：某年7月4日，两名被告人甲和乙一起到成都购买毒品，二人在购买了八克多毒品后，乙单独把毒品带回老家销售，甲继续留在成都。第二天，甲再次购买十五克毒品带回老家。甲第二次购买的毒品，乙没有出资也不知道，也无直接证据证明双方商议过这次购买的毒品为共同所有。只是甲把毒品带回老家的当天晚上，乙到甲居住地，给了甲一些辅料。在乙离开甲的居住地后，甲把乙提供的辅料添加到自己购买的毒品中。第二天，甲、乙均被公安机关抓获。

第一次购买毒品属于共同犯罪没有争议，关键是甲第二次购买毒品是否也是共同犯罪。从时间节点看，甲第二次购买毒品，两人没有商议，乙没有出资，唯一的行为是在甲买回来后，乙到了甲居住地，带了辅料，并告诉甲可以把辅料添加到毒品里面。但甲当时说不用添加，添加后味道不好，乙就说添不添是你的事，然后把辅料放到甲家就走了。随后是甲独自把辅料添加到毒品中并分包为小包，这些行为乙都不知情。不仅乙一直否认自己和甲第二次有共谋，而且甲也说第二次购买毒品和乙没有关系。一审律师就抓住这一点展开辩护，但没有得到法院的支持，仍然认定他们是共同犯罪。

我们接手这个案件后，发现了一个重要的证据。乙的女朋友有一个证词："他们之间形成了一个共同的合作关系，共同出资、共同购买、共同销售，不管是谁做了，大家共同收益。"这个证据对法官形成心证很重要。因为一般情理来说，乙的女朋友不会害自己的男朋友，那么她的证词的可信度就会非常高。再加上第一次共同购买毒品的行为以及带辅料的行为，即便二人均否认，也很难让法官相信没有共谋。我们在和一审律师沟通时，一审律师说没有意识到这一点，只是以甲否认，乙也认为没有共谋进行辩护。这种简单化的辩护效果自然不会太好。

2.要有自己的辩护体系。

通过搞明白、想清楚控方指控的逻辑和思路，找到其事实认定、证据分析判断和指控逻辑链条上存在的漏洞并展开攻击只是形成辩护思路的基础，更重要的是要有自己的辩护体系。

作为律师，能在案件中抓住某一点展开攻击是件很容易的事，但刑事辩护应破和立相结合。都说检察官是搭房子，要讲证据，律师是拆房子，是讲故事。但很多人只抓住了拆房子，没有去讲故事。很多律师的辩护词罗列了很多问题，让人感觉到控方指控这也不对，那也不对，但缺乏体系化，没有讲故事。这种辩护词让人看懂和搞明白都很难，更何况得到法官的支持。

很多年前，有一位朋友把一位律师写的辩护词给我看。一共20多页，有一万多字。我看了下，当事人问我看明白没，我说没有看明白，他也说我没看明白。光看内容，这位律师是说了很多，感觉到处都是问题，但因为缺乏体系化，很难明白他到底想要表达什么。这位律师就只是去拆房子了，没有讲辩方的故事，没有形成体系化的辩护，只是把有用的、没用的，作用大的、作用小的杂乱无章地堆砌在一起，把凡是他认为有问题的都提出了，缺乏主线和逻辑结构，看完之后让人不知所云。

（三）要不断斟酌和检验自己的辩护思路

律师肯定是具有偏向性的，在最早作出判断时，都会从最有利于被告人的角度出发。因此对形成的辩护思路，要不断斟酌和检验，避免因为偏向性导致出错。

我给大家举一个例子，这是一起寻衅滋事案：四个年轻人在酒吧和他人发生矛盾，出手殴打对方。在殴打过程中，警察赶到现场制止，双方未停手。警察就插到双方之间试图以身体把双方隔开。双方仍然没有停手，其中一个小伙子在打对手的时候，不小心把警察给打到了。后果是对方一人轻微伤，该名警察也是轻微伤。寻衅滋事的相关司法解释规定，随意殴打他人，致两人轻微伤的，就可以入罪。

当时，我们考虑这个问题，既然是随意殴打，那就应当是直接故意。但是打警察肯定不是直接故意，该警察受伤的后果就不能作为构成寻衅滋事的评价要素。随意殴打导致一人轻微伤，不服从警察执行公务导致警察轻微伤，把两种不同性质的行为造成的危害后果拼叠为一个犯罪行为是否适当？但我觉得还是有问题，我在和一位同行讨论时，同行就举了一个例子：比如你随意殴打他人过程中，把一个东西砸向受害人，不仅把受害人打伤了，而且该东西弹起又伤到了无关的人，后一个人算不算后果，该不该为这个后果负责？其实，我们开始想的就有偷换概念之嫌，后来我们就修正了自己的辩护意见。这起案件最为关键的是对"随意殴打他人，致两人轻微伤"中对"致"的理解。这个殴打行为是故意造成的，"致"是行为所导致的后果，是不是行为与后果必须一一对应？症结在这里。

我们对自己的辩护思路一定要进行检验，从相反的角度看道理上能否说得过去，有没有其他相反的解释。这其实也在帮助你寻找自己辩护中的漏洞和不足，如果被反驳了，看还有没有回应和解释的余地。

二、辩护词的内容：从法官角度出发是写好辩护词的关键

作为律师，一定要知道我们写辩护词的目的是什么，是用来说服法官的而不是个人欣赏。如果不能让法官理解、让法官接受，说得再多、写得再好也没有用。要想得到法官的理解和支持，在内容上就要从法官的角度展开。

这个很好理解，我不作过多的解释，只是提醒一下要注意两种个人认为不好的倾向：一是把法官当成全知全能、不食人间烟火的神。这会导致辩护词的内容宏大叙事居多，但不接地气，是一篇好的战斗檄文，但不是一篇讲事实、摆道理的好辩护词。二是认为可以通过言说的方式误导或让法官形成混淆。不少律师在写辩护词时，喜欢玩套路和文字游戏。这是一种很错误的方式。你知道的，法官一定也知道。法官一旦在心中对你形成

了偏见，你的辩护意见就很难被法官接受。

三、要遵守事实认定和证据审查判断的基本方法

我一向认为，律师的价值判断可以"偏颇"，但事实判断应客观，在写辩护词过程中，从证据分析到事实形成的过程要符合经验法则和常情常理。

我曾办理过一起窝藏、转移、隐瞒毒品的案件，犯罪嫌疑人不吸毒也不贩毒，但他有几个朋友吸毒，他对此知情。一天早上，他还在家里睡觉，其中一位朋友给他打电话，让到这位朋友家里取一包东西放在他家，过几天后这位朋友再来取。他就到这位朋友家里把东西拿回家。中午十二点左右，刚到自己家小区门口，就过来几个人说他们是警察。这几个人没有穿警察的制服，但嫌疑人一听就把包一丢，往自己家跑，然后被警察瓮中捉鳖。

开始嫌疑人供述自己知道是毒品，后来他想否认，问我的意见。我说我作为你的律师都不相信你，检察官会相信吗？你解释一下为什么到了家门口，听到有人说是警察就把包丢了往自己家跑。嫌疑人说因为我害怕他们是要打我。我说这个不太好理解，如果是晚上十二点，在一个偏僻小巷冲出来几个人，说我是警察，你跑我还可以理解，光天化日，又在你家门口，你怕什么？这位嫌疑人低头想了想，没有再说什么，后来也没有翻供。因为他自己也知道自己的辩解明显不符合常情常理，无论怎么说，都难以取得法官的相信。

作为律师，虽然是要替当事人辩护，但在事实判断上要遵循常情常理和经验法则，不能不加判断、不加思考就认为当事人说的都是真的，并作

为自己辩护的基础。这样会让法官认为律师和当事人一样不客观，表面看起来辩护有力，但经不起推敲。

我们要受辩护人角色拘束，但是也不要太局限于自己辩护人的角度。律师具有倾向性，这是很正常的，但是不要什么都表现得具有倾向性，不然就是在讲歪理。我有一次和法官座谈交流时，问他们最讨厌的律师是哪种类型。法官们一致回答，是不遵守事实认定和证据审查判断基本方法的律师，讲歪道理、钻牛角尖、胡搅蛮缠。如果法官都讨厌你，你写的辩护词的结果可想而知。

而且，律师的辩护权来自当事人，其职责是维护当事人的利益，律师不可以用个人的价值判断来取代社会整体对道德伦理的价值判断。律师需要做的是根据案件本身，找出对你最有利的、为大多数人所认可的价值观。中国叫作"律师操两可之词，受无穷之辩"。不是说让律师在事实上想办法，而是应该聪明地从最有利的角度找到理由，而不触犯大家所共同遵守的东西。这就是律师的水平。

四、要遵循逻辑推理的基本法则

律师在写辩护词过程中，不能凭空假设、预设前提，不能以点概面、以偏概全，不能强行推理、强词夺理，要遵循逻辑推理的基本法则。之所以要和大家分享这一点，是因为我看到过很多不遵守逻辑推理基本法则的辩护意见。以我遇到的一个案件为例：被告人是一个公司的采购经理，采购物资后别人通过银行转账的方式给他回扣。被告人一直坚称别人通过银行转账给他的钱，是这个人让他帮忙买房子，行贿人也曾经作过类似的证言，但后来改变了证言。代理案件的律师就想以此作为辩护的理由。我看了看转账的记录，就认定这样辩护是走不下去的，该被告人的辩解经不起逻辑推理的检验。原因是转账不是一次，而是多次，每次还不是整数，都有零头，如98008元。

我们都知道三段论是常见的逻辑推理。如果认为是让被告人帮忙购买房屋的房款，是可以多次转账，但不可能有零头。虽然大千世界无奇不有，当然也有例外的存在，但不能预设前提，不能以点概面，不能不讲因果关系。在三段论中，能成为大前提的一般是公允的定律或大概率存在的事实，如果错误的可能性占一半或属于个人偏执，都不能成为大前提。以此作为逻辑基点进行演绎，不仅经不起反驳，而且也达不到说服法官的目的。

我经常在想这样一个问题，在面对对自己不利的事实和情节时，是应当一概否认还是作合理的解释？很多人都是想一概否认，但这样反而很容易在逻辑上犯错误。我的理解是，要合理地解释和质疑，没有必要动不动就一概否认。学法律之所以要开逻辑课，就是要让我们养成好的逻辑思维能力，并在思考问题时遵循逻辑准则。

五、表达要客观，不要玩弄诉讼技巧

我有一个观点，杯子就是杯子，只是公诉人、律师、法官看这个杯子的角度不同，会得到不同的画面，但不能因为得到的画面不同就否认它是一个杯子。实践中，有些律师在辩护过程中很喜欢因为看到的画面不同，就试图通过技巧的使用引起混乱和误导。

律师要想让自己的说法被法官、检察官相信和接受，在表达上就一定要客观，不要玩弄诉讼技巧，不要想着通过某种说法去改变某一事实。当

然，可以通过一些说法，消减不利的事实的影响，但不要试图去改变它。大家写辩护词的时候，表达一定要客观，现在的年轻人文笔好，喜欢绕来绕去，其实这不是好的方法。律师要学会用技巧辅助表达，这是一个分寸度的问题。

六、要遵循法律解释和适用的基本原则

法律在具体适用的过程中，是用来遵守的而不是拿来批判的，我们不是判例法国家，即使法律规定不合理，也必须执行。在辩护过程中，我们是要讨论法律规定到底对不对，还是法律如何适用的问题？我想更多的应该是法律该如何理解和适用的问题。律师的辩护是"司法的辩护"，是一种实然状态下的辩护，而不是"立法的辩护"。因此，在写辩护词过程中，要遵循法律解释和适用法律的基本原则。

七、情理辩护要适当，切忌自以为是

天理人情是绝大多数人认可的天理人情，而不是某一个人的天理人情。如果只是站在被告人的角度展开情理辩护，是很容易出问题的，甚至可能反而把被告人推向绝境。

这是因为法官在作出判决时，一定会考虑该判决对社会的指导和示范作用，不会只站在被告人角度考虑问题。如果辩护人在辩护过程中适用的情理过于偏激或与社会主流价值观不符，不仅得不到法院的支持，反而会促使法院为彰显和弘扬社会主流价值观对被告人施加重罚。

如引起广泛关注的学生打老师的案件，其中就涉及情理辩护的问题。有人认为打得好，这位老师该被打，有人认为不能打。律师在做情理辩护

时，一定要考虑如何辩护的问题。这起案件一旦判决无罪会怎么样？小时候被老师打过，就应当打回来，这样对不对？如果法院以这个理由判决无罪或者从轻处罚，再推演下去，如果小时候被父母打了，是不是以后也可以把父母打一顿呢？再以张扣扣案为例，以血亲复仇和同态复仇为起点展开辩护，但以暴制暴、以恶制恶的丛林社会是否为现代法治所不容？如果不判被告人死刑，可能会在社会上引起一系列不良影响。

这些内容，包括我知道的很多大律师都没有注意到这个问题。我的理解是，太站在辩护人的角度，太受制于自己的视野和局限。很多判决一看律师的辩护意见，基本上就可以判断结果是什么。所以情感辩护要适当，切忌自以为是。不要用自己思考问题的方式和逻辑思维去取代别人思考问题的方式。律师是一个和人打交道的职业，辩护词要起到说服人的作用，如果局限于自己的思考方式，不能说服别人，是没有效果和任何意义的。

另外，一些律师的情理辩护太过偏激。任何一个判决都离不开基本的社会伦理，任何法律的适用都是在一定的空间内展开的，不可能在一个纯粹的、没有受到任何污染的环境中展开，这个大家需要注意。

八、以为当事人取得实际利益为导向

有效辩护，是看过程还是结果存在争议。就我个人认为，虽然不能简单以结果判断，但作为律师一定要以为当事人追求好的结果为目标。在程序辩护和实体辩护发生冲突时，程序辩护要服从实体辩护。

以我曾经代理的一起知识产权案为例。这个案件在程序和证据收集上都存在很多问题，在辩护过程中，我们不断以程序辩护为手段向检察官施加压力，最后换取了实体从轻的处罚，并没有仅仅为程序辩护而辩护。

曾看到有位年轻律师说，做刑事辩护要有"撞到南墙不回头"的精神。我认为精神可嘉，但问题是撞到南墙，没有把墙撞垮，怎么办？有的时候，能不能绕过"墙"达到所期望的目的？一条路走到黑不一定是好的办法。法律不是自动售货机，不是"1+1=2"，法律是社会科学而不是自然科学，不可能精准也做不到精准。我是学诉讼法的，我理解的法律就是一条轨道，一左一右，在轨道内正常的运行都是合理的。合理是1.5还是1.6，没有正确的答案。很多事情还是应以为当事人取得实际利益为导向。

九、形式上易于法官理解和接受是写好辩护词的保障

第一，写辩护词要有开篇陈词，简单来说就是内容提要，不要让法官在辩护词中寻找辩护观点。辩护词的内容摘要和写文章不一样，只需要大概把自己的观点说清楚就可以了。但是有一句话值得斟酌，我们在辩护词中应当写"敬请合议庭予以重视并采纳"，还是"敬请合议庭予以重视"？我认为应当是敬请合议庭予以重视。因为不是写了请法官采纳，法官就会采纳，同时也体现了对法庭的尊重。

第二，辩护词要有逻辑性和层次性，要有一个基本框架，要有主线。如果没有基本框架逻辑会让辩护词凌乱不堪，让法官不容易看明白律师到底是在说什么。

第三，辩护词不要过于冗长，说清楚就好。辩护词不是说教，很多律师特别喜欢对法律进行解释，比如"根据刑法……故意是指……"这种对于法律概念的基础性解释，完全没有必要。将事实说清楚即可，这是基本的问题，辩护词应当越"干净"越好。

第四，辩护词要突出重点，聚焦关键。要抓住能解决案件的真正关键点展开辩护，不要眉毛胡子一把抓。

第五，辩护词可以以列表、图示和附件的方式增加阅读性。

第六，辩护词行文格式要规范，让法官看得舒心、读得方便。

第 12 讲　如何开展刑事申诉工作

主讲 | 余贤军[①]

整理 | 盛　浩[②]

根据训练营组委会的安排，我分享的题目是"如何开展刑事申诉工作"，就我个人而言，这方面的实践工作做得也不太多，今天在这里和大家一起来探讨研究，权当是抛砖引玉！

大家都知道司法是维护公平正义的最后一道防线，而申诉又是保障司法公正的最后一道防线。但是如果想纠正司法机关已经作出的生效判决书或者裁定书，却是一件很难的事情。加上这类案件办案周期非常长，胜诉率低，代理效果不是很好，所以很多律师不太愿意代理这类案件。袁诚惠律师讲到辩冤白谤是律师的天然职责，为无辜的当事人洗去冤情，伸张正义，还他们一个公道，是律师的天职，也应该算是一件功德无量的事情。我建议大家如果有能力、有机会，还是应该多做一些这类代理工作。

那么，作为律师如何来开展这项工作呢？我想从三个方面谈一谈自己

[①] 余贤军，北京市炜衡（重庆）律师事务所高级合伙人、副主任。
[②] 盛浩，炜衡大学生刑辩训练营第一期学员。

的学习体会。

一、做申诉代理工作需要找到的武器——法规范，即了解做申诉代理工作有哪些法律依据

首先看一下法律依据。申诉代理工作主要涉及以下几个方面的规定：一是宪法方面的规定；二是刑事诉讼法的规定；三是最高人民法院、最高人民检察院的规定；四是律师法的规定。

我国《宪法》第41条规定，公民对任何国家机关和国家机关工作人员的违法失职行为，有向国家机关提起申诉、控告或者检举的权利，对于公民的申诉、控告或者检举，有关机关必须查清事实、负责处理。这就是公民行使申诉权和有关机关负责复查的宪法依据。

为了落实宪法这一规定、实现公民的申诉权利，检察院设立了申诉控告检察科，法院之前也成立了告申庭（现在已经撤销，归到了审监庭），中共中央、国务院出台了信访工作条例，各级政府成立了信访办、信访局。在实际运行过程中，申诉权利人向法检进行申诉的案件并不多。相反，信访部门却门庭若市，信访工作压力非常大。是什么导致了这种现象？我个人看来，有几个方面的原因：第一，司法机关申诉案件的办理周期很长，门槛又比较高，胜诉率却很低。基于这方面的考量，大家就选择了信访。为什么选择信访？因为信访门槛低，效率相对较高，最后所获得的利益也最大，所以大多数的申诉人员都涌入了信访部门。即使有些申诉人员向法院或检察院递交申诉申请，却也是两条腿走路，向法院提出申诉的同时，仍然向信访部门提出，意图通过信访程序来促进司法程序的推进。当然，2012年、2013年后，国家出台相关文件对信访工作进行了改革，主要方式是进行诉访分离，对于涉诉涉法方面的案件，信访部门不再接收材料，由司法部门按照法律程序予以解决。涉及行政复议方面的，由行政机关负责处理。

根据我国《刑事诉讼法》第180条规定，被害人不服检察院作出的不起诉决定的，可以自收到决定书后7日内向上一级人民检察院提起申诉。这一规定赋予了案件被害人对检察机关作出的不起诉决定提出申诉的权利，而且申诉的管辖部门是上一级人民检察院。

《刑事诉讼法》第181条规定，被不起诉人对人民检察院作出的相对（犯罪情节轻微）不起诉决定不服的，可以自收到决定书后7日内向人民检察院申诉。这里只是提到针对犯罪情节轻微，不需要判处刑罚或者免除刑罚的不起诉决定（相对不起诉）有申诉权利，但对不构成犯罪作出的不起诉以及证据存在问题、存疑的不起诉是否可以提出申诉，《刑事诉讼法》这一条没有作出规定。

《刑事诉讼法》第252条规定，当事人及其法定代理人、近亲属，对于已经发生法律效力的判决、裁定不服的，可以向人民法院或者人民检察院提起申诉，但是不能停止原判决、裁定的执行。这里对申诉的主体进行了扩大，不仅包括当事人，还包括其法定代理人、近亲属。申诉的受理部门不仅仅是法院，还包括检察院。当然，我个人认为，按照这一规定，实操层面上也可以同时提出，既向法院提出申诉，也向检察院提出申诉。

《刑事诉讼法》第275条规定："监狱和其他执行机关在刑罚执行中，如果认为判决有错误或者罪犯提出申诉的，应当转请人民检察院或者原判人民法院处理。"这就赋予了监狱、监管机关认为服刑人员判决有错误时进行转请的权利。如果服刑人员向服刑监管机关提出申诉，也是可以的。

我们再来看看最高人民法院、最高人民检察院的规定。我在这里作了一些罗列。最高人民检察院出台的涉及申诉的规定主要有：《人民检察院刑事诉讼规则》《人民检察院办理刑事申诉案件规定》《人民检察院刑事申诉案件公开审查程序规定》《最高人民检察院关于办理不服人民法院生效刑事裁判申诉案件若干问题的规定》《最高人民检察院关于办理服刑人员刑事申诉案件有关问题的通知》。可以看出，最高人民检察院对于申诉案件作了很多规定，这些规定对于申诉案件的办理程序、原则、工作要求都作了明确规定，所以我们办理申诉案件还是有很多依据可循的。

最高人民法院出台了相关的规定，包括《关于规范人民法院再审立案的若干意见（试行）》《关于刑事再审工作几个具体程序问题的意见》《关于刑事再审案件开庭审理程序的具体规定（试行）》《关于审理人民检察院按照审判监督程序提出的刑事抗诉案件若干问题的规定》等。上述这些规定对我们代理申诉案件、再审案件的立案、开庭审理以及向检察院提出抗诉的具体程序问题都作出了明确具体的规定。

最后是《律师法》的规定。《律师法》和《律师办理刑事案件规范》明确规定，律师事务所可以接受刑事案件当事人及其法定代理人、近亲属的委托，指派相应律师担任刑事申诉案件的代理人，也可以接受被不起诉人及其法定代理人、近亲属的委托指派律师代理申诉。在公安机关、人民检察院作出不立案或者撤销案件或不起诉的决定后，可以接受被害人及其法定代理人、近亲属的委托，代为申请复议或起诉。

以上都是我们代理申诉案件所要了解和持有的武器。

二、刑事申诉的主体、范围、管辖及时效

第一，申诉的主体问题。申诉主体有三种：一是案件的当事人。当事人与案件的处理有直接利害关系，根据案件性质不同，有些案件有被害人的，被害人也是可以提起申诉的主体。如果是自诉案件，双方当事人也可以提起申诉。二是法定代理人。三是近亲属。

第二，针对哪类案件可以提起申诉。具体可以归纳为以下两类：一类是已经发生法律效力的判决、裁定。另一类是具有终结诉讼程序效果的刑事处理决定。

关于第一类，人民法院作出的已经发生法律效力的刑事判决、裁定，根据《刑事诉讼法》的规定有三种情况：第一种情况是一审案件的判决。一审案件作出判决后有10天上诉期、抗诉期。如果一审判决后当事人没有提出上诉，检察院也没有提出抗诉，则一审判决生效。一审判决生效后，无论判决是在执行过程中还是已执行完毕，当事人都可以提出申诉。第二种是二审的判决和裁定。无论是在执行期内还是已执行完毕，当事人都可以提出申诉。第三种是最高人民法院核准的死刑判决，以及高级人民法院核准的死缓判决。

关于第二类，人民检察院及公安机关作出的诉讼终结的刑事处理决定。申诉案件，大家主要关注的是法院的判决、裁定，特别是对重罪判决、裁定的申诉。实际上申诉案件针对的不仅仅是法院的判决、裁定，还包括检察院和公安机关作出的诉讼终结决定。对于哪些属于检察院作出的诉讼终结决定，哪些不属于诉讼终结决定（前者可以提起申诉，后者不按申诉处理），《人民检察院办理刑事申诉案件规定》第8条进行了明确列举：

（1）不服人民检察院因犯罪嫌疑人没有犯罪事实，即检察院在审查过程中发现犯罪嫌疑人没有犯罪事实，或者符合《刑事诉讼法》第16条规定情形而作出的不批捕逮捕决定的申诉。这属于诉讼终结的决定。这个大家很好理解，没有犯罪事实，公安机关撤案处理，肯定终结诉讼。具有《刑事诉讼法》第16条规定的情形的，本身就不能追究犯罪嫌疑人的刑事责任，所以这种不批捕决定带有终局性。对于这种终局性处理决定，当事人可以提出申诉。（2）不服人民检察院不起诉决定的申诉。在《刑事诉讼法》的规定中，没有区分微罪不起诉、绝对不起诉和存疑不起诉，对存疑不起诉、绝对不起诉是否也可以提起申诉存在争议。争议点在于存疑不起诉是否属于终局性的决定。实务中，作出存疑不起诉决定后，再追究当事人刑事责任的很少，实际上也起到了终结诉讼的作用。（3）不服人民检察院撤销案件决定的申诉。职务犯罪侦查职能由检察院转移到监察委员会后，检察院还是保留了部分侦查权。对于检察院办理的自侦案件，在侦查过程中认为不构成犯罪，作了撤销案件处理的，撤销决定也是终局性的，也属于终结性的处理决定。（4）兜底条款，即不服人民检察院其他诉讼终结的刑事处理决定的申诉。可以看出，只要是属于诉讼终结的刑事处理决定，都可以提出申诉，当事人都享有申诉权。

对于公安机关撤销案件的决定是否属于诉讼终结的刑事处理决定，相关法律、司法解释没有作出明确规定。但公安机关撤销案件的决定和检察院自侦案件撤销案件的决定，不论是性质还是处理后果都是一样的，所以我个人认为，通过对检察院自侦案件的规定可以看出，公安机关撤销案件的处理决定也属于诉讼终结性的刑事处理决定，也可以提起申诉。这是我个人的看法，不一定正确，同学们可以自己进行思考。

根据《人民检察院办理刑事申诉案件规定》第8条的规定，该条列举的五项情形之外的其他与人民检察院办理案件有关的申诉，不适用该规定。我个人认为，此处"之外的其他与人民检察院办理案件有关的申诉"，即实践中不属于人民检察院管辖的刑事申诉主要包括以下几种情形：（1）不服人民检察院因事实不清、证据不足需要补充侦查而作出的不批准逮捕决定。以前检察院在不捕决定书的后面是附有补查提纲的，公安机关进一步补充侦查后有可能还要提起批准逮捕。不管是提请逮捕还是不逮捕，整个侦查程序都不会发生终结，所以此类决定不是终结性的处理决定。（2）不服人民检察院因虽有证据证明有犯罪事实，但是不可能判处犯罪嫌疑人有期徒刑以上刑罚，或者可能判处徒刑以上刑罚，但不逮捕不致发生社会危险性而作出的不批准逮捕决定。这类犯罪要么是轻罪，没有逮捕的必要，要么是虽然可能判处有期徒刑以上刑罚，但是犯罪嫌疑人没有太大的人身危险性，采取取保候审、监视居住的方式完全可以保障程序进行，没有逮捕的必要。这类决定也不会终结诉讼程序，所以对于这种不逮捕的决定也不能提出申诉。（3）不服人民检察院因应当逮捕的犯罪嫌疑人患有严重疾病、生活不能自理，或者是怀孕、正在哺乳自己婴儿的妇女，或者系生活不能自理的人的唯一抚养人而作出的不批准逮捕决定。（4）不服人民检察院作出的不立案决定。诉讼程序是从立案开始的，立案过后，诉讼程序才开始展开，如果本身就没有立案，就还没有进入程序之中，也就谈不上终结程序的问题。对于不立案决定，实际上是有其他救济途径的，可以通过复议、复核程序进行救济，公安机关可以通过检察院进行监督。因此，对于此类决定的救济，可以通过其他程序来解决，这个也不属于今天要讲的申诉范围。（5）不服人民检察院作出的附条件不起诉决定。附条件不起诉并不是正式的不起诉。附条件不起诉主要是针对未成年人，给予一定的考验期，如果在考验期内不符合条件，可能正式作出起诉决定。因此，此类决定也并不是结论性的决定，不能带来诉讼程序的终结，不属于诉讼终结的刑事处理决定。(6) 不服人民检察院作出的查封、扣押、冻结涉案款物决定。(7) 不服人民检察院对上述决定作出的复议、复核、复查决定。

综上，可以做一个总结：终结性的刑事处理决定应当具备两个条件：一个是必须发生在刑事诉讼过程中，即案件已经进入了刑事诉讼程序，但在公安机关或者检察机关环节已经终结，不会到法院环节。二是必须具有追究刑事责任的法定情形，不起诉也好，撤销案件也好，不予逮捕也好，必须符合法律规定的情形。

第三，关于申诉管辖的问题。本部分从两方面对这一问题进行说明：一是从公检法三机关的职能分工来看管辖问题。二是从各机关层级设置来看管辖问题。

从公检法三机关的职能分工来看，根据刑事诉讼法相关规定，不服人民法院已经生效的刑事判决、裁定的申诉，由人民法院或者人民检察院管辖。不服检察院处理决定的申诉，由人民检察院管辖。对于不服撤销案件决定的申诉，相关法律并没有作出明确规定。公安机关涉及的此类问题，多是通过信访来处理的，当然这是内部的监督。

从各机关层级设置来看，根据《最高人民法院关于适用〈中华人民共和国刑事诉讼法〉的解释》第453条、第455条规定，不服人民法院的判决、裁定提出申诉的，应当由终审法院审查处理。也就是不服法院的判决、裁定，就要向作出生效判决的法院提出申诉。对于死刑案件的申诉是双重管辖，可以由原核准的人民法院直接审查处理，也可以交由原审人民法院审查。

根据最高人民检察院的规定，县级人民检察院管辖的申诉案件有两类：一类是不服本院诉讼终结的刑事处理决定的申诉，另一类是不服同级人民法院已经发生效力的刑事判决、裁定的申诉。对于市一级的（指地市级检察院）检察院，除了上述两类案件外，还有两类案件归其管辖，一类是被告人不服下一级检察院作出的不起诉决定的申诉。被告人在收到不起诉决定书7日内提起申诉的，由上一级检察院负责管辖。但如果超过这一期限，就由原作出决定的检察院管辖。另一类是不服原处理决定或者判决、裁定，已经经过了下一级检察院审查或者复查的案件的申诉，此类申诉案件由上一级检察院管辖。

当然，根据相关法律规定，还有一些不同处理，比如上级机关认为有必要的，可以直接管辖下一级机关的申诉案件。下一级机关认为不宜由本机关管辖的，也可以请求上级机关管辖。

第四，关于刑事申诉案件的时效问题。即应当在什么时间内提起申诉，从两方面来谈这个问题：一是对于法院生效判决、裁定的申诉时效，二是对于终结诉讼程序的刑事处理决定的申诉时效。

对于法院生效判决、裁定的申诉时效。根据最高人民法院《关于规范人民法院再审立案的若干意见（试行）》第10条规定，人民法院对刑事案件的申诉人在刑罚执行完毕后两年内提出的申诉，应当受理。也就是说，当事人在刑罚执行完毕后两年内向法院提出申诉的，法院必须受理。如果超过两年提出申诉的，必须具有下列情形之一才应当受理：一是可能对原审被告人宣告无罪的；二是原审被告人在该条规定的期限内已经提出申诉，而人民法院未予受理的；三是属于疑难、复杂、重大案件的。除了第二种情形外，可能对原审被告人宣告无罪以及属于疑难、重大、复杂案件，都是较为主观的判断标准。因此对于法院的生效判决、裁定的申诉，律师应当在两年内提出。如果超过两年，就只能由法院判断是否符合受理条件，存在申诉被驳回的风险。

对于终结诉讼程序的刑事处理决定的申诉时效。《刑事诉讼法》第180条规定，被害人对不起诉决定不服的，可以自收到决定书后7日内向上一级人民检察院申诉。第181条规定，对于人民检察院作出的相对不起诉决定，被不起诉人不服的，可以自收到决定书后7日内向人民检察院提出申诉。对于上述两种情形的申诉，即使当事人超过了法定申诉期限提出申诉的，按照"实事求是，有错必纠"的精神，检察机关仍然应当受理。只是对于被害人不服不起诉决定的，如果超过7天提出申诉，应由原作出决定的检察院先行复查，实际上就是受理机关降了一级。也就是说，对于终结诉讼程序的刑事处理决定的申诉，事实上是没有时效限制的。

三、律师办理刑事申诉案件的流程

（一）接受委托前的准备工作

律师接受当事人的委托，前期应当进行一些准备工作。我建议首先问一问是什么案件，然后对相关知识进行检索，有一定的知识储备，这样和客户谈判的时候也有底气。律师并不是全知全能的，有些东西也有不了解的地方，但是律师应当有很强的学习能力。

1.要求委托人提供相关材料。

（1）提交原审判决、裁定书或者终局性刑事处理决定书。首先要弄清楚委托人是对什么不服，是对法院判决、裁定不服还是对检察院的终结性刑事处理决定不服，或者是对公安机关的刑事处理决定不服。如果是对法院的判决、裁定不服，就要求委托人提交判决书、裁定书；如果是对公安机关的刑事处理决定不服，就让委托人提交决定书。这是受理案件首先要了解的情况。（2）如果并不是第一次提出申诉，还应当要求委托人提交相关的申诉材料。如果曾经申诉过，被驳回了，就让委托人提供被驳回的书面材料；如果曾经还再审过，但对再审仍然不服提出申诉，应当让委托人提交再审决定书或再审的判决书、裁定书。律师要对这些案件材料进行了解。（3）委托人为当事人或其近亲属的相关证明材料。比如身份证复印件或者其他身份证明。

2.应做好的相关工作。

（1）认真阅读原审判决书、裁定书或者终局性刑事处理决定等文书，熟知原认定的罪名及事实（证据）。了解委托人不服的理由，并熟悉相关证据。如果有些证据是伪证或者有了新证据，新证据可以推翻原来认定的事实，律师也可以看一下相关法律文书中有没有这个证据。对法律文书要进行认真审阅、阅读。（2）检索与原认定罪名、事实有关的法律、司法解释和指导案例，以及理论研究资料。（3）做好案件甄别和筛选工作。听了委托人的申诉理由，看了相关文书，也了解了相关知识，我们就要对这个案件是否能够代理、是否符合代理的条件进行甄别。申诉案件要符合法定的条件，所以我们要对案件进行甄别，审查委托人提出的申诉理由是不是法定理由，是否属于申诉案件范围。对于有些历史遗留性的问题、政策性较强的案件，如果通过诉讼来处理空间不大，就要考虑是通过申诉还是通过信访来解决，对此应当有一个明确的判断。比如部分案件，其证据标准和量刑标准发生了变化，根据当时的刑事政策所作出的判决、裁定，就不能用现在的标准来进行衡量。对于犯罪定性没有问题，只是量刑存在争议的案件，有没有必要代理进行申诉？虽然申诉与上诉类似，是不加刑的，但是实践中，如果被害人提出申诉，或者检察院提出抗诉，或者申诉中又查到其他犯罪事实，有可能存在加重刑罚的风险，对此也应当进行评估。审核原来的法律文书时，也要了解以前有没有律师代理，律师以前提出的代理意见是什么，是怎么辩护的；公诉机关指控的证据体系或者指控逻辑是什么样的，法院认定的裁判理由是什么。还有案件审理当时的外部环境、刑事政策等，这些内容律师也要进行了解，然后对是否接受申诉案件的代理作出判断。

（二）办理申诉案件的重点工作

1.认真阅读原卷宗材料。

律师可以通过案件原律师的协助完成阅卷工作。如果以前没有辩护人，现在可能就无法获取案卷材料。根据保护律师代理的执业权利的相关规定，代理申诉工作也是可以阅卷的，但是阅卷的时间点在法院、检察院立案受理之后，律师可以持委托书、所函、律师证到案卷保管机关（如果案卷是在办案机关就到办案机关）复制案卷材料。这里面有一个问题，没有立案之前，我们无法获取案卷材料。当然，现在对申诉案件阅卷的时间节点，法院、检察院办案部门有诸多解释，认识也不一致。我个人认为，办案机关接受了律师递交的申诉材料后，就应当同意律师阅卷。而不是经审查后，认为确实应当再审或者应当进入复查，才准许阅卷。

研读案卷材料也是律师的一项关键工作。这几天很多讲课老师都谈到了这个问题，包括陈瑞华教授也谈到了这个事情，他认为阅卷为王，不阅卷的出局。这个说法非常有道理，因为律师办案，绝大多数的信息是来源于案卷，特别是申诉代理案件。申诉主要是针对原来的判决、裁定或者终局性刑事处理决定，要么是有了新证据，足以推翻原来的认定，要么是认为证据不够充分、原来的证据有矛盾，没有达到法定的证明标准，要么是认为原来使用的一些证据是虚假的等。因此，阅卷是申诉工作最关键的一项工作。

那怎么阅卷？申诉案件应具备法定的申诉理由，因此应根据法定的理由去阅卷。如果有新证据可以推翻原来的判决书、裁定书所认定的事实，那就要认真阅读原卷中的证据体系是怎么构建的，我们所谓的新证据在原证据材料中是不是属于新证据，如果属于新证据，新证据能否击垮原来的证据体系。针对案卷材料、控方指控、法院认定的证据体系进行复盘，从案卷里找到以前搭建证据体系所使用的证据，如言词证据有哪些，书证、物证有哪些，使用的鉴定结论、电子数据或者视听资料是否存在问题等。复原指控体系，然后用新证据与其进行比对，看能否击垮原来的证据体系。如果新证据对原来的证据体系起不到致命一击的作用，就无法改变原来的判决、裁定，也无法推翻原来的事实认定，这就没有意义。如果是原来的证据不够充分，证据存在矛盾，合理怀疑没有排除，也要查阅原案卷材料，对证据体系进行复盘。如果认为原有证据不够充分，是缺什么证据，怎么不够充分，要找出不充分的依据。如果找到了不够充分的点，找到了致命的环节，就要组织新的证据体系，要讲新的故事来证明原来的故事是不能成立的。因此，认真阅读案卷材料是至关重要的，建议大家阅读的时候，第一遍先进行浏览，把整个结构体系勾勒出来，然后根据申诉理由，重点寻找需要提出申诉的理由。

2. 与当事人建立有效的沟通。

这个也非常重要。案件当事人才是整个案件的亲历者，对案件的真相是最清楚的，很多细节也是通过与当事人的沟通来复原的。但当事人并没有经过法律训练，不知道哪些情节是有用的、哪些是无用的，在描述中可能只将他认为有用的描述出来，还可能因为隐私或者其他原因隐瞒一些内容。所以取得当事人的信任非常重要。袁诚惠律师讲到侦查环节会见当事人，要尽量用闭合性的问题向他提问，不要把话敞得太开。这是为了避免使当事人陷入危险，控制当事人进行描述。但对于申诉案件，应尽量用开放性的话题与当事人进行沟通，让他尽情地把所有事情，有利的、无利的，尽量详细地进行描述。我们与当事人进行沟通的过程中，可能会发现有些细节就是案件的关键突破点，就是我们发现证据线索的关键东西。但可能当事人自己对此并不清楚，因此律师要尽量认真地倾听当事人的描述。另外，我们在倾听描述的过程中，要对涉案的重点问题进行提示，说明哪些问题要重点进行描述。这种描述，如果不取得当事人的信任，很可能无法获得。我们要向当事人说清楚我们对他的保密义务，让当事人放心。与当事人建立有效的沟通是我们寻找申诉突破点的关键一环。

3. 制作调查提纲。

律师要通过阅卷、与当事人沟通，及时发现需要补充的证据有哪些，有哪些证据需要我们自己去调查，哪些我们无法去调查，需要申请司法机关调查。因此，需要制作一个调查提纲，包括要调查哪方面的证据，怎么调查，采取什么方式进行调查，需要请求司法机关调查的，要提供哪些证据线索，证据存放在什么地方，调查目的是什么等。

4.审查、编辑申诉证据材料。

阅卷、沟通、调查新证据后,就要编辑一个证据体系清单,除了调查的新证据外,还要包括原来的证据,原来调查过程中没有认定的证据,或者我们认为已经认定了的对我们有利的证据。这个清单最好分组,写明证据来源、内容、证明目的、最后要说明的问题,随申诉申请上交,让法官、检察官一眼就能清楚你的证据体系是什么。

5.制作申诉书。

律师要根据申诉的法定理由制作申诉书。申诉书相当于辩护词,要能让法官、检察官明白申诉的重点是什么。申诉书中首先要指出原判决、裁定或者处理决定错在哪儿,然后要说明为什么错了,让法官、检察官能够清楚了解情况。当然申诉书也不能过长,把问题说清楚就行了,不要长篇大论。另外申诉书应附有证据清单,让法官、检察官根据提出的申诉理由去看证据清单。律师如果工作做得好,就能成为法官最好的助理,能向法官提供他想要的内容,让法官顺着自己的思路走。

6.申诉材料的提交。

法律规定的申诉材料,主要包括申诉人的身份证明材料、申诉书、原来的法律文书等,如果有新证据的也要进行提交。

以上是我对刑事申诉代理工作的一点学习体会。总之,代理刑事申诉案件是一件富有挑战性的工作,"路漫漫其修远兮",申诉之路任重而道远。在此祝愿每一位同仁不忘初心,披荆斩棘,一往无前,让正义的阳光照进每个申诉人的心房。谢谢大家!

附录　常见罪名立案追诉、量刑标准相关规定汇总

编辑｜殷梓介[①]

【注意】

1.仅列出公安部、最高人民检察院、最高人民法院发布实施的司法性文件，相关地方性规定未列出。标注的文件日期为施行日期。

2.不同文件对相关罪名立案、量刑标准的规定重复或是冲突的，以最新的规定为准（截至2022年7月16日）。

3.仅列出引起立案追诉和量刑变化的直接关联条文，对于条文中具体要件的解释，未另行列出。

4.《刑法》条文本身对立案、量刑有说明的，不再另行列出。附加刑问题未单独列出。相关条款引用其他条文的，被引用的条文未列出。

5.2008年6月25日《最高人民检察院、公安部关于公安机关管辖的刑事案件立案追诉标准的规定（一）》，含2017年4月27日《最高人民检察院、公安部关于〈公安机关管辖的刑事案件立案追诉标准的规定（一）〉的补充规定》的修改内容（标注[已修改]的即为依据后者规定修改）。

[①] 殷梓介，北京市炜衡律师事务所律师。

第二章 危害公共安全罪

第一百二十五条第一款 【非法制造、买卖、运输、邮寄、储存枪支、弹药、爆炸物罪】

非法制造、买卖、运输、邮寄、储存枪支、弹药、爆炸物的,处三年以上十年以下有期徒刑;情节严重的,处十年以上有期徒刑、无期徒刑或者死刑。

立案标准

《最高人民法院关于审理非法制造、买卖、运输枪支、弹药、爆炸物等刑事案件具体应用法律若干问题的解释》(2010年1月1日,法释〔2009〕18号)

第一条

个人或者单位非法制造、买卖、运输、邮寄、储存枪支、弹药、爆炸物,具有下列情形之一的,依照刑法第一百二十五条第一款的规定,以非法制造、买卖、运输、邮寄、储存枪支、弹药、爆炸物罪定罪处罚:

(一)非法制造、买卖、运输、邮寄、储存军用枪支一支以上的;

(二)非法制造、买卖、运输、邮寄、储存以火药为动力发射枪弹的非军用枪支一支以上或者以压缩气体等为动力的其他非军用枪支二支以上的;

(三)非法制造、买卖、运输、邮寄、储存军用子弹十发以上、气枪铅弹五百发以上或者其他非军用子弹一百发以上的;

（四）非法制造、买卖、运输、邮寄、储存手榴弹一枚以上的；

（五）非法制造、买卖、运输、邮寄、储存爆炸装置的；

（六）非法制造、买卖、运输、邮寄、储存炸药、发射药、黑火药一千克以上或者烟火药三千克以上、雷管三十枚以上或者导火索、导爆索三十米以上的；

（七）具有生产爆炸物品资格的单位不按照规定的品种制造，或者具有销售、使用爆炸物品资格的单位超过限额买卖炸药、发射药、黑火药十千克以上或者烟火药三十千克以上、雷管三百枚以上或者导火索、导爆索三百米以上的；

（八）多次非法制造、买卖、运输、邮寄、储存弹药、爆炸物的；

（九）虽未达到上述最低数量标准，但具有造成严重后果等其他恶劣情节的。

介绍买卖枪支、弹药、爆炸物的，以买卖枪支、弹药、爆炸物罪的共犯论处。

量刑标准

《最高人民法院关于审理非法制造、买卖、运输枪支、弹药、爆炸物等刑事案件具体应用法律若干问题的解释》（2010年1月1日，法释〔2009〕18号）

第二条

非法制造、买卖、运输、邮寄、储存枪支、弹药、爆炸物，具有下列情形之一的，属于刑法第一百二十五条第一款规定的"情节严重"：

（一）非法制造、买卖、运输、邮寄、储存枪支、弹药、爆炸物的数量达到本解释第一条第（一）、（二）、（三）、（六）、（七）项规定的最低数量标准五倍以上的；

（二）非法制造、买卖、运输、邮寄、储存手榴弹三枚以上的；

（三）非法制造、买卖、运输、邮寄、储存爆炸装置，危害严重的；

（四）达到本解释第一条规定的最低数量标准，并具有造成严重后果等其他恶劣情节的。

第九条

因筑路、建房、打井、整修宅基地和土地等正常生产、生活需要，以及因从事合法的生产经营活动而非法制造、买卖、运输、邮寄、储存爆炸物，数量达到本解释第一条规定标准，没有造成严重社会危害，并确有悔改表现的，可依法从轻处罚；情节轻微的，可以免除处罚。

具有前款情形，数量虽达到本解释第二条规定标准的，也可以不认定为刑法第一百二十五条第一款规定的"情节严重"。

在公共场所、居民区等人员集中区域非法制造、买卖、运输、邮寄、储存爆炸物，或者因非法制造、买卖、运输、邮寄、储存爆炸物三年内受到两次以上行政处罚又实施上述行为，数量达到本解释规定标准的，不适用前两款量刑的规定。

第一百二十八条第一款　【非法持有、私藏枪支、弹药罪】

违反枪支管理规定，非法持有、私藏枪支、弹药的，处三年以下有期徒刑、拘役或者管制；情节严重的，处三年以上七年以下有期徒刑。

立案、量刑标准

《最高人民法院关于审理非法制造、买卖、运输枪支、弹药、爆炸物等刑事案件具体应用法律若干问题的解释》（2010年1月1日，法释〔2009〕18号）

第五条

具有下列情形之一的，依照刑法第一百二十八条第一款的规定，以非法持有、私藏枪支、弹药罪定罪处罚：

（一）非法持有、私藏军用枪支一支的；

（二）非法持有、私藏以火药为动力发射枪弹的非军用枪支一支或者以压缩气体等为动力的其他非军用枪支二支以上的；

（三）非法持有、私藏军用子弹二十发以上，气枪铅弹一千发以上或者其他非军用子弹二百发以上的；

（四）非法持有、私藏手榴弹一枚以上的；

（五）非法持有、私藏的弹药造成人员伤亡、财产损失的。

具有下列情形之一的，属于刑法第一百二十八条第一款规定的"情节严重"：

（一）非法持有、私藏军用枪支二支以上的；

（二）非法持有、私藏以火药为动力发射枪弹的非军用枪支二支以上或者以压缩气体等为动力的其他非军用枪支五支以上的；

（三）非法持有、私藏军用子弹一百发以上，气枪铅弹五千发以上或者其他非军用子弹一千发以上的；

（四）非法持有、私藏手榴弹三枚以上的；

（五）达到本条第一款规定的最低数量标准，并具有造成严重后果等其他恶劣情节的。

第一百三十三条 【交通肇事罪】

违反交通运输管理法规，因而发生重大事故，致人重伤、死亡或者使公私财产遭受重大损失的，处三年以下有期徒刑或者拘役；交通运输肇事后逃逸或者有其他特别恶劣情节的，处三年以上七年以下有期徒刑；因逃逸致人死亡的，处七年以上有期徒刑。

立案标准

《最高人民法院关于审理交通肇事刑事案件具体应用法律若干问题的解释》（2000年11月21日，法释〔2000〕33号）

第二条

交通肇事具有下列情形之一的，处三年以下有期徒刑或者拘役：

（一）死亡一人或者重伤三人以上，负事故全部或者主要责任的；

（二）死亡三人以上，负事故同等责任的；

（三）造成公共财产或者他人财产直接损失，负事故全部或者主要责任，无能力赔偿数额在三十万元以上的。

交通肇事致一人以上重伤，负事故全部或者主要责任，并具有下列情形之一的，以交通肇事罪定罪处罚：

（一）酒后、吸食毒品后驾驶机动车辆的；

（二）无驾驶资格驾驶机动车辆的；

（三）明知是安全装置不全或者安全机件失灵的机动车辆而驾驶的；

（四）明知是无牌证或者已报废的机动车辆而驾驶的；

（五）严重超载驾驶的；

（六）为逃避法律追究逃离事故现场的。

第九条

各省、自治区、直辖市高级人民法院可以根据本地实际情况，在三十万元至六十万元、六十万元至一百万元的幅度内，确定本地区执行本解释第二条第一款第（三）项、第四条第（三）项的起点数额标准，并报最高人民法院备案。

量刑标准

《最高人民法院关于审理交通肇事刑事案件具体应用法律若干问题的解释》（2000年11月21日，法释〔2000〕33号）

第四条

交通肇事具有下列情形之一的，属于"有其他特别恶劣情节"，处三年以上七年以下有期徒刑：

（一）死亡二人以上或者重伤五人以上，负事故全部或者主要责任的；

（二）死亡六人以上，负事故同等责任的；

（三）造成公共财产或者他人财产直接损失，负事故全部或者主要责任，无能力赔偿数额在六十万元以上的。

《最高人民法院、最高人民检察院关于常见犯罪的量刑指导意见（试行）》（2021年7月1日，法发〔2021〕21号）

四、常见犯罪的量刑

（一）交通肇事罪

1.构成交通肇事罪的，根据下列情形在相应的幅度内确定量刑起点：

（1）致人重伤、死亡或者使公私财产遭受重大损失的，在二年以下有期徒刑、拘役幅度内确定量刑起点。

（2）交通运输肇事后逃逸或者有其他特别恶劣情节的，在三年至五年有期徒刑幅度内确定量刑起点。

（3）因逃逸致一人死亡的，在七年至十年有期徒刑幅度内确定量刑起点。

2.在量刑起点的基础上，根据事故责任、致人重伤、死亡的人数或者财产损失的数额以及逃逸等其他影响犯罪构成的犯罪事实增加刑罚量，确定基准刑。

3.构成交通肇事罪的，综合考虑事故责任、危害后果、赔偿谅解等犯罪事实、量刑情节，以及被告人的主观恶性、人身危险性、认罪悔罪表现等因素，决定缓刑的适用。

第一百三十三条之一 【危险驾驶罪】

在道路上驾驶机动车，有下列情形之一的，处拘役，并处罚金：

（一）追逐竞驶，情节恶劣的；

（二）醉酒驾驶机动车的；

（三）从事校车业务或者旅客运输，严重超过额定乘员载客，或者严重超过规定时速行驶的；

（四）违反危险化学品安全管理规定运输危险化学品，危及公共安全的。

机动车所有人、管理人对前款第三项、第四项行为负有直接责任的，依照前款的规定处罚。

有前两款行为，同时构成其他犯罪的，依照处罚较重的规定定罪处罚。

立案标准

《最高人民法院、最高人民检察院、公安部关于办理醉酒驾驶机动车刑事案件适用法律若干问题的意见》（2013年12月18日，法发〔2013〕15号）

一、在道路上驾驶机动车，血液酒精含量达到80毫克/100毫升以上的，属于醉酒驾驶机动车，依照刑法第一百三十三条之一第一款的规定，以危险驾驶罪定罪处罚。

前款规定的"道路""机动车"，适用道路交通安全法的有关规定。

量刑标准

《最高人民法院、最高人民检察院、公安部关于办理醉酒驾驶机动车刑事案件适用法律若干问题的意见》（2013年12月18日，法发〔2013〕15号）

二、醉酒驾驶机动车，具有下列情形之一的，依照刑法第一百三十三条之一第一款的规定，从重处罚：

（一）造成交通事故且负事故全部或者主要责任，或者造成交通事故后逃逸，尚未构成其他犯罪的；

（二）血液酒精含量达到200毫克/100毫升以上的；

（三）在高速公路、城市快速路上驾驶的；

（四）驾驶载有乘客的营运机动车的；

（五）有严重超员、超载或者超速驾驶，无驾驶资格驾驶机动车，使用伪造或者变造的机动车牌证等严重违反道路交通安全法的行为的；

（六）逃避公安机关依法检查，或者拒绝、阻碍公安机关依法检查尚未构成其他犯罪的；

（七）曾因酒后驾驶机动车受过行政处罚或者刑事追究的；

（八）其他可以从重处罚的情形。

四、对醉酒驾驶机动车的被告人判处罚金，应当根据被告人的醉酒程度、是否造成实际损害、认罪悔罪态度等情况，确定与主刑相适应的罚金数额。

《最高人民法院关于常见犯罪的量刑指导意见（二）（试行）》（2017年5月1日，法〔2017〕74号）

一、八种常见犯罪的量刑

（一）危险驾驶罪

1. 构成危险驾驶罪的，可以在一个月至二个月拘役幅度内确定量刑起点。

2. 在量刑起点的基础上，可以根据危险驾驶行为等其他影响犯罪构成的犯罪事实增加刑罚量，确定基准刑。

3. 对于醉酒驾驶机动车的被告人，应当综合考虑被告人的醉酒程度、机动车类型、车辆行驶道路、行车速度、是否造成实际损害以及认罪悔罪等情况，准确定罪量刑。对于情节显著轻微危害不大的，不予定罪处罚；犯罪情节轻微不需要判处刑罚的，可以免予刑事处罚。

《最高人民法院、最高人民检察院关于常见犯罪的量刑指导意见（试行）》（2021年7月1日，法发〔2021〕21号）

四、常见犯罪的量刑

……

（二）危险驾驶罪

1. 构成危险驾驶罪的，依法在一个月至六个月拘役幅度内确定宣告刑。

2. 构成危险驾驶罪的，根据危险驾驶行为、实际损害后果等犯罪情节，综合考虑被告人缴纳罚金的能力，决定罚金数额。

3. 构成危险驾驶罪的，综合考虑危险驾驶行为、危害后果等犯罪事实、量刑情节，以及被告人主观恶性、人身危险性、认罪悔罪表现等因素，决定缓刑的适用。

第一百三十四条第一款　【重大责任事故罪】

在生产、作业中违反有关安全管理的规定，因而发生重大伤亡事故或者造成其他严重后果的，处三年以下有期徒刑或者拘役；情节特别恶劣的，处三年以上七年以下有期徒刑。

立案标准

《最高人民法院、最高人民检察院关于办理危害生产安全刑事案件适用法律若干问题的解释》（2015年12月16日，法释〔2015〕22号）

第六条第一款

实施刑法第一百三十二条、第一百三十四条第一款、第一百三十五条、第一百三十五条之一、第一百三十六条、第一百三十九条规定的行为，因而发生安全事故，具有下列情形之一的，应当认定为"造成严重后果"或者"发生重大伤亡事故或者造成其他严重后果"，对相关责任人员，处三年以下有期徒刑或者拘役：

（一）造成死亡一人以上，或者重伤三人以上的；

（二）造成直接经济损失一百万元以上的；

（三）其他造成严重后果或者重大安全事故的情形。

量刑标准

《最高人民法院、最高人民检察院关于办理危害生产安全刑事案件适用法律若干问题的解释》(2015年12月16日,法释〔2015〕22号)

第七条第一款

实施刑法第一百三十二条、第一百三十四条第一款、第一百三十五条、第一百三十五条之一、第一百三十六条、第一百三十九条规定的行为,因而发生安全事故,具有下列情形之一的,对相关责任人员,处三年以上七年以下有期徒刑:

(一)造成死亡三人以上或者重伤十人以上,负事故主要责任的;

(二)造成直接经济损失五百万元以上,负事故主要责任的;

(三)其他造成特别严重后果、情节特别恶劣或者后果特别严重的情形。

第十二条

实施刑法第一百三十二条、第一百三十四条至第一百三十九条之一规定的犯罪行为,具有下列情形之一的,从重处罚:

(一)未依法取得安全许可证件或者安全许可证件过期、被暂扣、吊销、注销后从事生产经营活动的;

(二)关闭、破坏必要的安全监控和报警设备的;

(三)已经发现事故隐患,经有关部门或者个人提出后,仍不采取措施的;

（四）一年内曾因危害生产安全违法犯罪活动受过行政处罚或者刑事处罚的；

（五）采取弄虚作假、行贿等手段，故意逃避、阻挠负有安全监督管理职责的部门实施监督检查的；

（六）安全事故发生后转移财产意图逃避承担责任的；

（七）其他从重处罚的情形。

实施前款第五项规定的行为，同时构成刑法第三百八十九条规定的犯罪的，依照数罪并罚的规定处罚。

第十三条

实施刑法第一百三十二条、第一百三十四条至第一百三十九条之一规定的犯罪行为，在安全事故发生后积极组织、参与事故抢救，或者积极配合调查、主动赔偿损失的，可以酌情从轻处罚。

第十四条

国家工作人员违反规定投资入股生产经营，构成本解释规定的有关犯罪的，或者国家工作人员的贪污、受贿犯罪行为与安全事故发生存在关联性的，从重处罚；同时构成贪污、受贿犯罪和危害生产安全犯罪的，依照数罪并罚的规定处罚。

第十六条

对于实施危害生产安全犯罪适用缓刑的犯罪分子，可以根据犯罪情况，禁止其在缓刑考验期限内从事与安全生产相关联的特定活动；对于被判处刑罚的犯罪分子，可以根据犯罪情况和预防再犯罪的需要，禁止其自刑罚执行完毕之日或者假释之日起三年至五年内从事与安全生产相关的职业。

第三章　破坏社会主义市场经济秩序罪

第一百四十条　【生产、销售伪劣产品罪】

生产者、销售者在产品中掺杂、掺假，以假充真，以次充好或者以不合格产品冒充合格产品，销售金额五万元以上不满二十万元的，处二年以下有期徒刑或者拘役，并处或者单处销售金额百分之五十以上二倍以下罚金；销售金额二十万元以上不满五十万元的，处二年以上七年以下有期徒刑，并处销售金额百分之五十以上二倍以下罚金；销售金额五十万元以上不满二百万元的，处七年以上有期徒刑，并处销售金额百分之五十以上二倍以下罚金；销售金额二百万元以上的，处十五年有期徒刑或者无期徒刑，并处销售金额百分之五十以上二倍以下罚金或者没收财产。

立案标准

《最高人民检察院、公安部关于公安机关管辖的刑事案件立案追诉标准的规定（一）》（2008年6月25日，公通字〔2008〕36号）

第十六条

［生产、销售伪劣产品案（刑法第一百四十条）］生产者、销售者在产品中掺杂、掺假，以假充真，以次充好或者以不合格产品冒充合格产品，

涉嫌下列情形之一的，应予立案追诉：

（一）伪劣产品销售金额五万元以上的；

（二）伪劣产品尚未销售，货值金额十五万元以上的；

（三）伪劣产品销售金额不满五万元，但将已销售金额乘以三倍后，与尚未销售的伪劣产品货值金额合计十五万元以上的。

本条规定的"掺杂、掺假"，是指在产品中掺入杂质或者异物，致使产品质量不符合国家法律、法规或者产品明示质量标准规定的质量要求，降低、失去应有使用性能的行为；"以假充真"，是指以不具有某种使用性能的产品冒充具有该种使用性能的产品的行为；"以次充好"，是指以低等级、低档次产品冒充高等级、高档次产品，或者以残次、废旧零配件组合、拼装后冒充正品或者新产品的行为；"不合格产品"，是指不符合《中华人民共和国产品质量法》规定的质量要求的产品。

对本条规定的上述行为难以确定的，应当委托法律、行政法规规定的产品质量检验机构进行鉴定。本条规定的"销售金额"，是指生产者、销售者出售伪劣产品后所得和应得的全部违法收入；"货值金额"，以违法生产、销售的伪劣产品的标价计算；没有标价的，按照同类合格产品的市场中间价格计算。货值金额难以确定的，按照《扣押、追缴、没收物品估价管理办法》的规定，委托估价机构进行确定。

量刑标准

《最高人民法院、最高人民检察院关于办理生产、销售伪劣商品刑事案件具体应用法律若干问题的解释》（2001年4月10日，法释〔2001〕10号）

第十二条

国家机关工作人员参与生产、销售伪劣商品犯罪的，从重处罚。

第一百四十一条 【生产、销售、提供假药罪】

生产、销售假药的，处三年以下有期徒刑或者拘役，并处罚金；对人体健康造成严重危害或者有其他严重情节的，处三年以上十年以下有期徒刑，并处罚金；致人死亡或者有其他特别严重情节的，处十年以上有期徒刑、无期徒刑或者死刑，并处罚金或者没收财产。

药品使用单位的人员明知是假药而提供给他人使用的，依照前款的规定处罚。

立案标准

《最高人民检察院、公安部关于公安机关管辖的刑事案件立案追诉标准的规定（一）》（2008年6月25日，公通字〔2008〕36号）

第十七条[已修改]

[生产、销售假药案（刑法第141条）]生产、销售假药的，应予立案追诉。但销售少量根据民间传统配方私自加工的药品，或者销售少量未经批准进口的国外、境外药品，没有造成他人伤害后果或者延误诊治，情节显著轻微危害不大的除外。

以生产、销售假药为目的，具有下列情形之一的，属于本条规定的"生产"：

（一）合成、精制、提取、储存、加工炮制药品原料的；

（二）将药品原料、辅料、包装材料制成成品过程中，进行配料、混合、制剂、储存、包装的；

（三）印制包装材料、标签、说明书的。

医疗机构、医疗机构工作人员明知是假药而有偿提供给他人使用，或者为出售而购买、储存的，属于本条规定的"销售"。

本条规定的"假药"，是指依照《中华人民共和国药品管理法》的规定属于假药和按假药处理的药品、非药品。是否属于假药难以确定的，可以根据地市级以上药品监督管理部门出具的认定意见等相关材料进行认定。必要时，可以委托省级以上药品监督管理部门设置或者确定的药品检验机构进行检验。

量刑标准

《最高人民法院、最高人民检察院关于办理危害药品安全刑事案件适用法律若干问题的解释》（2022年3月6日，高检发释字〔2022〕1号）

第一条

生产、销售、提供假药，具有下列情形之一的，应当酌情从重处罚：

（一）涉案药品以孕产妇、儿童或者危重病人为主要使用对象的；

（二）涉案药品属于麻醉药品、精神药品、医疗用毒性药品、放射性药品、生物制品，或者以药品类易制毒化学品冒充其他药品的；

（三）涉案药品属于注射剂药品、急救药品的；

（四）涉案药品系用于应对自然灾害、事故灾难、公共卫生事件、社会安全事件等突发事件的；

（五）药品使用单位及其工作人员生产、销售假药的；

（六）其他应当酌情从重处罚的情形。

第二条

生产、销售、提供假药，具有下列情形之一的，应当认定为刑法第一百四十一条规定的"对人体健康造成严重危害"：

（一）造成轻伤或者重伤的；

（二）造成轻度残疾或者中度残疾的；

（三）造成器官组织损伤导致一般功能障碍或者严重功能障碍的；

（四）其他对人体健康造成严重危害的情形。

第三条

生产、销售、提供假药，具有下列情形之一的，应当认定为刑法第一百四十一条规定的"其他严重情节"：

（一）引发较大突发公共卫生事件的；

（二）生产、销售、提供假药的金额二十万元以上不满五十万元的；

（三）生产、销售、提供假药的金额十万元以上不满二十万元，并具有本解释第一条规定情形之一的；

（四）根据生产、销售、提供的时间、数量、假药种类、对人体健康危害程度等，应当认定为情节严重的。

第四条

生产、销售、提供假药，具有下列情形之一的，应当认定为刑法第一百四十一条规定的"其他特别严重情节"：

（一）致人重度残疾以上的；

（二）造成三人以上重伤、中度残疾或者器官组织损伤导致严重功能障碍的；

（三）造成五人以上轻度残疾或者器官组织损伤导致一般功能障碍的；

（四）造成十人以上轻伤的；

（五）引发重大、特别重大突发公共卫生事件的；

（六）生产、销售、提供假药的金额五十万元以上的；

（七）生产、销售、提供假药的金额二十万元以上不满五十万元，并具有本解释第一条规定情形之一的；

（八）根据生产、销售、提供的时间、数量、假药种类、对人体健康危害程度等，应当认定为情节特别严重的。

第一百四十二条 【生产、销售、提供劣药罪】

生产、销售劣药，对人体健康造成严重危害的，处三年以上十年以下有期徒刑，并处罚金；后果特别严重的，处十年以上有期徒刑或者无期徒刑，并处罚金或者没收财产。

药品使用单位的人员明知是劣药而提供给他人使用的，依照前款的规定处罚。

立案标准

《最高人民检察院、公安部关于公安机关管辖的刑事案件立案追诉标准的规定（一）》（2008年6月25日，公通字〔2008〕36号）

第十八条

［生产、销售劣药案（刑法第一百四十二条）］生产（包括配制）、销售劣药，涉嫌下列情形之一的，应予立案追诉：

（一）造成人员轻伤、重伤或者死亡的；

（二）其他对人体健康造成严重危害的情形。

本条规定的"劣药"，是指依照《中华人民共和国药品管理法》的规定，药品成份的含量不符合国家药品标准的药品和按劣药论处的药品。

量刑标准

《最高人民法院、最高人民检察院关于办理危害药品安全刑事案件适用法律若干问题的解释》（2022年3月6日，高检发释字〔2022〕1号）

第五条

生产、销售、提供劣药，具有本解释第一条规定情形之一的，应当酌情从重处罚。

生产、销售、提供劣药，具有本解释第二条规定情形之一的，应当认定为刑法第一百四十二条规定的"对人体健康造成严重危害"。

生产、销售、提供劣药，致人死亡，或者具有本解释第四条第一项至第五项规定情形之一的，应当认定为刑法第一百四十二条规定的"后果特别严重"。

第一百五十三条 【走私普通货物、物品罪】

走私本法第一百五十一条、第一百五十二条、第三百四十七条规定以外的货物、物品的，根据情节轻重，分别依照下列规定处罚：

（一）走私货物、物品偷逃应缴税额较大或者一年内曾因走私被给予二次行政处罚后又走私的，处三年以下有期徒刑或者拘役，并处偷逃应缴税额一倍以上五倍以下罚金。

（二）走私货物、物品偷逃应缴税额巨大或者有其他严重情节的，处三年以上十年以下有期徒刑，并处偷逃应缴税额一倍以上五倍以下罚金。

（三）走私货物、物品偷逃应缴税额特别巨大或者有其他特别严重情节的，处十年以上有期徒刑或者无期徒刑，并处偷逃应缴税额一倍以上五倍以下罚金或者没收财产。

单位犯前款罪的，对单位判处罚金，并对其直接负责的主管人员和其他直接责任人员，处三年以下有期徒刑或者拘役；情节严重的，处三年以上十年以下有期徒刑；情节特别严重的，处十年以上有期徒刑。

对多次走私未经处理的，按照累计走私货物、物品的偷逃应缴税额处罚。

立案、量刑标准

《最高人民法院、最高人民检察院关于办理走私刑事案件适用法律若干问题的解释》（2014年9月10日，法释〔2014〕10号）

第十六条

走私普通货物、物品，偷逃应缴税额在十万元以上不满五十万元的，应当认定为刑法第一百五十三条第一款规定的"偷逃应缴税额较大"；偷逃应缴税额在五十万元以上不满二百五十万元的，应当认定为"偷逃应缴税额巨大"；偷逃应缴税额在二百五十万元以上的，应当认定为"偷逃应缴税额特别巨大"。

走私普通货物、物品，具有下列情形之一，偷逃应缴税额在三十万元以上不满五十万元的，应当认定为刑法第一百五十三条第一款规定的"其他严重情节"；偷逃应缴税额在一百五十万元以上不满二百五十万元的，应当认定为"其他特别严重情节"：

（一）犯罪集团的首要分子；

（二）使用特种车辆从事走私活动的；

（三）为实施走私犯罪，向国家机关工作人员行贿的；

（四）教唆、利用未成年人、孕妇等特殊人群走私的；

（五）聚众阻挠缉私的。

第十七条

刑法第一百五十三条第一款规定的"一年内曾因走私被给予二次行政处罚后又走私"中的"一年内"，以因走私第一次受到行政处罚的生效之日与"又走私"行为实施之日的时间间隔计算确定；"被给予二次行政处罚"的走私行为，包括走私普通货物、物品以及其他货物、物品；"又走私"行为仅指走私普通货物、物品。

第十八条

刑法第一百五十三条规定的"应缴税额",包括进出口货物、物品应当缴纳的进出口关税和进口环节海关代征税的税额。应缴税额以走私行为实施时的税则、税率、汇率和完税价格计算;多次走私的,以每次走私行为实施时的税则、税率、汇率和完税价格逐票计算;走私行为实施时间不能确定的,以案发时的税则、税率、汇率和完税价格计算。

刑法第一百五十三条第三款规定的"多次走私未经处理",包括未经行政处理和刑事处理。

第二十四条第二款

单位犯走私普通货物、物品罪,偷逃应缴税额在二十万元以上不满一百万元的,应当依照刑法第一百五十三条第二款的规定,对单位判处罚金,并对其直接负责的主管人员和其他直接责任人员,处三年以下有期徒刑或者拘役;偷逃应缴税额在一百万元以上不满五百万元的,应当认定为"情节严重";偷逃应缴税额在五百万元以上的,应当认定为"情节特别严重"。

第一百六十三条第一款、第二款 【非国家工作人员受贿罪】

公司、企业或者其他单位的工作人员,利用职务上的便利,索取他人财物或者非法收受他人财物,为他人谋取利益,数额较大的,处三年以下有期徒刑或者拘役,并处罚金;数额巨大或者有其他严重情节的,处三年以上十年以下有期徒刑,并处罚金;数额特别巨大或者有其他特别严重情节的,处十年以上有期徒刑或者无期徒刑,并处罚金。

公司、企业或者其他单位的工作人员在经济往来中，利用职务上的便利，违反国家规定，收受各种名义的回扣、手续费，归个人所有的，依照前款的规定处罚。

立案标准

《最高人民检察院、公安部关于公安机关管辖的刑事案件立案追诉标准的规定（二）》（2022年5月15日，公通字〔2022〕12号）

第十条

[非国家工作人员受贿案（刑法第一百六十三条）]公司、企业或者其他单位的工作人员利用职务上的便利，索取他人财物或者非法收受他人财物，为他人谋取利益，或者在经济往来中，利用职务上的便利，违反国家规定，收受各种名义的回扣、手续费，归个人所有，数额在三万元以上的，应予立案追诉。

量刑标准

《最高人民法院、最高人民检察院关于办理贪污贿赂刑事案件适用法律若干问题的解释》（2016年4月18日，法释〔2016〕9号）

第十一条第一款

刑法第一百六十三条规定的非国家工作人员受贿罪、第二百七十一条规定的职务侵占罪中的"数额较大""数额巨大"的数额起点，按照本解释关于受贿罪、贪污罪相对应的数额标准规定的二倍、五倍执行。

第一百七十五条　【高利转贷罪】

以转贷牟利为目的，套取金融机构信贷资金高利转贷他人，违法所得数额较大的，处三年以下有期徒刑或者拘役，并处违法所得一倍以上五倍以下罚金；数额巨大的，处三年以上七年以下有期徒刑，并处违法所得一倍以上五倍以下罚金。

单位犯前款罪的，对单位判处罚金，并对其直接负责的主管人员和其他直接责任人员，处三年以下有期徒刑或者拘役。

立案标准

《最高人民检察院、公安部关于公安机关管辖的刑事案件立案追诉标准的规定（二）》（2022年5月15日，公通字〔2022〕12号）

第二十一条

[高利转贷案（刑法第一百七十五条）]以转贷牟利为目的，套取金融机构信贷资金高利转贷他人，违法所得数额在五十万元以上的，应予立案追诉。

第一百七十五条之一　【骗取贷款、票据承兑、金融票证罪】

以欺骗手段取得银行或者其他金融机构贷款、票据承兑、信用证、保函等，给银行或者其他金融机构造成重大损失的，处三年以下有期徒刑或者拘役,并处或者单处罚金;给银行或者其他金融机构造成特别重大损失或者有其他特别严重情节的,处三年以上七年以下有期徒刑,并处罚金。

单位犯前款罪的,对单位判处罚金,并对其直接负责的主管人员和其他直接责任人员,依照前款的规定处罚。

立案标准

《最高人民检察院、公安部关于公安机关管辖的刑事案件立案追诉标准的规定(二)》(2022年5月15日,公通字〔2022〕12号)

第二十二条

[骗取贷款、票据承兑、金融票证案(刑法第一百七十五条之一)]以欺骗手段取得银行或者其他金融机构贷款、票据承兑、信用证、保函等,给银行或者其他金融机构造成直接经济损失数额在五十万元以上的,应予立案追诉。

第一百七十六条 【非法吸收公众存款罪】

非法吸收公众存款或者变相吸收公众存款,扰乱金融秩序的,处三年以下有期徒刑或者拘役,并处或者单处罚金;数额巨大或者有其他严重情节的,处三年以上十年以下有期徒刑,并处罚金;数额特别巨大或者有其他特别严重情节的,处十年以上有期徒刑,并处罚金。

单位犯前款罪的,对单位判处罚金,并对其直接负责的主管人员和其他直接责任人员,依照前款的规定处罚。

有前两款行为，在提起公诉前积极退赃退赔，减少损害结果发生的，可以从轻或者减轻处罚。

立案标准

《最高人民检察院、公安部关于公安机关管辖的刑事案件立案追诉标准的规定（二）》（2022年5月15日，公通字〔2022〕12号）

第二十三条

[非法吸收公众存款案（刑法第一百七十六条）]非法吸收公众存款或者变相吸收公众存款，扰乱金融秩序，涉嫌下列情形之一的，应予立案追诉：

（一）非法吸收或者变相吸收公众存款数额在一百万元以上的；

（二）非法吸收或者变相吸收公众存款对象一百五十人以上的；

（三）非法吸收或者变相吸收公众存款，给集资参与人造成直接经济损失数额在五十万元以上的；

非法吸收或者变相吸收公众存款数额在五十万元以上或者给集资参与人造成直接经济损失数额在二十五万元以上，同时涉嫌下列情形之一的，应予立案追诉：

（一）因非法集资受过刑事追究的；

（二）二年内因非法集资受过行政处罚的；

（三）造成恶劣社会影响或者其他严重后果的。

量刑标准

《最高人民法院关于审理非法集资刑事案件具体应用法律若干问题的解释》(2022年3月1日，法释〔2022〕5号)

第四条

非法吸收或者变相吸收公众存款，具有下列情形之一的，应当认定为刑法第一百七十六条规定的"数额巨大或者有其他严重情节"：

（一）非法吸收或者变相吸收公众存款数额在500万元以上的；

（二）非法吸收或者变相吸收公众存款对象500人以上的；

（三）非法吸收或者变相吸收公众存款，给存款人造成直接经济损失数额在250万元以上的。

非法吸收或者变相吸收公众存款数额在250万元以上或者给存款人造成直接经济损失数额在150万元以上，同时具有本解释第三条第二款第三项情节的，应当认定为"其他严重情节"。

第五条

非法吸收或者变相吸收公众存款，具有下列情形之一的，应当认定为刑法第一百七十六条规定的"数额特别巨大或者有其他特别严重情节"：

（一）非法吸收或者变相吸收公众存款数额在5000万元以上的；

（二）非法吸收或者变相吸收公众存款对象5000人以上的；

（三）非法吸收或者变相吸收公众存款，给存款人造成直接经济损失数额在2500万元以上的。

非法吸收或者变相吸收公众存款数额在 2500 万元以上或者给存款人造成直接经济损失数额在 1500 万元以上，同时具有本解释第三条第二款第三项情节的，应当认定为"其他特别严重情节"。

第六条

非法吸收或者变相吸收公众存款的数额，以行为人所吸收的资金全额计算。在提起公诉前积极退赃退赔，减少损害结果发生的，可以从轻或者减轻处罚；在提起公诉后退赃退赔的，可以作为量刑情节酌情考虑。

非法吸收或者变相吸收公众存款，主要用于正常的生产经营活动，能够在提起公诉前清退所吸收资金，可以免予刑事处罚；情节显著轻微危害不大的，不作为犯罪处理。

对依法不需要追究刑事责任或者免予刑事处罚的，应当依法将案件移送有关行政机关。

《最高人民法院、最高人民检察院关于常见犯罪的量刑指导意见（试行）》（2021年7月1日，法发〔2021〕21号）

四、常见犯罪的量刑

……

（三）非法吸收公众存款罪

1.构成非法吸收公众存款罪的，根据下列情形在相应的幅度内确定量刑起点：

（1）犯罪情节一般的，在一年以下有期徒刑、拘役幅度内确定量刑起点。

（2）达到数额巨大起点或者有其他严重情节的，在三年至四年有期徒刑幅度内确定量刑起点。

（3）达到数额特别巨大起点或者有其他特别严重情节的，在十年至十二年有期徒刑幅度内确定量刑起点。

2.在量刑起点的基础上，根据非法吸收存款数额等其他影响犯罪构成的犯罪事实增加刑罚量，确定基准刑。

3.对于在提起公诉前积极退赃退赔，减少损害结果发生的，可以减少基准刑的40%以下；犯罪较轻的，可以减少基准刑的40%以上或者依法免除处罚。

4.构成非法吸收公众存款罪的，根据非法吸收公众存款数额、存款人人数、给存款人造成的直接经济损失数额等犯罪情节，综合考虑被告人缴纳罚金的能力，决定罚金数额。

5.构成非法吸收公众存款罪的，综合考虑非法吸收存款数额、存款人人数、给存款人造成的直接经济损失数额、清退资金数额等犯罪事实、量刑情节，以及被告人主观恶性、人身危险性、认罪悔罪表现等因素，决定缓刑的适用。

第一百九十二条 【集资诈骗罪】

以非法占有为目的，使用诈骗方法非法集资，数额较大的，处三年以上七年以下有期徒刑，并处罚金；数额巨大或者有其他严重情节的，处七年以上有期徒刑或者无期徒刑，并处罚金或者没收财产。

单位犯前款罪的，对单位判处罚金，并对其直接负责的主管人员和其他直接责任人员，依照前款的规定处罚。

立案标准

《最高人民检察院、公安部关于公安机关管辖的刑事案件立案追诉标准的规定（二）》（2022年5月15日，公通字〔2022〕12号）

第四十四条

[集资诈骗案（刑法第一百九十二条）]以非法占有为目的，使用诈骗方法非法集资，数额在十万元以上的，应予立案追诉。

量刑标准

《最高人民法院关于审理非法集资刑事案件具体应用法律若干问题的解释》（2022年3月1日，法释〔2022〕5号）

第八条

集资诈骗数额在10万元以上的，应当认定为"数额较大"；数额在100万元以上的，应当认定为"数额巨大"。

集资诈骗数额在50万元以上，同时具有本解释第三条第二款第三项情节的，应当认定为刑法第一百九十二条规定的"其他严重情节"。

集资诈骗的数额以行为人实际骗取的数额计算，在案发前已归还的数额应予扣除。行为人为实施集资诈骗活动而支付的广告费、中介费、手续费、回扣，或者用于行贿、赠与等费用，不予扣除。行为人为实施集资诈骗活动而支付的利息，除本金未归还可予折抵本金以外，应当计入诈骗数额。

《最高人民法院、最高人民检察院关于常见犯罪的量刑指导意见（试行）》（2021年7月1日，法发〔2021〕21号）

四、常见犯罪的量刑
……

（四）集资诈骗罪

1.构成集资诈骗罪的，根据下列情形在相应的幅度内确定量刑起点：

（1）达到数额较大起点的，在三年至四年有期徒刑幅度内确定量刑起点。

（2）达到数额巨大起点或者有其他严重情节的，在七年至九年有期徒刑幅度内确定量刑起点。依法应当判处无期徒刑的除外。

2.在量刑起点的基础上，根据集资诈骗数额等其他影响犯罪构成的犯罪事实增加刑罚量，确定基准刑。

3.构成集资诈骗罪的，根据犯罪数额、危害后果等犯罪情节，综合考虑被告人缴纳罚金的能力，决定罚金数额。

4.构成集资诈骗罪的，综合考虑犯罪数额、诈骗对象、危害后果、退赃退赔等犯罪事实、量刑情节，以及被告人主观恶性、人身危险性、认罪悔罪表现等因素，决定缓刑的适用。

第一百九十三条　【贷款诈骗罪】

有下列情形之一，以非法占有为目的，诈骗银行或者其他金融机构的贷款，数额较大的，处五年以下有期徒刑或者拘役，并处二万元以上二十万元以下罚金；数额巨大或者有其他严重情节的，处五年以上十年以下有期徒刑，并处五万元以上五十万元以下罚金；数额特别巨大或者有其他特别严重情节的，处十年以上有期徒刑或者无期徒刑，并处五万元以上五十万元以下罚金或者没收财产：

（一）编造引进资金、项目等虚假理由的；

（二）使用虚假的经济合同的；

（三）使用虚假的证明文件的；

（四）使用虚假的产权证明作担保或者超出抵押物价值重复担保的；

（五）以其他方法诈骗贷款的。

立案标准

《最高人民检察院、公安部关于公安机关管辖的刑事案件立案追诉标准的规定（二）》（2022年5月15日，公通字〔2022〕12号）

第四十五条

[贷款诈骗案（刑法第一百九十三条）] 以非法占有为目的，诈骗银行或者其他金融机构的贷款，数额在五万元以上的，应予立案追诉。

第一百九十六条第一款、第二款 【信用卡诈骗罪】

有下列情形之一，进行信用卡诈骗活动，数额较大的，处五年以下有期徒刑或者拘役，并处二万元以上二十万元以下罚金；数额巨大或者有其他严重情节的，处五年以上十年以下有期徒刑，并处五万元以上五十万元以下罚金；数额特别巨大或者有其他特别严重情节的，处十年以上有期徒刑或者无期徒刑，并处五万元以上五十万元以下罚金或者没收财产：

（一）使用伪造的信用卡，或者使用以虚假的身份证明骗领的信用卡的；

（二）使用作废的信用卡的；

（三）冒用他人信用卡的；

（四）恶意透支的。

前款所称恶意透支，是指持卡人以非法占有为目的，超过规定限额或者规定期限透支，并且经发卡银行催收后仍不归还的行为。

立案、量刑标准

《最高人民法院、最高人民检察院关于办理妨害信用卡管理刑事案件具体应用法律若干问题的解释》（2018年11月28日，法释〔2018〕19号）

第五条

使用伪造的信用卡、以虚假的身份证明骗领的信用卡、作废的信用卡或者冒用他人信用卡，进行信用卡诈骗活动，数额在五千元以上不满五万元的，应当认定为刑法第一百九十六条规定的"数额较大"；数额在五万元以上不满五十万元的，应当认定为刑法第一百九十六条规定的"数额巨大"；数额在五十万元以上的，应当认定为刑法第一百九十六条规定的"数额特别巨大"。

刑法第一百九十六条第一款第三项所称"冒用他人信用卡"，包括以下情形：

（一）拾得他人信用卡并使用的；

（二）骗取他人信用卡并使用的；

（三）窃取、收买、骗取或者以其他非法方式获取他人信用卡信息资料，并通过互联网、通讯终端等使用的；

（四）其他冒用他人信用卡的情形。

第八条

恶意透支，数额在五万元以上不满五十万元的，应当认定为刑法第一百九十六条规定的"数额较大"；数额在五十万元以上不满五百万元的，应当认定为刑法第一百九十六条规定的"数额巨大"；数额在五百万元以上的，应当认定为刑法第一百九十六条规定的"数额特别巨大"。

第十条

恶意透支数额较大，在提起公诉前全部归还或者具有其他情节轻微情形的，可以不起诉；在一审判决前全部归还或者具有其他情节轻微情形的，可以免予刑事处罚。但是，曾因信用卡诈骗受过两次以上处罚的除外。

《最高人民法院、最高人民检察院关于常见犯罪的量刑指导意见（试行）》（2021年7月1日，法发〔2021〕21号）

四、常见犯罪的量刑

……

（五）信用卡诈骗罪

1.构成信用卡诈骗罪的,根据下列情形在相应的幅度内确定量刑起点:

(1)达到数额较大起点的,在二年以下有期徒刑、拘役幅度内确定量刑起点。

(2)达到数额巨大起点或者有其他严重情节的,在五年至六年有期徒刑幅度内确定量刑起点。

(3)达到数额特别巨大起点或者有其他特别严重情节的,在十年至十二年有期徒刑幅度内确定量刑起点。依法应当判处无期徒刑的除外。

2.在量刑起点的基础上,根据信用卡诈骗数额等其他影响犯罪构成的犯罪事实增加刑罚量,确定基准刑。

3.构成信用卡诈骗罪的,根据诈骗手段、犯罪数额、危害后果等犯罪情节,综合考虑被告人缴纳罚金的能力,决定罚金数额。

4.构成信用卡诈骗罪的,综合考虑诈骗手段、犯罪数额、危害后果、退赃退赔等犯罪事实、量刑情节,以及被告人主观恶性、人身危险性、认罪悔罪表现等因素,决定缓刑的适用。

第二百零一条 【逃税罪】

纳税人采取欺骗、隐瞒手段进行虚假纳税申报或者不申报,逃避缴纳税款数额较大并且占应纳税额百分之十以上的,处三年以下有期徒刑或者拘役,并处罚金;数额巨大并且占应纳税额百分之三十以上的,处三年以上七年以下有期徒刑,并处罚金。

扣缴义务人采取前款所列手段,不缴或者少缴已扣、已收税款,数额较大的,依照前款的规定处罚。

对多次实施前两款行为,未经处理的,按照累计数额计算。

有第一款行为，经税务机关依法下达追缴通知后，补缴应纳税款，缴纳滞纳金，已受行政处罚的，不予追究刑事责任；但是，五年内因逃避缴纳税款受过刑事处罚或者被税务机关给予二次以上行政处罚的除外。

立案标准

《最高人民检察院、公安部关于公安机关管辖的刑事案件立案追诉标准的规定（二）》（2022年5月15日，公通字〔2022〕12号）

第五十七条

[逃税案（刑法第二百零一条）]逃避缴纳税款，涉嫌下列情形之一的，应予立案追诉：

（一）纳税人采取欺骗、隐瞒手段进行虚假纳税申报或者不申报，逃避缴纳税款，数额在十万元以上并且占各税种应纳税总额百分之十以上，经税务机关依法下达追缴通知后，不补缴应纳税款、不缴纳滞纳金或者不接受行政处罚的；

（二）纳税人五年内因逃避缴纳税款受过刑事处罚或者被税务机关给予二次以上行政处罚，又逃避缴纳税款，数额在十万元以上并且占各税种应纳税总额百分之十以上的；

（三）扣缴义务人采取欺骗、隐瞒手段，不缴或者少缴已扣、已收税款，数额在十万元以上的。

纳税人在公安机关立案后再补缴应纳税款、缴纳滞纳金或者接受行政处罚的，不影响刑事责任的追究。

第二百零五条 【虚开增值税专用发票、用于骗取出口退税、抵扣税款发票罪】

虚开增值税专用发票或者虚开用于骗取出口退税、抵扣税款的其他发票的，处三年以下有期徒刑或者拘役，并处二万元以上二十万元以下罚金；虚开的税款数额较大或者有其他严重情节的，处三年以上十年以下有期徒刑，并处五万元以上五十万元以下罚金；虚开的税款数额巨大或者有其他特别严重情节的，处十年以上有期徒刑或者无期徒刑，并处五万元以上五十万元以下罚金或者没收财产。

单位犯本条规定之罪的，对单位判处罚金，并对其直接负责的主管人员和其他直接责任人员，处三年以下有期徒刑或者拘役；虚开的税款数额较大或者有其他严重情节的，处三年以上十年以下有期徒刑；虚开的税款数额巨大或者有其他特别严重情节的，处十年以上有期徒刑或者无期徒刑。

虚开增值税专用发票或者虚开用于骗取出口退税、抵扣税款的其他发票，是指有为他人虚开、为自己虚开、让他人为自己虚开、介绍他人虚开行为之一的。

立案标准

《最高人民检察院、公安部关于公安机关管辖的刑事案件立案追诉标准的规定（二）》（2022年5月15日，公通字〔2022〕12号）

第五十六条

[虚开增值税专用发票、用于骗取出口退税、抵扣税款发票案（刑法第

二百零五条)]虚开增值税专用发票或者虚开用于骗取出口退税、抵扣税款的其他发票，虚开的税款数额在十万元以上或者造成国家税款损失数额在五万元以上的，应予立案追诉。

量刑标准

《最高人民法院关于虚开增值税专用发票定罪量刑标准有关问题的通知》（2018年8月22日，法〔2018〕226号）

二、在新的司法解释颁行前，对虚开增值税专用发票刑事案件定罪量刑的数额标准，可以参照《最高人民法院关于审理骗取出口退税刑事案件具体应用法律若干问题的解释》（法释〔2002〕30号）第三条的规定执行，即虚开的税款数额在五万元以上的，以虚开增值税专用发票罪处三年以下有期徒刑或者拘役，并处二万元以上二十万元以下罚金；虚开的税款数额在五十万元以上的，认定为刑法第二百零五条规定的"数额较大"；虚开的税款数额在二百五十万元以上的，认定为刑法第二百零五条规定的"数额巨大"。

第二百二十三条　【串通投标罪】

投标人相互串通投标报价，损害招标人或者其他投标人利益，情节严重的，处三年以下有期徒刑或者拘役，并处或者单处罚金。

投标人与招标人串通投标，损害国家、集体、公民的合法利益的，依照前款的规定处罚。

立案标准

《最高人民检察院、公安部关于公安机关管辖的刑事案件立案追诉标准的规定（二）》（2022年5月15日，公通字〔2022〕12号）

第六十八条

[串通投标案（刑法第二百二十三条）]投标人相互串通投标报价，或者投标人与招标人串通投标，涉嫌下列情形之一的，应予立案追诉：

（一）损害招标人、投标人或者国家、集体、公民的合法利益，造成直接经济损失数额在五十万元以上的；

（二）违法所得数额在二十万元以上的；

（三）中标项目金额在四百万元以上的；

（四）采取威胁、欺骗或者贿赂等非法手段的；

（五）虽未达到上述数额标准，但二年内因串通投标受过二次以上行政处罚，又串通投标的；

（六）其他情节严重的情形。

第二百二十四条 【合同诈骗罪】

有下列情形之一，以非法占有为目的，在签订、履行合同过程中，骗取对方当事人财物，数额较大的，处三年以下有期徒刑或者拘役，并处或者单处罚金；数额巨大或者有其他严重情节的，处三年以上十年以下有期徒刑，并处罚金；数额特别巨大或者有其他特别严重情节的，处十年以上有期徒刑或者无期徒刑，并处罚金或者没收财产：

（一）以虚构的单位或者冒用他人名义签订合同的；

（二）以伪造、变造、作废的票据或者其他虚假的产权证明作担保的；

（三）没有实际履行能力，以先履行小额合同或者部分履行合同的方法，诱骗对方当事人继续签订和履行合同的；

（四）收受对方当事人给付的货物、货款、预付款或者担保财产后逃匿的；

（五）以其他方法骗取对方当事人财物的。

立案标准

《最高人民检察院、公安部关于公安机关管辖的刑事案件立案追诉标准的规定（二）》（2022年5月15日，公通字〔2022〕12号）

第六十九条

[合同诈骗案（刑法第二百二十四条）]以非法占有为目的，在签订、履行合同过程中，骗取对方当事人财物，数额在二万元以上的，应予立案追诉。

量刑标准

《最高人民法院、最高人民检察院关于常见犯罪的量刑指导意见（试行）》（2021年7月1日，法发〔2021〕21号）

四、常见犯罪的量刑

……

（六）合同诈骗罪

1.构成合同诈骗罪的，根据下列情形在相应的幅度内确定量刑起点：

（1）达到数额较大起点的，在一年以下有期徒刑、拘役幅度内确定量刑起点。

（2）达到数额巨大起点或者有其他严重情节的，在三年至四年有期徒刑幅度内确定量刑起点。

（3）达到数额特别巨大起点或者有其他特别严重情节的，在十年至十二年有期徒刑幅度内确定量刑起点。依法应当判处无期徒刑的除外。

2.在量刑起点的基础上，根据合同诈骗数额等其他影响犯罪构成的犯罪事实增加刑罚量，确定基准刑。

3.构成合同诈骗罪的，根据诈骗手段、犯罪数额、损失数额、危害后果等犯罪情节，综合考虑被告人缴纳罚金的能力，决定罚金数额。

4.构成合同诈骗罪的，综合考虑诈骗手段、犯罪数额、危害后果、退赃退赔等犯罪事实、量刑情节，以及被告人主观恶性、人身危险性、认罪悔罪表现等因素，决定缓刑的适用。

第二百二十四条之一　【组织、领导传销活动罪】

组织、领导以推销商品、提供服务等经营活动为名，要求参加者以缴纳费用或者购买商品、服务等方式获得加入资格，并按照一定顺序组成层级，直接或者间接以发展人员的数量作为计酬或者返利依据，引诱、胁迫参加者继续发展他人参加，骗取财物，扰乱经济社会秩序的传销活动的，处五年以下有期徒刑或者拘役，并处罚金；情节严重的，处五年以上有期徒刑，并处罚金。

立案标准

《最高人民法院、最高人民检察院、公安部关于办理组织领导传销活动刑事案件适用法律若干问题的意见》(2013年11月14日，公通字〔2013〕37号)

一、关于传销组织层级及人数的认定问题

以推销商品、提供服务等经营活动为名，要求参加者以缴纳费用或者购买商品、服务等方式获得加入资格，并按照一定顺序组成层级，直接或者间接以发展人员的数量作为计酬或者返利依据，引诱、胁迫参加者继续发展他人参加，骗取财物，扰乱经济社会秩序的传销组织，其组织内部参与传销活动人员在三十人以上且层级在三级以上的，应当对组织者、领导者追究刑事责任。

组织、领导多个传销组织，单个或者多个组织中的层级已达三级以上的，可将在各个组织中发展的人数合并计算。

组织者、领导者形式上脱离原传销组织后，继续从原传销组织获取报酬或者返利的，原传销组织在其脱离后发展人员的层级数和人数，应当计算为其发展的层级数和人数。

办理组织、领导传销活动刑事案件中，确因客观条件的限制无法逐一收集参与传销活动人员的言词证据的，可以结合依法收集并查证属实的缴纳、支付费用及计酬、返利记录，视听资料，传销人员关系图，银行账户交易记录，互联网电子数据，鉴定意见等证据，综合认定参与传销的人数、层级数等犯罪事实。

量刑标准

《最高人民法院、最高人民检察院、公安部关于办理组织领导传销活动刑事案件适用法律若干问题的意见》(2013年11月14日，公通字〔2013〕37号)

四、关于"情节严重"的认定问题

对符合本意见第一条第一款规定的传销组织的组织者、领导者，具有下列情形之一的，应当认定为刑法第二百二十四条之一规定的"情节严重"：

（一）组织、领导的参与传销活动人员累计达一百二十人以上的；

（二）直接或者间接收取参与传销活动人员缴纳的传销资金数额累计达二百五十万元以上的；

（三）曾因组织、领导传销活动受过刑事处罚，或者一年以内因组织、领导传销活动受过行政处罚，又直接或者间接发展参与传销活动人员累计达六十人以上的；

（四）造成参与传销活动人员精神失常、自杀等严重后果的；

（五）造成其他严重后果或者恶劣社会影响的。

第二百二十五条　【非法经营罪】

违反国家规定，有下列非法经营行为之一，扰乱市场秩序，情节严重的，处五年以下有期徒刑或者拘役，并处或者单处违法所得一倍以上五倍以下罚金；情节特别严重的，处五年以上有期徒刑，并处违法所得一倍以上五倍以下罚金或者没收财产：

（一）未经许可经营法律、行政法规规定的专营、专卖物品或者其他限制买卖的物品的；

（二）买卖进出口许可证、进出口原产地证明以及其他法律、行政法规规定的经营许可证或者批准文件的；

（三）未经国家有关主管部门批准非法经营证券、期货、保险业务的，或者非法从事资金支付结算业务的；

（四）其他严重扰乱市场秩序的非法经营行为。

立案标准

《最高人民检察院、公安部关于公安机关管辖的刑事案件立案追诉标准的规定（二）》（2022年5月15日，公通字〔2022〕12号）

第七十一条

[非法经营案（刑法第二百二十五条）]违反国家规定，进行非法经营活动，扰乱市场秩序，涉嫌下列情形之一的，应予立案追诉：

（一）违反国家烟草专卖管理法律法规，未经烟草专卖行政主管部门许可，无烟草专卖生产企业许可证、烟草专卖批发企业许可证、特种烟草专卖经营企业许可证、烟草专卖零售许可证等许可证明，非法经营烟草专卖品，具有下列情形之一的：

1.非法经营数额在五万元以上，或者违法所得数额在二万元以上的；

2.非法经营卷烟二十万支以上的；

3. 三年内因非法经营烟草专卖品受过二次以上行政处罚，又非法经营烟草专卖品且数额在三万元以上的。

（二）未经国家有关主管部门批准，非法经营证券、期货、保险业务，或者非法从事资金支付结算业务，具有下列情形之一的：

1. 非法经营证券、期货、保险业务，数额在一百万元以上，或者违法所得数额在十万元以上的；

2. 非法从事资金支付结算业务，数额在五百万元以上，或者违法所得数额在十万元以上的；

3. 非法从事资金支付结算业务，数额在二百五十万元以上不满五百万元，或者违法所得数额在五万元以上不满十万元，且具有下列情形之一的：

（1）因非法从事资金支付结算业务犯罪行为受过刑事追究的；

（2）二年内因非法从事资金支付结算业务违法行为受过行政处罚的；

（3）拒不交代涉案资金去向或者拒不配合追缴工作，致使赃款无法追缴的；

（4）造成其他严重后果的。

4. 使用销售点终端机具（POS机）等方法，以虚构交易、虚开价格、现金退货等方式向信用卡持卡人直接支付现金，数额在一百万元以上的，或者造成金融机构资金二十万元以上逾期未还的，或者造成金融机构经济损失十万元以上的。

（三）实施倒买倒卖外汇或者变相买卖外汇等非法买卖外汇行为，扰乱金融市场秩序，具有下列情形之一的：

1. 非法经营数额在五百万元以上的，或者违法所得数额在十万元以上的；

2. 非法经营数额在二百五十万元以上，或者违法所得数额在五万元以上，且具有下列情形之一的：

（1）因非法买卖外汇犯罪行为受过刑事追究的；

（2）二年内因非法买卖外汇违法行为受过行政处罚的；

（3）拒不交代涉案资金去向或者拒不配合追缴工作，致使赃款无法追缴的；

（4）造成其他严重后果的。

3. 公司、企业或者其他单位违反有关外贸代理业务的规定，采用非法手段，或者明知是伪造、变造的凭证、商业单据，为他人向外汇指定银行骗购外汇，数额在五百万美元以上或者违法所得数额在五十万元以上的；

4. 居间介绍骗购外汇，数额在一百万美元以上或者违法所得数额在十万元以上的。

（四）出版、印刷、复制、发行严重危害社会秩序和扰乱市场秩序的非法出版物，具有下列情形之一的：

1. 个人非法经营数额在五万元以上的，单位非法经营数额在十五万元以上的；

2. 个人违法所得数额在二万元以上的，单位违法所得数额在五万元以上的；

3. 个人非法经营报纸五千份或者期刊五千本或者图书二千册或者音像制品、电子出版物五百张（盒）以上的，单位非法经营报纸一万五千份或者期刊一万五千本或者图书五千册或者音像制品、电子出版物一千五百张（盒）以上的；

4. 虽未达到上述数额标准，但具有下列情形之一的：

（1）二年内因出版、印刷、复制、发行非法出版物受过二次以上行政处罚，又出版、印刷、复制、发行非法出版物的；

（2）因出版、印刷、复制、发行非法出版物造成恶劣社会影响或者其他严重后果的。

（五）非法从事出版物的出版、印刷、复制、发行业务，严重扰乱市场秩序，具有下列情形之一的：

1. 个人非法经营数额在十五万元以上的，单位非法经营数额在五十万元以上的；

2. 个人违法所得数额在五万元以上的，单位违法所得数额在十五万元以上的；

3. 个人非法经营报纸一万五千份或者期刊一万五千本或者图书五千册或者音像制品、电子出版物一千五百张（盒）以上的，单位非法经营报纸五万份或者期刊五万本或者图书一万五千册或者音像制品、电子出版物五千张（盒）以上的；

4. 虽未达到上述数额标准，二年内因非法从事出版物的出版、印刷、复制、发行业务受过二次以上行政处罚，又非法从事出版物的出版、印刷、复制、发行业务的。

（六）采取租用国际专线、私设转接设备或者其他方法，擅自经营国际电信业务或者涉港澳台电信业务进行营利活动，扰乱电信市场管理秩序，具有下列情形之一的：

1. 经营去话业务数额在一百万元以上的；

2. 经营来话业务造成电信资费损失数额在一百万元以上的；

3. 虽未达到上述数额标准，但具有下列情形之一的：

（1）二年内因非法经营国际电信业务或者涉港澳台电信业务行为受过二次以上行政处罚，又非法经营国际电信业务或者涉港澳台电信业务的；

（2）因非法经营国际电信业务或者涉港澳台电信业务行为造成其他严重后果的。

（七）以营利为目的，通过信息网络有偿提供删除信息服务，或者明知是虚假信息，通过信息网络有偿提供发布信息等服务，扰乱市场秩序，具有下列情形之一的：

1. 个人非法经营数额在五万元以上，或者违法所得数额在二万元以上的；

2. 单位非法经营数额在十五万元以上，或者违法所得数额在五万元以上的。

（八）非法生产、销售"黑广播""伪基站"、无线电干扰器等无线电设备，具有下列情形之一的：

1. 非法生产、销售无线电设备三套以上的；

2. 非法经营数额在五万元以上的；

3. 虽未达到上述数额标准，但二年内因非法生产、销售无线电设备受过二次以上行政处罚，又非法生产、销售无线电设备的。

（九）以提供给他人开设赌场为目的，违反国家规定，非法生产、销售具有退币、退分、退钢珠等赌博功能的电子游戏设施设备或者其专用软件，具有下列情形之一的：

1. 个人非法经营数额在五万元以上，或者违法所得数额在一万元以上的；

2. 单位非法经营数额在五十万元以上，或者违法所得数额在十万元以上的；

3. 虽未达到上述数额标准，但二年内因非法生产、销售赌博机行为受过二次以上行政处罚，又进行同种非法经营行为的；

4. 其他情节严重的情形。

（十）实施下列危害食品安全行为，非法经营数额在十万元以上，或者违法所得数额在五万元以上的：

1. 以提供给他人生产、销售食品为目的，违反国家规定，生产、销售国家禁止用于食品生产、销售的非食品原料的；

2. 以提供给他人生产、销售食用农产品为目的，违反国家规定，生产、销售国家禁用农药、食品动物中禁止使用的药品及其他化合物等有毒、有害的非食品原料，或者生产、销售添加上述有毒、有害的非食品原料的农药、兽药、饲料、饲料添加剂、饲料原料的；

3. 违反国家规定，私设生猪屠宰厂（场），从事生猪屠宰、销售等经营活动的。

（十一）未经监管部门批准，或者超越经营范围，以营利为目的，以超过百分之三十六的实际年利率经常性地向社会不特定对象发放贷款，具有下列情形之一的：

1. 个人非法放贷数额累计在二百万元以上的，单位非法放贷数额累计在一千万元以上的；

2. 个人违法所得数额累计在八十万元以上的，单位违法所得数额累计在四百万元以上的；

3. 个人非法放贷对象累计在五十人以上的，单位非法放贷对象累计在一百五十人以上的；

4.造成借款人或者其近亲属自杀、死亡或者精神失常等严重后果的。

5.虽未达到上述数额标准,但具有下列情形之一的:

(1)二年内因实施非法放贷行为受过二次以上行政处罚的;

(2)以超过百分之七十二的实际年利率实施非法放贷行为十次以上的。

黑恶势力非法放贷的,按照第1、2、3项规定的相应数额、数量标准的百分之五十确定。同时具有第5项规定情形的,按照相应数额、数量标准的百分之四十确定。

(十二)从事其他非法经营活动,具有下列情形之一的:

1.个人非法经营数额在五万元以上,或者违法所得数额在一万元以上的;

2.单位非法经营数额在五十万元以上,或者违法所得数额在十万元以上的;

3.虽未达到上述数额标准,但二年内因非法经营行为受过二次以上行政处罚,又从事同种非法经营行为的;

4.其他情节严重的情形。

法律、司法解释对非法经营罪的立案追诉标准另有规定的,依照其规定。

第二百二十六条 【强迫交易罪】

以暴力、威胁手段,实施下列行为之一,情节严重的,处三年以下有期徒刑或者拘役,并处或者单处罚金;情节特别严重的,处三年以上七年以下有期徒刑,并处罚金:

（一）强买强卖商品的；

（二）强迫他人提供或者接受服务的；

（三）强迫他人参与或者退出投标、拍卖的；

（四）强迫他人转让或者收购公司、企业的股份、债券或者其他资产的；

（五）强迫他人参与或者退出特定的经营活动的。

立案标准

《最高人民检察院、公安部关于公安机关管辖的刑事案件立案追诉标准的规定（一）》（2008年6月25日，公通字〔2008〕36号）

第二十八条[已修改]

[强迫交易案（刑法第226条）] 以暴力、威胁手段强买强卖商品，强迫他人提供服务或者接受服务，涉嫌下列情形之一的，应予立案追诉：

（一）造成被害人轻微伤的；

（二）造成直接经济损失2千元以上的；

（三）强迫交易3次以上或者强迫3人以上交易的；

（四）强迫交易数额1万元以上，或者违法所得数额2千元以上的；

（五）强迫他人购买伪劣商品数额5千元以上，或者违法所得数额1千元以上的；

（六）其他情节严重的情形。

以暴力、威胁手段强迫他人参与或者退出投标、拍卖，强迫他人转让或者收购公司、企业的股份、债券或者其他资产,强迫他人参与或者退出特定的经营活动,具有多次实施、手段恶劣、造成严重后果或者恶劣社会影响等情形之一的,应予立案追诉。

第四章　侵犯公民人身权利、民主权利罪

第二百三十四条　【故意伤害罪】

故意伤害他人身体的,处三年以下有期徒刑、拘役或者管制。

犯前款罪,致人重伤的,处三年以上十年以下有期徒刑;致人死亡或者以特别残忍手段致人重伤造成严重残疾的,处十年以上有期徒刑、无期徒刑或者死刑。本法另有规定的,依照规定。

量刑标准

《最高人民法院、最高人民检察院关于常见犯罪的量刑指导意见(试行)》(2021年7月1日,法发〔2021〕21号)

四、常见犯罪的量刑

……

(七)故意伤害罪

1.构成故意伤害罪的,根据下列情形在相应的幅度内确定量刑起点:

(1)故意伤害致一人轻伤的,在二年以下有期徒刑、拘役幅度内确定量刑起点。

（2）故意伤害致一人重伤的，在三年至五年有期徒刑幅度内确定量刑起点。

（3）以特别残忍手段故意伤害致一人重伤，造成六级严重残疾的，在十年至十三年有期徒刑幅度内确定量刑起点。依法应当判处无期徒刑以上刑罚的除外。

2.在量刑起点的基础上，根据伤害后果、伤残等级、手段残忍程度等其他影响犯罪构成的犯罪事实增加刑罚量，确定基准刑。

故意伤害致人轻伤的，伤残程度可以在确定量刑起点时考虑，或者作为调节基准刑的量刑情节。

3.构成故意伤害罪的，综合考虑故意伤害的起因、手段、危害后果、赔偿谅解等犯罪事实、量刑情节，以及被告人的主观恶性、人身危险性、认罪悔罪表现等因素，决定缓刑的适用。

第二百三十六条 【强奸罪】

以暴力、胁迫或者其他手段强奸妇女的，处三年以上十年以下有期徒刑。

奸淫不满十四周岁的幼女的，以强奸论，从重处罚。

强奸妇女、奸淫幼女，有下列情形之一的，处十年以上有期徒刑、无期徒刑或者死刑：

（一）强奸妇女、奸淫幼女情节恶劣的；

（二）强奸妇女、奸淫幼女多人的；

（三）在公共场所当众强奸妇女、奸淫幼女的；

（四）二人以上轮奸的；

（五）奸淫不满十周岁的幼女或者造成幼女伤害的；

（六）致使被害人重伤、死亡或者造成其他严重后果的。

量刑标准

《最高人民法院、最高人民检察院关于常见犯罪的量刑指导意见（试行）》（2021年7月1日，法发〔2021〕21号）

四、常见犯罪的量刑

……

（八）强奸罪

1.构成强奸罪的，根据下列情形在相应的幅度内确定量刑起点：

（1）强奸妇女一人的，在三年至六年有期徒刑幅度内确定量刑起点。

奸淫幼女一人的，在四年至七年有期徒刑幅度内确定量刑起点。

（2）有下列情形之一的，在十年至十三年有期徒刑幅度内确定量刑起点：强奸妇女、奸淫幼女情节恶劣的；强奸妇女、奸淫幼女三人的；在公共场所当众强奸妇女、奸淫幼女的；二人以上轮奸妇女的；奸淫不满十周岁的幼女或者造成幼女伤害的；强奸致被害人重伤或者造成其他严重后果的。依法应当判处无期徒刑以上刑罚的除外。

2.在量刑起点的基础上，根据强奸妇女、奸淫幼女情节恶劣程度、强奸人数、致人伤害后果等其他影响犯罪构成的犯罪事实增加刑罚量，确定基准刑。

强奸多人多次的，以强奸人数作为增加刑罚量的事实，强奸次数作为调节基准刑的量刑情节。

3.构成强奸罪的,综合考虑强奸的手段、危害后果等犯罪事实、量刑情节,以及被告人的主观恶性、人身危险性、认罪悔罪表现等因素,从严把握缓刑的适用。

第二百三十八条 【非法拘禁罪】

非法拘禁他人或者以其他方法非法剥夺他人人身自由的,处三年以下有期徒刑、拘役、管制或者剥夺政治权利。具有殴打、侮辱情节的,从重处罚。

犯前款罪,致人重伤的,处三年以上十年以下有期徒刑;致人死亡的,处十年以上有期徒刑。使用暴力致人伤残、死亡的,依照本法第二百三十四条、第二百三十二条的规定定罪处罚。

为索取债务非法扣押、拘禁他人的,依照前两款的规定处罚。

国家机关工作人员利用职权犯前三款罪的,依照前三款的规定从重处罚。

量刑标准

《最高人民法院、最高人民检察院关于常见犯罪的量刑指导意见(试行)》(2021年7月1日,法发〔2021〕21号)

四、常见犯罪的量刑

……

(九)非法拘禁罪

1.构成非法拘禁罪的,根据下列情形在相应的幅度内确定量刑起点:

（1）犯罪情节一般的，在一年以下有期徒刑、拘役幅度内确定量刑起点。

（2）致一人重伤的，在三年至五年有期徒刑幅度内确定量刑起点。

（3）致一人死亡的，在十年至十三年有期徒刑幅度内确定量刑起点。

2.在量刑起点的基础上，根据非法拘禁人数、拘禁时间、致人伤亡后果等其他影响犯罪构成的犯罪事实增加刑罚量，确定基准刑。

非法拘禁多人多次的，以非法拘禁人数作为增加刑罚量的事实，非法拘禁次数作为调节基准刑的量刑情节。

3.有下列情节之一的，增加基准刑的10%–20%：

（1）具有殴打、侮辱情节的；

（2）国家机关工作人员利用职权非法扣押、拘禁他人的。

4.构成非法拘禁罪的，综合考虑非法拘禁的起因、时间、危害后果等犯罪事实、量刑情节，以及被告人的主观恶性、人身危险性、认罪悔罪表现等因素，决定缓刑的适用。

第五章　侵犯财产罪

第二百六十三条　【抢劫罪】

以暴力、胁迫或者其他方法抢劫公私财物的，处三年以上十年以下有期徒刑，并处罚金；有下列情形之一的，处十年以上有期徒刑、无期徒刑或者死刑，并处罚金或者没收财产：

（一）入户抢劫的；

（二）在公共交通工具上抢劫的；

（三）抢劫银行或者其他金融机构的；

（四）多次抢劫或者抢劫数额巨大的；

（五）抢劫致人重伤、死亡的；

（六）冒充军警人员抢劫的；

（七）持枪抢劫的；

（八）抢劫军用物资或者抢险、救灾、救济物资的。

量刑标准

《最高人民法院关于审理抢劫刑事案件适用法律若干问题的指导意见》（2016年1月6日，法发〔2016〕2号）

四、具有法定八种加重处罚情节的刑罚适用

1.根据刑法第二百六十三条的规定，具有"抢劫致人重伤、死亡"等八种法定加重处罚情节的，处十年以上有期徒刑、无期徒刑或者死刑，并处罚金或者没收财产。应当根据抢劫的次数及数额、抢劫对人身的损害、对社会治安的危害等情况，结合被告人的主观恶性及人身危险程度，并根据量刑规范化的有关规定，确定具体的刑罚。判处无期徒刑以上刑罚的，一般应并处没收财产。

2.具有下列情形之一的，可以判处无期徒刑以上刑罚：

（1）抢劫致三人以上重伤，或者致人重伤造成严重残疾的；

（2）在抢劫过程中故意杀害他人，或者故意伤害他人，致人死亡的；

（3）具有除"抢劫致人重伤、死亡"外的两种以上加重处罚情节，或者抢劫次数特别多、抢劫数额特别巨大的。

3.为劫取财物而预谋故意杀人，或者在劫取财物过程中为制服被害人反抗、抗拒抓捕而杀害被害人，且被告人无法定从宽处罚情节的，可依法判处死刑立即执行。对具有自首、立功等法定从轻处罚情节的，判处死刑立即执行应当慎重。对于采取故意杀人以外的其他手段实施抢劫并致人死亡的案件，要从犯罪的动机、预谋、实行行为等方面分析被告人主观恶性的大小，并从有无前科及平时表现、认罪悔罪情况等方面判断被告人的人身危险程度，不能不加区别，仅以出现被害人死亡的后果，一律判处死刑立即执行。

4.抢劫致人重伤案件适用死刑，应当更加慎重、更加严格，除非具有采取极其残忍的手段造成被害人严重残疾等特别恶劣的情节或者造成特别严重后果的，一般不判处死刑立即执行。

5.具有刑法第二百六十三条规定的"抢劫致人重伤、死亡"以外其他七种加重处罚情节，且犯罪情节特别恶劣、危害后果特别严重的，可依法判处死刑立即执行。认定"情节特别恶劣、危害后果特别严重"，应当从严掌握，适用死刑必须非常慎重、非常严格。

《最高人民法院、最高人民检察院关于常见犯罪的量刑指导意见（试行）》（2021年7月1日，法发〔2021〕21号）

四、常见犯罪的量刑

……

（十）抢劫罪

1.构成抢劫罪的，根据下列情形在相应的幅度内确定量刑起点：

（1）抢劫一次的，在三年至六年有期徒刑幅度内确定量刑起点。

（2）有下列情形之一的，在十年至十三年有期徒刑幅度内确定量刑起点：入户抢劫的；在公共交通工具上抢劫的；抢劫银行或者其他金融机构的；抢劫三次或者抢劫数额达到数额巨大起点的；抢劫致一人重伤的；冒充军警人员抢劫的；持枪抢劫的；抢劫军用物资或者抢险、救灾、救济物资的。依法应当判处无期徒刑以上刑罚的除外。

2.在量刑起点的基础上，根据抢劫情节严重程度、抢劫数额、次数、致人伤害后果等其他影响犯罪构成的犯罪事实增加刑罚量，确定基准刑。

3.构成抢劫罪的，根据抢劫的数额、次数、手段、危害后果等犯罪情节，综合考虑被告人缴纳罚金的能力，决定罚金数额。

4.构成抢劫罪的，综合考虑抢劫的起因、手段、危害后果等犯罪事实、量刑情节，以及被告人的主观恶性、人身危险性、认罪悔罪表现等因素，从严把握缓刑的适用。

第二百六十四条　【盗窃罪】

盗窃公私财物，数额较大的，或者多次盗窃、入户盗窃、携带凶器盗窃、扒窃的，处三年以下有期徒刑、拘役或者管制，并处或者单处罚金；数额巨大或者有其他严重情节的，处三年以上十年以下有期徒刑，并处罚金；数额特别巨大或者有其他特别严重情节的，处十年以上有期徒刑或者无期徒刑，并处罚金或者没收财产。

立案、量刑标准

《最高人民法院、最高人民检察院关于办理盗窃刑事案件适用法律若

干问题的解释》（2013年4月4日，法释〔2013〕8号）

第一条

盗窃公私财物价值一千元至三千元以上、三万元至十万元以上、三十万元至五十万元以上的，应当分别认定为刑法第二百六十四条规定的"数额较大"、"数额巨大"、"数额特别巨大"。

各省、自治区、直辖市高级人民法院、人民检察院可以根据本地区经济发展状况，并考虑社会治安状况，在前款规定的数额幅度内，确定本地区执行的具体数额标准，报最高人民法院、最高人民检察院批准。

在跨地区运行的公共交通工具上盗窃，盗窃地点无法查证的，盗窃数额是否达到"数额较大"、"数额巨大"、"数额特别巨大"，应当根据受理案件所在地省、自治区、直辖市高级人民法院、人民检察院确定的有关数额标准认定。

盗窃毒品等违禁品，应当按照盗窃罪处理的，根据情节轻重量刑。

第二条

盗窃公私财物，具有下列情形之一的，"数额较大"的标准可以按照前条规定标准的百分之五十确定：

（一）曾因盗窃受过刑事处罚的；

（二）一年内曾因盗窃受过行政处罚的；

（三）组织、控制未成年人盗窃的；

（四）自然灾害、事故灾害、社会安全事件等突发事件期间，在事件发生地盗窃的；

（五）盗窃残疾人、孤寡老人、丧失劳动能力人的财物的；

（六）在医院盗窃病人或者其亲友财物的；

（七）盗窃救灾、抢险、防汛、优抚、扶贫、移民、救济款物的；

（八）因盗窃造成严重后果的。

第六条

盗窃公私财物，具有本解释第二条第三项至第八项规定情形之一，或者入户盗窃、携带凶器盗窃，数额达到本解释第一条规定的"数额巨大"、"数额特别巨大"百分之五十的，可以分别认定为刑法第二百六十四条规定的"其他严重情节"或者"其他特别严重情节"。

第七条

盗窃公私财物数额较大，行为人认罪、悔罪、退赃、退赔，且具有下列情形之一，情节轻微的，可以不起诉或者免予刑事处罚；必要时，由有关部门予以行政处罚：

（一）具有法定从宽处罚情节的；

（二）没有参与分赃或者获赃较少且不是主犯的；

（三）被害人谅解的；

（四）其他情节轻微、危害不大的。

第八条

偷拿家庭成员或者近亲属的财物，获得谅解的，一般可不认为是犯罪；追究刑事责任的，应当酌情从宽。

第九条

盗窃国有馆藏一般文物、三级文物、二级以上文物的，应当分别认定为刑法第二百六十四条规定的"数额较大"、"数额巨大"、"数额特别巨大"。

盗窃多件不同等级国有馆藏文物的，三件同级文物可以视为一件高一级文物。

盗窃民间收藏的文物的，根据本解释第四条第一款第一项的规定认定盗窃数额。

第十二条

盗窃未遂，具有下列情形之一的，应当依法追究刑事责任：

（一）以数额巨大的财物为盗窃目标的；

（二）以珍贵文物为盗窃目标的；

（三）其他情节严重的情形。

盗窃既有既遂，又有未遂，分别达到不同量刑幅度的，依照处罚较重的规定处罚；达到同一量刑幅度的，以盗窃罪既遂处罚。

《最高人民法院、最高人民检察院关于常见犯罪的量刑指导意见（试行）》（2021年7月1日，法发〔2021〕21号）

四、常见犯罪的量刑

……

（十一）盗窃罪

1.构成盗窃罪的,根据下列情形在相应的幅度内确定量刑起点:

(1)达到数额较大起点的,二年内三次盗窃的,入户盗窃的,携带凶器盗窃的,或者扒窃的,在一年以下有期徒刑、拘役幅度内确定量刑起点。

(2)达到数额巨大起点或者有其他严重情节的,在三年至四年有期徒刑幅度内确定量刑起点。

(3)达到数额特别巨大起点或者有其他特别严重情节的,在十年至十二年有期徒刑幅度内确定量刑起点。依法应当判处无期徒刑的除外。

2.在量刑起点的基础上,根据盗窃数额、次数、手段等其他影响犯罪构成的犯罪事实增加刑罚量,确定基准刑。

多次盗窃,数额达到较大以上的,以盗窃数额确定量刑起点,盗窃次数可以作为调节基准刑的量刑情节;数额未达到较大的,以盗窃次数确定量刑起点,超过三次的次数作为增加刑罚量的事实。

3.构成盗窃罪的,根据盗窃的数额、次数、手段、危害后果等犯罪情节,综合考虑被告人缴纳罚金的能力,在一千元以上盗窃数额二倍以下决定罚金数额;没有盗窃数额或者盗窃数额无法计算的,在一千元以上十万元以下判处罚金。

4.构成盗窃罪的,综合考虑盗窃的起因、数额、次数、手段、退赃退赔等犯罪事实、量刑情节,以及被告人的主观恶性、人身危险性、认罪悔罪表现等因素,决定缓刑的适用。

第二百六十六条 【诈骗罪】

诈骗公私财物,数额较大的,处三年以下有期徒刑、拘役或者管制,并处或者单处罚金；数额巨大或者有其他严重情节的，处三年以上十年以下有期徒刑，并处罚金；数额特别巨大或者有其他特别严重情节的，处十年以上有期徒刑或者无期徒刑，并处罚金或者没收财产。本法另有规定的，依照规定。

立案、量刑标准

《最高人民法院、最高人民检察院关于办理诈骗刑事案件具体应用法律若干问题的解释》（2011年4月8日，法释〔2011〕7号）

第一条

诈骗公私财物价值三千元至一万元以上、三万元至十万元以上、五十万元以上的，应当分别认定为刑法第二百六十六条规定的"数额较大"、"数额巨大"、"数额特别巨大"。

各省、自治区、直辖市高级人民法院、人民检察院可以结合本地区经济社会发展状况，在前款规定的数额幅度内，共同研究确定本地区执行的具体数额标准，报最高人民法院、最高人民检察院备案。

第二条

诈骗公私财物达到本解释第一条规定的数额标准，具有下列情形之一的，可以依照刑法第二百六十六条的规定酌情从严惩处：

（一）通过发送短信、拨打电话或者利用互联网、广播电视、报刊杂志等发布虚假信息，对不特定多数人实施诈骗的；

（二）诈骗救灾、抢险、防汛、优抚、扶贫、移民、救济、医疗款物的；

（三）以赈灾募捐名义实施诈骗的；

（四）诈骗残疾人、老年人或者丧失劳动能力人的财物的；

（五）造成被害人自杀、精神失常或者其他严重后果的。

诈骗数额接近本解释第一条规定的"数额巨大"、"数额特别巨大"的标准，并具有前款规定的情形之一或者属于诈骗集团首要分子的，应当分别认定为刑法第二百六十六条规定的"其他严重情节"、"其他特别严重情节"。

第三条

诈骗公私财物虽已达到本解释第一条规定的"数额较大"的标准，但具有下列情形之一，且行为人认罪、悔罪的，可以根据刑法第三十七条、刑事诉讼法第一百四十二条的规定不起诉或者免予刑事处罚：

（一）具有法定从宽处罚情节的；

（二）一审宣判前全部退赃、退赔的；

（三）没有参与分赃或者获赃较少且不是主犯的；

（四）被害人谅解的；

（五）其他情节轻微、危害不大的。

第四条

诈骗近亲属的财物，近亲属谅解的，一般可不按犯罪处理。

诈骗近亲属的财物，确有追究刑事责任必要的，具体处理也应酌情从宽。

第五条

诈骗未遂，以数额巨大的财物为诈骗目标的，或者具有其他严重情节的，应当定罪处罚。

利用发送短信、拨打电话、互联网等电信技术手段对不特定多数人实施诈骗，诈骗数额难以查证，但具有下列情形之一的，应当认定为刑法第二百六十六条规定的"其他严重情节"，以诈骗罪（未遂）定罪处罚：

（一）发送诈骗信息五千条以上的；

（二）拨打诈骗电话五百人次以上的；

（三）诈骗手段恶劣、危害严重的。

实施前款规定行为，数量达到前款第（一）、（二）项规定标准十倍以上的，或者诈骗手段特别恶劣、危害特别严重的，应当认定为刑法第二百六十六条规定的"其他特别严重情节"，以诈骗罪（未遂）定罪处罚。

《最高人民法院、最高人民检察院关于常见犯罪的量刑指导意见（试行）》（2021年7月1日，法发〔2021〕21号）

四、常见犯罪的量刑

……

（十二）诈骗罪

1.构成诈骗罪的，根据下列情形在相应的幅度内确定量刑起点：

（1）达到数额较大起点的，在一年以下有期徒刑、拘役幅度内确定量刑起点。

（2）达到数额巨大起点或者有其他严重情节的，在三年至四年有期徒刑幅度内确定量刑起点。

（3）达到数额特别巨大起点或者有其他特别严重情节的，在十年至十二年有期徒刑幅度内确定量刑起点。依法应当判处无期徒刑的除外。

2.在量刑起点的基础上，根据诈骗数额等其他影响犯罪构成的犯罪事实增加刑罚量，确定基准刑。

3.构成诈骗罪的，根据诈骗的数额、手段、危害后果等犯罪情节，综合考虑被告人缴纳罚金的能力，决定罚金数额。

4.构成诈骗罪的，综合考虑诈骗的起因、手段、数额、危害后果、退赃退赔等犯罪事实、量刑情节，以及被告人的主观恶性、人身危险性、认罪悔罪表现等因素，决定缓刑的适用。对实施电信网络诈骗的，从严把握缓刑的适用。

第二百七十一条第一款 【职务侵占罪】

公司、企业或者其他单位的工作人员，利用职务上的便利，将本单位财物非法占为己有，数额较大的，处三年以下有期徒刑或者拘役，并处罚金；数额巨大的，处三年以上十年以下有期徒刑，并处罚金；数额特别巨大的，处十年以上有期徒刑或者无期徒刑，并处罚金。

立案标准

《最高人民检察院、公安部关于公安机关管辖的刑事案件立案追诉标准的规定（二）》（2022年5月15日，公通字〔2022〕12号）

第七十六条

[职务侵占案（刑法第二百七十一条第一款）]公司、企业或者其他单位的人员，利用职务上的便利，将本单位财物非法占为己有，数额在三万元以上的，应予立案追诉。

量刑标准

《最高人民法院、最高人民检察院关于办理贪污贿赂刑事案件适用法律若干问题的解释》（2016年4月18日，法释〔2016〕9号）

第十一条第一款

刑法第一百六十三条规定的非国家工作人员受贿罪、第二百七十一条规定的职务侵占罪中的"数额较大""数额巨大"的数额起点，按照本解释关于受贿罪、贪污罪相对应的数额标准规定的二倍、五倍执行。

《最高人民法院、最高人民检察院关于常见犯罪的量刑指导意见（试行）》（2021年7月1日，法发〔2021〕21号）

四、常见犯罪的量刑

……

（十四）职务侵占罪

1.构成职务侵占罪的，根据下列情形在相应的幅度内确定量刑起点：

（1）达到数额较大起点的，在一年以下有期徒刑、拘役幅度内确定量刑起点。

（2）达到数额巨大起点的，在三年至四年有期徒刑幅度内确定量刑起点。

（3）达到数额特别巨大起点的，在十年至十一年有期徒刑幅度内确定量刑起点。依法应当判处无期徒刑的除外。

2.在量刑起点的基础上，根据职务侵占数额等其他影响犯罪构成的犯罪事实增加刑罚量，确定基准刑。

3.构成职务侵占罪的，根据职务侵占的数额、危害后果等犯罪情节，综合考虑被告人缴纳罚金的能力，决定罚金数额。

4.构成职务侵占罪的，综合考虑职务侵占的数额、手段、危害后果、退赃退赔等犯罪事实、量刑情节，以及被告人的主观恶性、人身危险性、认罪悔罪表现等因素，决定缓刑的适用。

第二百七十二条第一款、第三款　【挪用资金罪】

公司、企业或者其他单位的工作人员，利用职务上的便利，挪用本单位资金归个人使用或者借贷给他人，数额较大、超过三个月未还的，或者虽未超过三个月，但数额较大、进行营利活动的，或者进行非法活动的，处三年以下有期徒刑或者拘役；挪用本单位资金数额巨大的，处三年以上七年以下有期徒刑；数额特别巨大的，处七年以上有期徒刑。

……

有第一款行为，在提起公诉前将挪用的资金退还的，可以从轻或者减轻处罚。其中，犯罪较轻的，可以减轻或者免除处罚。

立案标准

《最高人民检察院、公安部关于公安机关管辖的刑事案件立案追诉标准的规定（二）》（2022年5月15日，公通字〔2022〕12号）

第七十七条

[挪用资金案（刑法第二百七十二条第一款）]公司、企业或者其他单位的工作人员，利用职务上的便利，挪用本单位资金归个人使用或者借贷给他人，涉嫌下列情形之一的，应予立案追诉：

（一）挪用本单位资金数额在五万元以上，超过三个月未还的；

（二）挪用本单位资金数额在五万元以上，进行营利活动的；

（三）挪用本单位资金数额在三万元以上，进行非法活动的。

具有下列情形之一的，属于本条规定的"归个人使用"：

（一）将本单位资金供本人、亲友或者其他自然人使用的；

（二）以个人名义将本单位资金供其他单位使用的；

（三）个人决定以单位名义将本单位资金供其他单位使用，谋取个人利益的。

量刑标准

《最高人民法院、最高人民检察院关于办理贪污贿赂刑事案件适用法律若干问题的解释》（2016年4月18日，法释〔2016〕9号）

第十一条第二款

刑法第二百七十二条规定的挪用资金罪中的"数额较大""数额巨大"以及"进行非法活动"情形的数额起点,按照本解释关于挪用公款罪"数额较大""情节严重"以及"进行非法活动"的数额标准规定的二倍执行。

第二百七十四条 【敲诈勒索罪】

敲诈勒索公私财物,数额较大或者多次敲诈勒索的,处三年以下有期徒刑、拘役或者管制,并处或者单处罚金;数额巨大或者有其他严重情节的,处三年以上十年以下有期徒刑,并处罚金;数额特别巨大或者有其他特别严重情节的,处十年以上有期徒刑,并处罚金。

立案、量刑标准

《最高人民法院、最高人民检察院关于办理敲诈勒索刑事案件适用法律若干问题的解释》(2013年4月27日,法释〔2013〕10号)

第一条

敲诈勒索公私财物价值二千元至五千元以上、三万元至十万元以上、三十万元至五十万元以上的,应当分别认定为刑法第二百七十四条规定的"数额较大"、"数额巨大"、"数额特别巨大"。

各省、自治区、直辖市高级人民法院、人民检察院可以根据本地区经济发展状况和社会治安状况,在前款规定的数额幅度内,共同研究确定本地区执行的具体数额标准,报最高人民法院、最高人民检察院批准。

第二条

敲诈勒索公私财物，具有下列情形之一的，"数额较大"的标准可以按照本解释第一条规定标准的百分之五十确定：

（一）曾因敲诈勒索受过刑事处罚的；

（二）一年内曾因敲诈勒索受过行政处罚的；

（三）对未成年人、残疾人、老年人或者丧失劳动能力人敲诈勒索的；

（四）以将要实施放火、爆炸等危害公共安全犯罪或者故意杀人、绑架等严重侵犯公民人身权利犯罪相威胁敲诈勒索的；

（五）以黑恶势力名义敲诈勒索的；

（六）利用或者冒充国家机关工作人员、军人、新闻工作者等特殊身份敲诈勒索的；

（七）造成其他严重后果的。

第四条

敲诈勒索公私财物，具有本解释第二条第三项至第七项规定的情形之一，数额达到本解释第一条规定的"数额巨大"、"数额特别巨大"百分之八十的，可以分别认定为刑法第二百七十四条规定的"其他严重情节"、"其他特别严重情节"。

第五条

敲诈勒索数额较大，行为人认罪、悔罪，退赃、退赔，并具有下列情形之一的，可以认定为犯罪情节轻微，不起诉或者免予刑事处罚，由有关部门依法予以行政处罚：

（一）具有法定从宽处罚情节的；

（二）没有参与分赃或者获赃较少且不是主犯的；

（三）被害人谅解的；

（四）其他情节轻微、危害不大的。

第六条

敲诈勒索近亲属的财物，获得谅解的，一般不认为是犯罪；认定为犯罪的，应当酌情从宽处理。

被害人对敲诈勒索的发生存在过错的，根据被害人过错程度和案件其他情况，可以对行为人酌情从宽处理；情节显著轻微危害不大的，不认为是犯罪。

《最高人民法院、最高人民检察院关于常见犯罪的量刑指导意见（试行）》（2021年7月1日，法发〔2021〕21号）

四、常见犯罪的量刑

……

（十五）敲诈勒索罪

1.构成敲诈勒索罪的，根据下列情形在相应的幅度内确定量刑起点：

（1）达到数额较大起点的，或者二年内三次敲诈勒索的，在一年以下有期徒刑、拘役幅度内确定量刑起点。

（2）达到数额巨大起点或者有其他严重情节的，在三年至五年有期徒刑幅度内确定量刑起点。

（3）达到数额特别巨大起点或者有其他特别严重情节的，在十年至十二年有期徒刑幅度内确定量刑起点。

2.在量刑起点的基础上，根据敲诈勒索数额、次数、犯罪情节严重程度等其他影响犯罪构成的犯罪事实增加刑罚量，确定基准刑。

多次敲诈勒索，数额达到较大以上的，以敲诈勒索数额确定量刑起点，敲诈勒索次数可以作为调节基准刑的量刑情节；数额未达到较大的，以敲诈勒索次数确定量刑起点，超过三次的次数作为增加刑罚量的事实。

3.构成敲诈勒索罪的，根据敲诈勒索的数额、手段、次数、危害后果等犯罪情节，综合考虑被告人缴纳罚金的能力，在二千元以上敲诈勒索数额的二倍以下决定罚金数额；被告人没有获得财物的，在二千元以上十万元以下判处罚金。

4.构成敲诈勒索罪的，综合考虑敲诈勒索的手段、数额、次数、危害后果、退赃退赔等犯罪事实、量刑情节，以及被告人的主观恶性、人身危险性、认罪悔罪表现等因素，决定缓刑的适用。

第二百七十五条　【故意毁坏财物罪】

故意毁坏公私财物，数额较大或者有其他严重情节的，处三年以下有期徒刑、拘役或者罚金；数额巨大或者有其他特别严重情节的，处三年以上七年以下有期徒刑。

立案标准

《最高人民检察院、公安部关于公安机关管辖的刑事案件立案追诉标准的规定（一）》（2008年6月25日，公通字〔2008〕36号）

第三十三条

［故意毁坏财物案（刑法第二百七十五条）］故意毁坏公私财物，涉嫌下列情形之一的，应予立案追诉：

（一）造成公私财物损失五千元以上的；

（二）毁坏公私财物三次以上的；

（三）纠集三人以上公然毁坏公私财物的；

（四）其他情节严重的情形。

第二百七十六条 【破坏生产经营罪】

由于泄愤报复或者其他个人目的，毁坏机器设备、残害耕畜或者以其他方法破坏生产经营的，处三年以下有期徒刑、拘役或者管制；情节严重的，处三年以上七年以下有期徒刑。

立案标准

《最高人民检察院、公安部关于公安机关管辖的刑事案件立案追诉标准的规定（一）》（2008年6月25日，公通字〔2008〕36号）

第三十四条

由于泄愤报复或者其他个人目的，毁坏机器设备、残害耕畜或者以其他方法破坏生产经营，涉嫌下列情形之一的，应予立案追诉：

（一）造成公私财物损失五千元以上的；

（二）破坏生产经营三次以上的；

（三）纠集三人以上公然破坏生产经营的；

（四）其他破坏生产经营应予追究刑事责任的情形。

第六章　妨害社会管理秩序罪

第二百七十七条　【妨害公务罪】【袭警罪】

以暴力、威胁方法阻碍国家机关工作人员依法执行职务的，处三年以下有期徒刑、拘役、管制或者罚金。

以暴力、威胁方法阻碍全国人民代表大会和地方各级人民代表大会代表依法执行代表职务的，依照前款的规定处罚。

在自然灾害和突发事件中，以暴力、威胁方法阻碍红十字会工作人员依法履行职责的，依照第一款的规定处罚。

故意阻碍国家安全机关、公安机关依法执行国家安全工作任务，未使用暴力、威胁方法，造成严重后果的，依照第一款的规定处罚。

暴力袭击正在依法执行职务的人民警察的，处三年以下有期徒刑、拘役或者管制；使用枪支、管制刀具，或者以驾驶机动车撞击等手段，严重危及其人身安全的，处三年以上七年以下有期徒刑。

量刑标准

《最高人民法院、最高人民检察院关于常见犯罪的量刑指导意见（试行）》（2021年7月1日，法发〔2021〕21号）

四、常见犯罪的量刑

……

（十六）妨害公务罪

1.构成妨害公务罪的，在二年以下有期徒刑、拘役幅度内确定量刑起点。

2.在量刑起点的基础上，根据妨害公务造成的后果、犯罪情节严重程度等其他影响犯罪构成的犯罪事实增加刑罚量，确定基准刑。

3.构成妨害公务罪，依法单处罚金的，根据妨害公务的手段、危害后果、造成的人身伤害以及财物毁损情况等犯罪情节，综合考虑被告人缴纳罚金的能力，决定罚金数额。

4.构成妨害公务罪的，综合考虑妨害公务的手段、造成的人身伤害、财物的毁损及社会影响等犯罪事实、量刑情节，以及被告人的主观恶性、人身危险性、认罪悔罪表现等因素，决定缓刑的适用。

第二百九十三条　【寻衅滋事罪】

有下列寻衅滋事行为之一，破坏社会秩序的，处五年以下有期徒刑、拘役或者管制：

（一）随意殴打他人，情节恶劣的；

（二）追逐、拦截、辱骂、恐吓他人，情节恶劣的；

（三）强拿硬要或者任意损毁、占用公私财物，情节严重的；

（四）在公共场所起哄闹事，造成公共场所秩序严重混乱的。

纠集他人多次实施前款行为，严重破坏社会秩序的，处五年以上十年以下有期徒刑，可以并处罚金。

立案标准

《最高人民检察院、公安部关于公安机关管辖的刑事案件立案追诉标准的规定（一）》（2008年6月25日，公通字〔2008〕36号）

第三十七条[已修改]

[寻衅滋事案（刑法第293条）]随意殴打他人，破坏社会秩序，涉嫌下列情形之一的，应予立案追诉：

（一）致一人以上轻伤或者2人以上轻微伤的；

（二）引起他人精神失常、自杀等严重后果的；

（三）多次随意殴打他人的；

（四）持凶器随意殴打他人的；

（五）随意殴打精神病人、残疾人、流浪乞讨人员、老年人、孕妇、未成年人，造成恶劣社会影响的；

（六）在公共场所随意殴打他人，造成公共场所秩序严重混乱的；

（七）其他情节恶劣的情形。

追逐、拦截、辱骂、恐吓他人，破坏社会秩序，涉嫌下列情形之一的，应予立案追诉：

（一）多次追逐、拦截、辱骂、恐吓他人，造成恶劣社会影响的；

（二）持凶器追逐、拦截、辱骂、恐吓他人的；

（三）追逐、拦截、辱骂、恐吓精神病人、残疾人、流浪乞讨人员、老年人、孕妇、未成年人，造成恶劣社会影响的；

（四）引起他人精神失常、自杀等严重后果的；

（五）严重影响他人的工作、生活、生产、经营的；

（六）其他情节恶劣的情形。

强拿硬要或者任意损毁、占用公私财物，破坏社会秩序，涉嫌下列情形之一的，应予立案追诉：

（一）强拿硬要公私财物价值1千元以上，或者任意损毁、占用公私财物价值2千元以上的；

（二）多次强拿硬要或者任意损毁、占用公私财物，造成恶劣社会影响的；

（三）强拿硬要或者任意损毁、占用精神病人、残疾人、流浪乞讨人员、老年人、孕妇、未成年人的财物，造成恶劣社会影响的；

（四）引起他人精神失常、自杀等严重后果的；

（五）严重影响他人的工作、生活、生产、经营的；

（六）其他情节严重的情形。

在车站、码头、机场、医院、商场、公园、影剧院、展览会、运动场或者其他公共场所起哄闹事，应当根据公共场所的性质、公共活动的重要程度、公共场所的人数、起哄闹事的时间、公共场所受影响的范围与程度等因素，综合判断是否造成公共场所秩序严重混乱。

《最高人民法院、最高人民检察院关于办理寻衅滋事刑事案件适用法律若干问题的解释》（2013年7月22日，法释〔2013〕18号）

第一条

行为人为寻求刺激、发泄情绪、逞强耍横等，无事生非，实施刑法第二百九十三条规定的行为的，应当认定为"寻衅滋事"。

行为人因日常生活中的偶发矛盾纠纷，借故生非，实施刑法第二百九十三条规定的行为的，应当认定为"寻衅滋事"，但矛盾系由被害人故意引发或者被害人对矛盾激化负有主要责任的除外。

行为人因婚恋、家庭、邻里、债务等纠纷，实施殴打、辱骂、恐吓他人或者损毁、占用他人财物等行为的，一般不认定为"寻衅滋事"，但经有关部门批评制止或者处理处罚后，继续实施前列行为，破坏社会秩序的除外。

第六条

纠集他人三次以上实施寻衅滋事犯罪，未经处理的，应当依照刑法第二百九十三条第二款的规定处罚。

量刑标准

《最高人民法院、最高人民检察院关于办理寻衅滋事刑事案件适用法律若干问题的解释》（2013年7月22日，法释〔2013〕18号）

第八条

行为人认罪、悔罪，积极赔偿被害人损失或者取得被害人谅解的，可以从轻处罚；犯罪情节轻微的，可以不起诉或者免予刑事处罚。

《最高人民法院、最高人民检察院关于常见犯罪的量刑指导意见（试行）》（2021年7月1日，法发〔2021〕21号）

四、常见犯罪的量刑

……

（十八）寻衅滋事罪

1.构成寻衅滋事罪的，根据下列情形在相应的幅度内确定量刑起点：

（1）寻衅滋事一次的，在三年以下有期徒刑、拘役幅度内确定量刑起点。

（2）纠集他人三次寻衅滋事（每次都构成犯罪），严重破坏社会秩序的，在五年至七年有期徒刑幅度内确定量刑起点。

2.在量刑起点的基础上，根据寻衅滋事次数、伤害后果、强拿硬要他人财物或任意损毁、占用公私财物数额等其他影响犯罪构成的犯罪事实增加刑罚量，确定基准刑。

3.构成寻衅滋事罪，判处五年以上十年以下有期徒刑，并处罚金的，根据寻衅滋事的次数、危害后果、对社会秩序的破坏程度等犯罪情节，综合考虑被告人缴纳罚金的能力，决定罚金数额。

4.构成寻衅滋事罪的，综合考虑寻衅滋事的具体行为、危害后果、对社会秩序的破坏程度等犯罪事实、量刑情节，以及被告人的主观恶性、人身危险性、认罪悔罪表现等因素，决定缓刑的适用。

第三百零七条之一　【虚假诉讼罪】

以捏造的事实提起民事诉讼，妨害司法秩序或者严重侵害他人合法权益的，处三年以下有期徒刑、拘役或者管制，并处或者单处罚金；情节严重的，处三年以上七年以下有期徒刑，并处罚金。

单位犯前款罪的，对单位判处罚金，并对其直接负责的主管人员和其他直接责任人员，依照前款的规定处罚。

有第一款行为，非法占有他人财产或者逃避合法债务，又构成其他犯罪的，依照处罚较重的规定定罪从重处罚。

司法工作人员利用职权，与他人共同实施前三款行为的，从重处罚；同时构成其他犯罪的，依照处罚较重的规定定罪从重处罚。

立案标准

《最高人民检察院、公安部关于公安机关管辖的刑事案件立案追诉标准的规定（二）》（2022年5月15日，公通字〔2022〕12号）

第七十八条

[虚假诉讼案（刑法第三百零七条之一）]单独或者与他人恶意串通，以捏造的事实提起民事诉讼，涉嫌下列情形之一的，应予立案追诉：

（一）致使人民法院基于捏造的事实采取财产保全或者行为保全措施的；

（二）致使人民法院开庭审理，干扰正常司法活动的；

（三）致使人民法院基于捏造的事实作出裁判文书、制作财产分配方案，或者立案执行基于捏造的事实作出的仲裁裁决、公证债权文书的；

（四）多次以捏造的事实提起民事诉讼的；

（五）因以捏造的事实提起民事诉讼被采取民事诉讼强制措施或者受过刑事追究的；

（六）其他妨害司法秩序或者严重侵害他人合法权益的情形。

量刑标准

《最高人民法院、最高人民检察院关于办理虚假诉讼刑事案件适用法律若干问题的解释》(2018年10月1日，法释〔2018〕17号）

第三条

以捏造的事实提起民事诉讼，有下列情形之一的，应当认定为刑法第三百零七条之一第一款规定的"情节严重"：

（一）有本解释第二条第一项情形，造成他人经济损失一百万元以上的；

（二）有本解释第二条第二项至第四项情形之一，严重干扰正常司法活动或者严重损害司法公信力的；

（三）致使义务人自动履行生效裁判文书确定的财产给付义务或者人民法院强制执行财产权益，数额达到一百万元以上的；

（四）致使他人债权无法实现，数额达到一百万元以上的；

（五）非法占有他人财产，数额达到十万元以上的；

（六）致使他人因为不执行人民法院基于捏造的事实作出的判决、裁定，被采取刑事拘留、逮捕措施或者受到刑事追究的；

（七）其他情节严重的情形。

第九条

实施刑法第三百零七条之一第一款行为，未达到情节严重的标准，行为人系初犯，在民事诉讼过程中自愿具结悔过，接受人民法院处理决定，积极退赃、退赔的，可以认定为犯罪情节轻微，不起诉或者免予刑事处罚；确有必要判处刑罚的，可以从宽处罚。

司法工作人员利用职权，与他人共同实施刑法第三百零七条之一第一款行为的，对司法工作人员不适用本条第一款规定。

第三百一十二条 【掩饰、隐瞒犯罪所得、犯罪所得收益罪】

明知是犯罪所得及其产生的收益而予以窝藏、转移、收购、代为销售或者以其他方法掩饰、隐瞒的，处三年以下有期徒刑、拘役或者管制，并处或者单处罚金；情节严重的，处三年以上七年以下有期徒刑，并处罚金。

单位犯前款罪的，对单位判处罚金，并对其直接负责的主管人员和其他直接责任人员，依照前款的规定处罚。

立案标准

《最高人民法院关于审理掩饰、隐瞒犯罪所得、犯罪所得收益刑事案件适用法律若干问题的解释》（2021年4月15日，法释〔2021〕8号）

第一条

明知是犯罪所得及其产生的收益而予以窝藏、转移、收购、代为销售或者以其他方法掩饰、隐瞒，具有下列情形之一的，应当依照刑法第三百一十二条第一款的规定，以掩饰、隐瞒犯罪所得、犯罪所得收益罪定罪处罚：

（一）一年内曾因掩饰、隐瞒犯罪所得及其产生的收益行为受过行政处罚，又实施掩饰、隐瞒犯罪所得及其产生的收益行为的；

（二）掩饰、隐瞒的犯罪所得系电力设备、交通设施、广播电视设施、公用电信设施、军事设施或者救灾、抢险、防汛、优抚、扶贫、移民、救济款物的；

（三）掩饰、隐瞒行为致使上游犯罪无法及时查处，并造成公私财物损失无法挽回的；

（四）实施其他掩饰、隐瞒犯罪所得及其产生的收益行为，妨害司法机关对上游犯罪进行追究的。

人民法院审理掩饰、隐瞒犯罪所得、犯罪所得收益刑事案件，应综合考虑上游犯罪的性质、掩饰、隐瞒犯罪所得及其收益的情节、后果及社会危害程度等，依法定罪处罚。

司法解释对掩饰、隐瞒涉及计算机信息系统数据、计算机信息系统控制权的犯罪所得及其产生的收益行为构成犯罪已有规定的，审理此类案件依照该规定。

依照全国人民代表大会常务委员会《关于〈中华人民共和国刑法〉第三百四十一条、第三百一十二条的解释》，明知是非法狩猎的野生动物而收购，数量达到五十只以上的，以掩饰、隐瞒犯罪所得罪定罪处罚。

量刑标准

《最高人民法院关于审理掩饰、隐瞒犯罪所得、犯罪所得收益刑事案件适用法律若干问题的解释》（2021年4月15日，法释〔2021〕8号）

第二条

掩饰、隐瞒犯罪所得及其产生的收益行为符合本解释第一条的规定，认罪、悔罪并退赃、退赔，且具有下列情形之一的，可以认定为犯罪情节轻微，免予刑事处罚：

（一）具有法定从宽处罚情节的；

（二）为近亲属掩饰、隐瞒犯罪所得及其产生的收益，且系初犯、偶犯的；

（三）有其他情节轻微情形的。

第三条

掩饰、隐瞒犯罪所得及其产生的收益，具有下列情形之一的，应当认定为刑法第三百一十二条第一款规定的"情节严重"：

（一）掩饰、隐瞒犯罪所得及其产生的收益价值总额达到十万元以上的；

（二）掩饰、隐瞒犯罪所得及其产生的收益十次以上，或者三次以上且价值总额达到五万元以上的；

（三）掩饰、隐瞒的犯罪所得系电力设备、交通设施、广播电视设施、公用电信设施、军事设施或者救灾、抢险、防汛、优抚、扶贫、移民、救济款物，价值总额达到五万元以上的；

（四）掩饰、隐瞒行为致使上游犯罪无法及时查处，并造成公私财物重大损失无法挽回或其他严重后果的；

（五）实施其他掩饰、隐瞒犯罪所得及其产生的收益行为，严重妨害司法机关对上游犯罪予以追究的。

司法解释对掩饰、隐瞒涉及机动车、计算机信息系统数据、计算机信息系统控制权的犯罪所得及其产生的收益行为认定"情节严重"已有规定的,审理此类案件依照该规定。

《最高人民法院、最高人民检察院关于常见犯罪的量刑指导意见(试行)》(2021年7月1日,法发〔2021〕21号)

四、常见犯罪的量刑
……
(十九)掩饰、隐瞒犯罪所得、犯罪所得收益罪

1.构成掩饰、隐瞒犯罪所得、犯罪所得收益罪的,根据下列情形在相应的幅度内确定量刑起点:

(1)犯罪情节一般的,在一年以下有期徒刑、拘役幅度内确定量刑起点。

(2)情节严重的,在三年至四年有期徒刑幅度内确定量刑起点。

2.在量刑起点的基础上,根据犯罪数额等其他影响犯罪构成的犯罪事实增加刑罚量,确定基准刑。

3.构成掩饰、隐瞒犯罪所得、犯罪所得收益罪的,根据掩饰、隐瞒犯罪所得及其收益的数额、犯罪对象、危害后果等犯罪情节,综合考虑被告人缴纳罚金的能力,决定罚金数额。

4.构成掩饰、隐瞒犯罪所得、犯罪所得收益罪的,综合考虑掩饰、隐瞒犯罪所得及其收益的数额、危害后果、上游犯罪的危害程度等犯罪事实、量刑情节,以及被告人的主观恶性、人身危险性、认罪悔罪表现等因素,决定缓刑的适用。

第三百四十七条　【走私、贩卖、运输、制造毒品罪】

走私、贩卖、运输、制造毒品，无论数量多少，都应当追究刑事责任，予以刑事处罚。

走私、贩卖、运输、制造毒品，有下列情形之一的，处十五年有期徒刑、无期徒刑或者死刑，并处没收财产：

（一）走私、贩卖、运输、制造鸦片一千克以上、海洛因或者甲基苯丙胺五十克以上或者其他毒品数量大的；

（二）走私、贩卖、运输、制造毒品集团的首要分子；

（三）武装掩护走私、贩卖、运输、制造毒品的；

（四）以暴力抗拒检查、拘留、逮捕，情节严重的；

（五）参与有组织的国际贩毒活动的。

走私、贩卖、运输、制造鸦片二百克以上不满一千克、海洛因或者甲基苯丙胺十克以上不满五十克或者其他毒品数量较大的，处七年以上有期徒刑，并处罚金。

走私、贩卖、运输、制造鸦片不满二百克、海洛因或者甲基苯丙胺不满十克或者其他少量毒品的，处三年以下有期徒刑、拘役或者管制，并处罚金；情节严重的，处三年以上七年以下有期徒刑，并处罚金。

单位犯第二款、第三款、第四款罪的，对单位判处罚金，并对其直接负责的主管人员和其他直接责任人员，依照各该款的规定处罚。

利用、教唆未成年人走私、贩卖、运输、制造毒品，或者向未成年人出售毒品的，从重处罚。

对多次走私、贩卖、运输、制造毒品，未经处理的，毒品数量累计计算。

量刑标准

《最高人民法院关于审理毒品犯罪案件适用法律若干问题的解释》（2016年4月11日，法释〔2016〕8号）

第一条

走私、贩卖、运输、制造、非法持有下列毒品，应当认定为刑法第三百四十七条第二款第一项、第三百四十八条规定的"其他毒品数量大"：

（一）可卡因五十克以上；

（二）3，4-亚甲二氧基甲基苯丙胺（MDMA）等苯丙胺类毒品（甲基苯丙胺除外）、吗啡一百克以上；

（三）芬太尼一百二十五克以上；

（四）甲卡西酮二百克以上；

（五）二氢埃托啡十毫克以上；

（六）哌替啶（度冷丁）二百五十克以上；

（七）氯胺酮五百克以上；

（八）美沙酮一千克以上；

（九）曲马多、γ-羟丁酸二千克以上；

（十）大麻油五千克、大麻脂十千克、大麻叶及大麻烟一百五十千克以上；

（十一）可待因、丁丙诺啡五千克以上；

（十二）三唑仑、安眠酮五十千克以上；

（十三）阿普唑仑、恰特草一百千克以上；

（十四）咖啡因、罂粟壳二百千克以上；

（十五）巴比妥、苯巴比妥、安钠咖、尼美西泮二百五十千克以上；

（十六）氯氮卓、艾司唑仑、地西泮、溴西泮五百千克以上；

（十七）上述毒品以外的其他毒品数量大的。

国家定点生产企业按照标准规格生产的麻醉药品或者精神药品被用于毒品犯罪的，根据药品中毒品成分的含量认定涉案毒品数量。

第二条

走私、贩卖、运输、制造、非法持有下列毒品，应当认定为刑法第三百四十七条第三款、第三百四十八条规定的"其他毒品数量较大"：

（一）可卡因十克以上不满五十克；

（二）3,4-亚甲二氧基甲基苯丙胺（MDMA）等苯丙胺类毒品（甲基苯丙胺除外）、吗啡二十克以上不满一百克；

（三）芬太尼二十五克以上不满一百二十五克；

（四）甲卡西酮四十克以上不满二百克；

（五）二氢埃托啡二毫克以上不满十毫克；

（六）哌替啶（度冷丁）五十克以上不满二百五十克；

（七）氯胺酮一百克以上不满五百克；

（八）美沙酮二百克以上不满一千克；

（九）曲马多、γ-羟丁酸四百克以上不满二千克；

（十）大麻油一千克以上不满五千克、大麻脂二千克以上不满十千克、大麻叶及大麻烟三十千克以上不满一百五十千克；

（十一）可待因、丁丙诺啡一千克以上不满五千克；

（十二）三唑仑、安眠酮十千克以上不满五十千克；

（十三）阿普唑仑、恰特草二十千克以上不满一百千克；

（十四）咖啡因、罂粟壳四十千克以上不满二百千克；

（十五）巴比妥、苯巴比妥、安钠咖、尼美西泮五十千克以上不满二百五十千克；

（十六）氯氮卓、艾司唑仑、地西泮、溴西泮一百千克以上不满五百千克；

（十七）上述毒品以外的其他毒品数量较大的。

第四条

走私、贩卖、运输、制造毒品，具有下列情形之一的，应当认定为刑法第三百四十七条第四款规定的"情节严重"：

（一）向多人贩卖毒品或者多次走私、贩卖、运输、制造毒品的；

（二）在戒毒场所、监管场所贩卖毒品的；

（三）向在校学生贩卖毒品的；

（四）组织、利用残疾人、严重疾病患者、怀孕或者正在哺乳自己婴儿的妇女走私、贩卖、运输、制造毒品的；

（五）国家工作人员走私、贩卖、运输、制造毒品的；

（六）其他情节严重的情形。

《最高人民法院、最高人民检察院关于常见犯罪的量刑指导意见（试行）》（2021年7月1日，法发〔2021〕21号）

四、常见犯罪的量刑

......

（二十）走私、贩卖、运输、制造毒品罪

1.构成走私、贩卖、运输、制造毒品罪的，根据下列情形在相应的幅度内确定量刑起点：

（1）走私、贩卖、运输、制造鸦片一千克，海洛因、甲基苯丙胺五十克或者其他毒品数量达到数量大起点的，量刑起点为十五年有期徒刑。依法应当判处无期徒刑以上刑罚的除外。

（2）走私、贩卖、运输、制造鸦片二百克，海洛因、甲基苯丙胺十克或者其他毒品数量达到数量较大起点的，在七年至八年有期徒刑幅度内确定量刑起点。

（3）走私、贩卖、运输、制造鸦片不满二百克，海洛因、甲基苯丙胺不满十克或者其他少量毒品的，可以在三年以下有期徒刑、拘役幅度内确定量刑起点；情节严重的，在三年至四年有期徒刑幅度内确定量刑起点。

2.在量刑起点的基础上，根据毒品犯罪次数、人次、毒品数量等其他影响犯罪构成的犯罪事实增加刑罚量，确定基准刑。

3.有下列情节之一的，增加基准刑的10%–30%：

（1）利用、教唆未成年人走私、贩卖、运输、制造毒品的；

（2）向未成年人出售毒品的；

（3）毒品再犯。

4.有下列情节之一的，可以减少基准刑的30%以下：

（1）受雇运输毒品的；

（2）毒品含量明显偏低的；

（3）存在数量引诱情形的。

5.构成走私、贩卖、运输、制造毒品罪的,根据走私、贩卖、运输、制造毒品的种类、数量、危害后果等犯罪情节,综合考虑被告人缴纳罚金的能力,决定罚金数额。

6.构成走私、贩卖、运输、制造毒品罪的,综合考虑走私、贩卖、运输、制造毒品的种类、数量、危害后果等犯罪事实、量刑情节,以及被告人的主观恶性、人身危险性、认罪悔罪表现等因素,从严把握缓刑的适用。

第三百四十八条 【非法持有毒品罪】

非法持有鸦片一千克以上、海洛因或者甲基苯丙胺五十克以上或者其他毒品数量大的,处七年以上有期徒刑或者无期徒刑,并处罚金;非法持有鸦片二百克以上不满一千克、海洛因或者甲基苯丙胺十克以上不满五十克或者其他毒品数量较大的,处三年以下有期徒刑、拘役或者管制,并处罚金;情节严重的,处三年以上七年以下有期徒刑,并处罚金。

立案标准

《最高人民法院关于审理毒品犯罪案件适用法律若干问题的解释》(2016年4月11日,法释〔2016〕8号)

第二条

走私、贩卖、运输、制造、非法持有下列毒品,应当认定为刑法第三百四十七条第三款、第三百四十八条规定的"其他毒品数量较大":

(一)可卡因十克以上不满五十克;

(二)3,4-亚甲二氧基甲基苯丙胺(MDMA)等苯丙胺类毒品(甲基

苯丙胺除外)、吗啡二十克以上不满一百克;

(三)芬太尼二十五克以上不满一百二十五克;

(四)甲卡西酮四十克以上不满二百克;

(五)二氢埃托啡二毫克以上不满十毫克;

(六)哌替啶(度冷丁)五十克以上不满二百五十克;

(七)氯胺酮一百克以上不满五百克;

(八)美沙酮二百克以上不满一千克;

(九)曲马多、γ-羟丁酸四百克以上不满二千克;

(十)大麻油一千克以上不满五千克、大麻脂二千克以上不满十千克、大麻叶及大麻烟三十千克以上不满一百五十千克;

(十一)可待因、丁丙诺啡一千克以上不满五千克;

(十二)三唑仑、安眠酮十千克以上不满五十千克;

(十三)阿普唑仑、恰特草二十千克以上不满一百千克;

(十四)咖啡因、罂粟壳四十千克以上不满二百千克;

(十五)巴比妥、苯巴比妥、安钠咖、尼美西泮五十千克以上不满二百五十千克;

(十六)氯氮卓、艾司唑仑、地西泮、溴西泮一百千克以上不满五百千克;

(十七)上述毒品以外的其他毒品数量较大的。

量刑标准

《最高人民法院关于审理毒品犯罪案件适用法律若干问题的解释》(2016年4月11日,法释〔2016〕8号)

第一条

走私、贩卖、运输、制造、非法持有下列毒品，应当认定为刑法第三百四十七条第二款第一项、第三百四十八条规定的"其他毒品数量大"：

（一）可卡因五十克以上；

（二）3，4-亚甲二氧基甲基苯丙胺（MDMA）等苯丙胺类毒品（甲基苯丙胺除外）、吗啡一百克以上；

（三）芬太尼一百二十五克以上；

（四）甲卡西酮二百克以上；

（五）二氢埃托啡十毫克以上；

（六）哌替啶（度冷丁）二百五十克以上；

（七）氯胺酮五百克以上；

（八）美沙酮一千克以上；

（九）曲马多、γ-羟丁酸二千克以上；

（十）大麻油五千克、大麻脂十千克、大麻叶及大麻烟一百五十千克以上；

（十一）可待因、丁丙诺啡五千克以上；

（十二）三唑仑、安眠酮五十千克以上；

（十三）阿普唑仑、恰特草一百千克以上；

（十四）咖啡因、罂粟壳二百千克以上；

（十五）巴比妥、苯巴比妥、安钠咖、尼美西泮二百五十千克以上；

（十六）氯氮卓、艾司唑仑、地西泮、溴西泮五百千克以上；

（十七）上述毒品以外的其他毒品数量大的。

国家定点生产企业按照标准规格生产的麻醉药品或者精神药品被用于毒品犯罪的,根据药品中毒品成分的含量认定涉案毒品数量。

第五条

非法持有毒品达到刑法第三百四十八条或者本解释第二条规定的"数量较大"标准,且具有下列情形之一的,应当认定为刑法第三百四十八条规定的"情节严重":

(一)在戒毒场所、监管场所非法持有毒品的;

(二)利用、教唆未成年人非法持有毒品的;

(三)国家工作人员非法持有毒品的;

(四)其他情节严重的情形。

《最高人民法院、最高人民检察院关于常见犯罪的量刑指导意见(试行)》(2021年7月1日,法发〔2021〕21号)

四、常见犯罪的量刑

……

(二十一)非法持有毒品罪

1.构成非法持有毒品罪的,根据下列情形在相应的幅度内确定量刑起点:

(1)非法持有鸦片一千克以上、海洛因或者甲基苯丙胺五十克以上或者其他毒品数量大的,在七年至九年有期徒刑幅度内确定量刑起点。依法应当判处无期徒刑的除外。

（2）非法持有毒品情节严重的，在三年至四年有期徒刑幅度内确定量刑起点。

（3）非法持有鸦片二百克、海洛因或者甲基苯丙胺十克或者其他毒品数量较大的，在一年以下有期徒刑、拘役幅度内确定量刑起点。

2.在量刑起点的基础上，根据毒品数量等其他影响犯罪构成的犯罪事实增加刑罚量，确定基准刑。

3.构成非法持有毒品罪的，根据非法持有毒品的种类、数量等犯罪情节，综合考虑被告人缴纳罚金的能力，决定罚金数额。

4.构成非法持有毒品罪的，综合考虑非法持有毒品的种类、数量等犯罪事实、量刑情节，以及被告人主观恶性、人身危险性、认罪悔罪表现等因素，从严把握缓刑的适用。

第八章　贪污贿赂罪

第三百八十二条　【贪污罪】

国家工作人员利用职务上的便利，侵吞、窃取、骗取或者以其他手段非法占有公共财物的，是贪污罪。

受国家机关、国有公司、企业、事业单位、人民团体委托管理、经营国有财产的人员，利用职务上的便利，侵吞、窃取、骗取或者以其他手段非法占有国有财物的，以贪污论。

与前两款所列人员勾结，伙同贪污的，以共犯论处。

第三百八十三条　【贪污罪的处罚规定】

对犯贪污罪的，根据情节轻重，分别依照下列规定处罚：

（一）贪污数额较大或者有其他较重情节的，处三年以下有期徒刑或者拘役，并处罚金。

（二）贪污数额巨大或者有其他严重情节的，处三年以上十年以下有期徒刑，并处罚金或者没收财产。

（三）贪污数额特别巨大或者有其他特别严重情节的，处十年以上有期徒刑或者无期徒刑，并处罚金或者没收财产；数额特别巨大，并使国家和人民利益遭受特别重大损失的，处无期徒刑或者死刑，并处没收财产。

对多次贪污未经处理的，按照累计贪污数额处罚。

犯第一款罪，在提起公诉前如实供述自己罪行、真诚悔罪、积极退赃，避免、减少损害结果的发生，有第一项规定情形的，可以从轻、减轻或者免除处罚；有第二项、第三项规定情形的，可以从轻处罚。

犯第一款罪，有第三项规定情形被判处死刑缓期执行的，人民法院根据犯罪情节等情况可以同时决定在其死刑缓期执行二年期满依法减为无期徒刑后，终身监禁，不得减刑、假释。

立案标准

《最高人民法院、最高人民检察院关于办理贪污贿赂刑事案件适用法律若干问题的解释》（2016年4月18日，法释〔2016〕9号）

第一条第一款、第二款

贪污或者受贿数额在三万元以上不满二十万元的，应当认定为刑法第三百八十三条第一款规定的"数额较大"，依法判处三年以下有期徒刑或者拘役，并处罚金。

贪污数额在一万元以上不满三万元，具有下列情形之一的，应当认定为刑法第三百八十三条第一款规定的"其他较重情节"，依法判处三年以下有期徒刑或者拘役，并处罚金：

（一）贪污救灾、抢险、防汛、优抚、扶贫、移民、救济、防疫、社会捐助等特定款物的；

（二）曾因贪污、受贿、挪用公款受过党纪、行政处分的；

（三）曾因故意犯罪受过刑事追究的；

（四）赃款赃物用于非法活动的；

（五）拒不交待赃款赃物去向或者拒不配合追缴工作，致使无法追缴的；

（六）造成恶劣影响或者其他严重后果的。

量刑标准

《最高人民法院、最高人民检察院关于办理贪污贿赂刑事案件适用法律若干问题的解释》（2016年4月18日，法释〔2016〕9号）

第二条第一款、第二款

贪污或者受贿数额在二十万元以上不满三百万元的，应当认定为刑法第三百八十三条第一款规定的"数额巨大"，依法判处三年以上十年以下有期徒刑，并处罚金或者没收财产。

贪污数额在十万元以上不满二十万元，具有本解释第一条第二款规定的情形之一的，应当认定为刑法第三百八十三条第一款规定的"其他严重情节"，依法判处三年以上十年以下有期徒刑，并处罚金或者没收财产。

第三条第一款、第二款

贪污或者受贿数额在三百万元以上的，应当认定为刑法第三百八十三条第一款规定的"数额特别巨大"，依法判处十年以上有期徒刑、无期徒刑或者死刑，并处罚金或者没收财产。

贪污数额在一百五十万元以上不满三百万元，具有本解释第一条第二款规定的情形之一的，应当认定为刑法第三百八十三条第一款规定的"其他特别严重情节"，依法判处十年以上有期徒刑、无期徒刑或者死刑，并处罚金或者没收财产。

第四条

贪污、受贿数额特别巨大，犯罪情节特别严重、社会影响特别恶劣、给国家和人民利益造成特别重大损失的，可以判处死刑。

符合前款规定的情形，但具有自首，立功，如实供述自己罪行、真诚悔罪、积极退赃，或者避免、减少损害结果的发生等情节，不是必须立即执行的，可以判处死刑缓期二年执行。

符合第一款规定情形的，根据犯罪情节等情况可以判处死刑缓期二年执行，同时裁判决定在其死刑缓期执行二年期满依法减为无期徒刑后，终身监禁，不得减刑、假释。

第十六条第一款

国家工作人员出于贪污、受贿的故意，非法占有公共财物、收受他人财物之后，将赃款赃物用于单位公务支出或者社会捐赠的，不影响贪污罪、受贿罪的认定，但量刑时可以酌情考虑。

第三百八十四条 【挪用公款罪】

国家工作人员利用职务上的便利，挪用公款归个人使用，进行非法活动的，或者挪用公款数额较大、进行营利活动的，或者挪用公款数额较大、超过三个月未还的，是挪用公款罪，处五年以下有期徒刑或者拘役；情节严重的，处五年以上有期徒刑。挪用公款数额巨大不退还的，处十年以上有期徒刑或者无期徒刑。

挪用用于救灾、抢险、防汛、优抚、扶贫、移民、救济款物归个人使用的，从重处罚。

立案、量刑标准

《最高人民法院、最高人民检察院关于办理贪污贿赂刑事案件适用法律若干问题的解释》（2016年4月18日，法释〔2016〕9号）

第五条

挪用公款归个人使用，进行非法活动，数额在三万元以上的，应当依照刑法第三百八十四条的规定以挪用公款罪追究刑事责任；数额在三百万元以上的，应当认定为刑法第三百八十四条第一款规定的"数额巨大"。具有下列情形之一的，应当认定为刑法第三百八十四条第一款规定的"情节严重"：

（一）挪用公款数额在一百万元以上的；

（二）挪用救灾、抢险、防汛、优抚、扶贫、移民、救济特定款物，数额在五十万元以上不满一百万元的；

（三）挪用公款不退还，数额在五十万元以上不满一百万元的；

（四）其他严重的情节。

第六条

挪用公款归个人使用，进行营利活动或者超过三个月未还，数额在五万元以上的，应当认定为刑法第三百八十四条第一款规定的"数额较大"；数额在五百万元以上的，应当认定为刑法第三百八十四条第一款规定的"数额巨大"。具有下列情形之一的，应当认定为刑法第三百八十四条第一款规定的"情节严重"：

（一）挪用公款数额在二百万元以上的；

（二）挪用救灾、抢险、防汛、优抚、扶贫、移民、救济特定款物，数额在一百万元以上不满二百万元的；

（三）挪用公款不退还，数额在一百万元以上不满二百万元的；

（四）其他严重的情节。

第三百八十五条 【受贿罪】

国家工作人员利用职务上的便利，索取他人财物的，或者非法收受他人财物，为他人谋取利益的，是受贿罪。

国家工作人员在经济往来中，违反国家规定，收受各种名义的回扣、手续费,归个人所有的,以受贿论处。

第三百八十六条 【受贿罪的处罚规定】

对犯受贿罪的,根据受贿所得数额及情节,依照本法第三百八十三条的规定处罚。索贿的从重处罚。

立案标准

《最高人民法院、最高人民检察院关于办理贪污贿赂刑事案件适用法律若干问题的解释》(2016年4月18日,法释〔2016〕9号)

第一条

贪污或者受贿数额在三万元以上不满二十万元的,应当认定为刑法第三百八十三条第一款规定的"数额较大",依法判处三年以下有期徒刑或者拘役,并处罚金。

贪污数额在一万元以上不满三万元,具有下列情形之一的,应当认定为刑法第三百八十三条第一款规定的"其他较重情节",依法判处三年以下有期徒刑或者拘役,并处罚金:

(一)贪污救灾、抢险、防汛、优抚、扶贫、移民、救济、防疫、社会捐助等特定款物的;

(二)曾因贪污、受贿、挪用公款受过党纪、行政处分的;

(三)曾因故意犯罪受过刑事追究的;

(四)赃款赃物用于非法活动的;

（五）拒不交待赃款赃物去向或者拒不配合追缴工作，致使无法追缴的；

（六）造成恶劣影响或者其他严重后果的。

受贿数额在一万元以上不满三万元，具有前款第二项至第六项规定的情形之一，或者具有下列情形之一的，应当认定为刑法第三百八十三条第一款规定的"其他较重情节"，依法判处三年以下有期徒刑或者拘役，并处罚金：

（一）多次索贿的；

（二）为他人谋取不正当利益，致使公共财产、国家和人民利益遭受损失的；

（三）为他人谋取职务提拔、调整的。

第十五条

对多次受贿未经处理的，累计计算受贿数额。

国家工作人员利用职务上的便利为请托人谋取利益前后多次收受请托人财物，受请托之前收受的财物数额在一万元以上的，应当一并计入受贿数额。

量刑标准

《最高人民法院、最高人民检察院关于办理贪污贿赂刑事案件适用法律若干问题的解释》（2016年4月18日，法释〔2016〕9号）

第二条第一款、第三款

贪污或者受贿数额在二十万元以上不满三百万元的，应当认定为刑法

第三百八十三条第一款规定的"数额巨大",依法判处三年以上十年以下有期徒刑,并处罚金或者没收财产。

……

受贿数额在十万元以上不满二十万元,具有本解释第一条第三款规定的情形之一的,应当认定为刑法第三百八十三条第一款规定的"其他严重情节",依法判处三年以上十年以下有期徒刑,并处罚金或者没收财产。

第三条第一款、第三款

贪污或者受贿数额在三百万元以上的,应当认定为刑法第三百八十三条第一款规定的"数额特别巨大",依法判处十年以上有期徒刑、无期徒刑或者死刑,并处罚金或者没收财产。

……

受贿数额在一百五十万元以上不满三百万元,具有本解释第一条第三款规定的情形之一的,应当认定为刑法第三百八十三条第一款规定的"其他特别严重情节",依法判处十年以上有期徒刑、无期徒刑或者死刑,并处罚金或者没收财产。

第四条

贪污、受贿数额特别巨大,犯罪情节特别严重、社会影响特别恶劣、给国家和人民利益造成特别重大损失的,可以判处死刑。

符合前款规定的情形,但具有自首,立功,如实供述自己罪行、真诚悔罪、积极退赃,或者避免、减少损害结果的发生等情节,不是必须立即执行的,可以判处死刑缓期二年执行。

符合第一款规定情形的，根据犯罪情节等情况可以判处死刑缓期二年执行，同时裁判决定在其死刑缓期执行二年期满依法减为无期徒刑后，终身监禁，不得减刑、假释。

第十六条第一款

国家工作人员出于贪污、受贿的故意，非法占有公共财物、收受他人财物之后，将赃款赃物用于单位公务支出或者社会捐赠的，不影响贪污罪、受贿罪的认定，但量刑时可以酌情考虑。

第三百八十九条 【行贿罪】

为谋取不正当利益，给予国家工作人员以财物的，是行贿罪。

在经济往来中，违反国家规定，给予国家工作人员以财物，数额较大的，或者违反国家规定，给予国家工作人员以各种名义的回扣、手续费的，以行贿论处。

因被勒索给予国家工作人员以财物，没有获得不正当利益的，不是行贿。

第三百九十条 【行贿罪的处罚规定】

对犯行贿罪的，处五年以下有期徒刑或者拘役，并处罚金；因行贿谋取不正当利益，情节严重的，或者使国家利益遭受重大损失的，处五年以上十年以下有期徒刑，并处罚金；情节特别严重的，或者使国家利益遭受特别重大损失的，处十年以上有期徒刑或者无期徒刑，并处罚金或者没收财产。

行贿人在被追诉前主动交待行贿行为的，可以从轻或者减轻处罚。其中，犯罪较轻的，对侦破重大案件起关键作用的，或者有重大立功表现的，可以减轻或者免除处罚。

<u>立案标准</u>

《最高人民法院、最高人民检察院关于办理贪污贿赂刑事案件适用法律若干问题的解释》（2016年4月18日，法释〔2016〕9号）

第七条

为谋取不正当利益，向国家工作人员行贿，数额在三万元以上的，应当依照刑法第三百九十条的规定以行贿罪追究刑事责任。

行贿数额在一万元以上不满三万元，具有下列情形之一的，应当依照刑法第三百九十条的规定以行贿罪追究刑事责任：

（一）向三人以上行贿的；

（二）将违法所得用于行贿的；

（三）通过行贿谋取职务提拔、调整的；

（四）向负有食品、药品、安全生产、环境保护等监督管理职责的国家工作人员行贿，实施非法活动的；

（五）向司法工作人员行贿，影响司法公正的；

（六）造成经济损失数额在五十万元以上不满一百万元的。

《最高人民法院、最高人民检察院关于办理行贿刑事案件具体应用法律若干问题的解释》（2013年1月1日，法释〔2012〕22号）

第五条

多次行贿未经处理的，按照累计行贿数额处罚。

量刑标准

《最高人民法院、最高人民检察院关于办理贪污贿赂刑事案件适用法律若干问题的解释》(2016年4月18日，法释〔2016〕9号)

第八条

犯行贿罪，具有下列情形之一的，应当认定为刑法第三百九十条第一款规定的"情节严重"：

（一）行贿数额在一百万元以上不满五百万元的；

（二）行贿数额在五十万元以上不满一百万元，并具有本解释第七条第二款第一项至第五项规定的情形之一的；

（三）其他严重的情节。

为谋取不正当利益，向国家工作人员行贿，造成经济损失数额在一百万元以上不满五百万元的，应当认定为刑法第三百九十条第一款规定的"使国家利益遭受重大损失"。

第九条

犯行贿罪，具有下列情形之一的，应当认定为刑法第三百九十条第一款规定的"情节特别严重"：

（一）行贿数额在五百万元以上的；

（二）行贿数额在二百五十万元以上不满五百万元，并具有本解释第

七条第二款第一项至第五项规定的情形之一的;

(三)其他特别严重的情节。

为谋取不正当利益,向国家工作人员行贿,造成经济损失数额在五百万元以上的,应当认定为刑法第三百九十条第一款规定的"使国家利益遭受特别重大损失"。

《最高人民法院、最高人民检察院关于办理行贿刑事案件具体应用法律若干问题的解释》(2013年1月1日,法释〔2012〕22号)

第十条

实施行贿犯罪,具有下列情形之一的,一般不适用缓刑和免予刑事处罚:

(一)向三人以上行贿的;

(二)因行贿受过行政处罚或者刑事处罚的;

(三)为实施违法犯罪活动而行贿的;

(四)造成严重危害后果的;

(五)其他不适用缓刑和免予刑事处罚的情形。

具有刑法第三百九十条第二款规定的情形的,不受前款规定的限制。

第九章 渎职罪

第三百九十七条 【滥用职权罪】【玩忽职守罪】

国家机关工作人员滥用职权或者玩忽职守,致使公共财产、国家和人民利益遭受重大损失的，处三年以下有期徒刑或者拘役；情节特别严重的，处三年以上七年以下有期徒刑。本法另有规定的，依照规定。

国家机关工作人员徇私舞弊，犯前款罪的，处五年以下有期徒刑或者拘役；情节特别严重的，处五年以上十年以下有期徒刑。本法另有规定的，依照规定。

立案、量刑标准

《最高人民法院、最高人民检察院关于办理渎职刑事案件适用法律若干问题的解释（一）》（2013年1月9日，法释〔2012〕18号）

第一条

国家机关工作人员滥用职权或者玩忽职守，具有下列情形之一的，应当认定为刑法第三百九十七条规定的"致使公共财产、国家和人民利益遭受重大损失"：

（一）造成死亡1人以上，或者重伤3人以上，或者轻伤9人以上，或者重伤2人、轻伤3人以上，或者重伤1人、轻伤6人以上的；

（二）造成经济损失30万元以上的；

（三）造成恶劣社会影响的；

（四）其他致使公共财产、国家和人民利益遭受重大损失的情形。

具有下列情形之一的，应当认定为刑法第三百九十七条规定的"情节特别严重"：

（一）造成伤亡达到前款第（一）项规定人数3倍以上的；

（二）造成经济损失150万元以上的；

（三）造成前款规定的损失后果，不报、迟报、谎报或者授意、指使、强令他人不报、迟报、谎报事故情况，致使损失后果持续、扩大或者抢救工作延误的；

（四）造成特别恶劣社会影响的；

（五）其他特别严重的情节。

第八条

本解释规定的"经济损失"，是指渎职犯罪或者与渎职犯罪相关联的犯罪立案时已经实际造成的财产损失，包括为挽回渎职犯罪所造成损失而支付的各种开支、费用等。立案后至提起公诉前持续发生的经济损失，应一并计入渎职犯罪造成的经济损失。

债务人经法定程序被宣告破产、债务人潜逃、去向不明，或者因行为人的责任超过诉讼时效等，致使债权已经无法实现的，无法实现的债权部分应当认定为渎职犯罪的经济损失。

渎职犯罪或者与渎职犯罪相关联的犯罪立案后，犯罪分子及其亲友自行挽回的经济损失，司法机关或者犯罪分子所在单位及其上级主管部门挽回的经济损失，或者因客观原因减少的经济损失，不予扣减，但可以作为酌定从轻处罚的情节。

第九条

负有监督管理职责的国家机关工作人员滥用职权或者玩忽职守，致使不符合安全标准的食品、有毒有害食品、假药、劣药等流入社会，对人民群众生命、健康造成严重危害后果的，依照渎职罪的规定从严惩处。

图书在版编目（CIP）数据

刑事辩护12讲/彭逸轩主编．—北京：中国法制出版社，2023.4
ISBN 978-7-5216-3245-3

Ⅰ.①刑⋯ Ⅱ.①彭⋯ Ⅲ.①刑事诉讼—辩护—研究—中国 Ⅳ.①D925.215.04

中国国家版本馆CIP数据核字（2023）第022947号

责任编辑：李璞娜　　　　　　　　　　　　　　封面设计：杨泽江

刑事辩护12讲
XINGSHI BIANHU 12 JIANG

主编/彭逸轩
经销/新华书店
印刷/河北华商印刷有限公司
开本/710毫米×1000毫米　16开　　　　　印张/21.5　字数/253千
版次/2023年4月第1版　　　　　　　　　　2023年4月第1次印刷

中国法制出版社出版
书号 ISBN 978-7-5216-3245-3　　　　　　　　　　定价：76.00元

北京市西城区西便门西里甲16号西便门办公区
邮政编码：100053　　　　　　　　　　　　传真：010-63141600
网址 http://www.zgfzs.com　　　　　　　编辑部电话：010-63141814
市场营销部电话：010-63141612　　　　　印务部电话：010-63141606

（如有印装质量问题，请与本社印务部联系。）